한전
KDN

직업기초능력평가

한전KDN
직업기초능력평가

초판 발행	2021년 10월 8일
개정판 발행	2023년 1월 27일

편 저 자 | 취업적성연구소

발 행 처 | ㈜서원각

등록번호 | 1999-1A-107호

주　　소 | 경기도 고양시 일산서구 덕산로 88-45(가좌동)

교재주문 | 031-923-2051

팩　　스 | 031-923-3815

교재문의 | 카카오톡 플러스 친구[서원각]

영상문의 | 070-4233-2505

홈페이지 | www.goseowon.com

PREFACE

한전 KDN은 최상의 기술력과 경험을 확보하여서 고객, 주주, 협력업체, 직원을 포함한 모든 고객에게 최고의 가치와 기회를 제공하며, 기업의 가치를 창조하기 위해 노력한다. 또한, 고객이 미처 발견하지 못한 성공의 가능성을 제시하는 창조적인 서비스를 제공하여 고객 성공을 추구하는 기업이다.

전력사업의 선진화와 스마트그리드 구축에 기여하면서 전력ICT 경쟁력을 기반으로 해외에 진출하여 창의와 융합으로 스마트그리드를 선도하는 에너지ICT 전문 공기업으로 성장해 나아가는 기업으로 최고의 인재를 모집한다.

한전KDN에서도 업무에 필요한 역량 및 책임감과 적응력 등을 구비한 인재를 선발하기 위하여 직업기초능력검사를 치르고 있다. 본서는 한전KDN 신입사원 채용 대비를 위한 필독서로 한전KDN 직업기초능력검사의 출제경향을 철저히 분석하여 응시자들이 보다 쉽게 시험유형을 파악하고 효율적으로 대비할 수 있도록 구성하였다.

신념을 가지고 도전하는 사람은 반드시 그 꿈을 이룰 수 있습니다. 처음에 품은 신념과 열정이 취업 성공의 그 날까지 빛바래지 않도록 서원각이 수험생 여러분을 응원합니다.

STRUCTURE

핵심이론정리

NCS 직업기초능력검사 영역별 핵심이론을 정리하였습니다.

출제예상문제

다양한 유형의 출제예상문제를 다수 수록하여 실전에 완벽하게 대비할 수 있습니다.

인성검사 및 면접

인성검사 정보와 면접기출을 수록하여 취업의 마무리까지 깔끔하게 책임집니다.

CONTENTS

PART

I

한전KDN 소개

01 회사소개

1 한전KDN 개요

(1) 개요

한전KDN은 발전에서부터 급전, 송변전, 배전, 판매에 이르는 전력계통 전 과정에 있어 첨단 전력ICT 기술을 적용하여 전력계통 감시, 진단 및 제어, 전력사업 정보관리 등의 토털 서비스를 제공하고 있다. 이를 통해 전력 손실률을 절감시키고, 전압과 주파수 유지율을 높이고 한 순간의 정전도 허용하지 않음으로써 고품질의 전기를 안전하고 값싸게 사용할 수 있도록 지원하고 있다. 아울러, 한전KDN은 4차 산업혁명 시대에 AI, IoT, Cloud, Big Data, Mobile 등 AICBM 기술 개발도 선도하고 있다. 아울러 AMI 확산, 전기차 충전소 구축, 에너지 빅데이터 서비스, E-프로슈머, 마이크로그리드, 에너지 저장장치 등 에너지 신산업 기술을 개발하여 미래 에너지 세상을 이끌어가고 있습니다. 한전KDN은 앞으로도 전력사업의 선진화와 스마트그리드 구축에 크게 기여하면서, 전력ICT 경쟁력을 기반으로 해외에 진출하여 창의와 융합으로 스마트그리드를 선도하는 에너지ICT 공기업으로 성장해 나갈 것이다.

(2) 주요현황

설립일	1992년 01월 23일	매출실적	673,261백만원 (2021년12월31일)
자본금	납입자본금 640억(수권자본금 1,000억)	인원수	2,928명 (2022년 7월 4일 기준 현원)
출자현황	㈜YTN 9,000,000주	조직현황	본사 : 4본부 14처 4실 1원 63부 4팀 2TF 사업소 : 6지역본부 1처 11지역사업처 5부 1팀 3지사

2 2030 중장기 경영전략

(1) MISSION

에너지 ICT 기술 전문화 및 고도화를 통해 에너지산업 발전에 기여

(2) VISION

친환경, 디지털 중심의 에너지 ICT 플랫폼 전문기업

(3) 핵심가치 / 전략방향 / 전략과제 / 경영목표

핵심가치	미래선도	전문기술	국민신뢰	혁신추구
전략방향 (4대)	디지털 전환 에너지산업 디지털플랫폼 선도	업의 확장 미래 에너지ICT 주도	ESG 확산 국민지향적 KDN형 ESG선도	경영혁신 경영체계 지속혁신
전략과제 (12개)	• 디지털플랫폼 에너지ICT 디지털 생태계를 선도하는 디지털플랫폼 구축 • 지능형전력망 전력계통솔루션 적극 개발로 전력망 전분야 서비스 주도권 확보 • 전력ICT O&M 전력계통 운영 안정화 및 전력정보 서비스 효율성 제고	• 에너지믹스 친환경 에너지ICT 역량으로 탄소중립 및 에너지 전환 주도 • 사이버보안 사이버보안 기술력 강화로 수익기반 다변화 • R&D 핵심기술 개발 및 주요 솔루션 확보를 통한 경쟁우위 달성	• 친환경(E) 에너지ICT로 친환경 미래구현 가치창출 제고 • 안전·동행(S) 국민을 최우선으로 하는 안전·동행사회 구축 기여 • 투명경영(G) 투명하고 공정한 청렴문화 및 거버넌스 정립	• 경영효율 환경변화 대응 및 생산성 제고를 위한 경영관리 혁신 추진 • 전문역량 전략실행 기반의 핵심역량 강화 및 내부전문가 육성 • 재무건전성 핵심기능 집중 및 사업효율화를 통한 재무건전성 지속 유지
경영목표	• 매출 1.5조원 • 디지털 전환 레벨 5단계	• 에너지ICT 미래성장사업 매출비중 24% • R&D사업화 2천억원	• 탄소저감 3.2만톤(누적) • 중대재해 0건 • 청렴도 1등급	• 핵심전문가 530명 육성 • 기업신용평가등급 AAA

3 사업분야(전력ICT 사업구조 체계)

전력계통	발전ICT → 급전ICT → 송변전ICT → 배전ICT → 판매ICT				
전력통신	OPGW	OPNW	광통신망	TRS	음성망
에너지 신사업	AICBM(AI, IoT, Cloud, Big Data, Mobile)		스마트그리드	스마트시티 마이크로그리드	신재생 에너지

전력ICT
시스템
	발전정보
	시스템
	
	↑ ↓
	
	발전제어
	시스템
	• 발전설비상태
	• 실시간발전출력
	• 발전기운전상태
		전력거래
		시스템
		
		↑ ↓
		
		급전자동화
		시스템
		• 계통해석데이터
		• 발전기입찰정보
		• 급전데이터
		• 실시간운전정보
			송변전정보
			시스템
			
			↑ ↓
			
			송변전자동화
			시스템
			• 실시간부하정보
			• 송변전계통도
			• 송변전설비
			  데이터
				배전정보
				시스템
				
				↑ ↓
				
				배전지능화
				시스템
				• 배전선로
				  고장정보
				• 배전계통도
				• 배전구간별
				  고객수
				• 설비별
				  위치데이터
					고객정보
					시스템
					
					↑ ↓
					
					자동계량
					시스템
					• 전기고객코드
					• 전기고객데이터
					• 전기검침데이터

전력경영 시스템	ERP	CRM	SCM		Group-ware
정보보호 기술		KCSMM	KSCM		

02 채용안내

1 인재상 및 채용절차

(1) 인재상

① **창의인재** … 창의성을 바탕으로 변화·혁신을 주도하고 미래가치 창출에 <u>도전하는 인재</u>

② **전문인재** … 전문성과 열정으로 조직성과를 창출하여 회사의 성장을 <u>주도하는 인재</u>

③ **신뢰인재** … 청렴윤리를 실천하고 사회적 협력과 책임을 다하여 <u>신뢰를 얻는 인재</u>

④ **고객지향인재** … 고객의 가치와 성공을 추구하며 신뢰받는 기업위상과 지속가능경영에 <u>기여하는 인재</u>

(2) 채용절차

① **서류전형** … 온라인 입사지원

② **필기** … 인성검사, 직업기초능력평가, 직무수행능력평가

③ **면접** … 1차(직무수행능력), 2차(직업기초능력)

④ **신체검사 및 신원조사**

⑤ **채용**

2 NCS 기반 채용정보

(1) 수리능력

① **정의** … 업무를 수행함에 있어 사칙연산, 통계, 확률의 의미를 정확하게 이해하고, 이를 업무에 적용하는 능력이다.
② **구조**

하위능력	정의	세부요소
기초연산능력	업무를 수행함에 있어 기초적인 사칙연산과 계산을 하는 능력	• 과제 해결을 위한 연산 방법 선택 • 연산 방법에 따라 연산 수 • 연산 결과와 방법에 대한 평가
기초통계능력	업무를 수행함에 있어 필요한 기초 수준의 백분율, 평균, 확률과 같은 통계 능력	• 과제 해결을 위한 통계 기법 선택 • 통계 기법에 따라 연산 수행 • 통계 결과와 기법에 대한 평가
도표분석능력	업무를 수행함에 있어 도표(그림, 표, 그래프 등)가 갖는 의미를 해석하는 능력	• 도표에서 제시된 정보 인식 • 정보의 적절한 해석 • 해석한 정보의 업무 적용
도표작성능력	업무를 수행함에 있어 자기가 뜻한 바를 말로 나타내는 능력	• 도표 제시방법 선택 • 도표를 이용한 정보 제시 • 제시 결과 평가

(2) 의사소통능력

① 정의 … 업무를 수행함에 있어 글과 말을 읽고 들음으로써 다른 사람이 뜻한 바를 파악하고, 자기가 뜻한 바를 글과 말을 통해 정확하게 쓰거나 말하는 능력이다.

② 구조

하위능력	정의	세부요소
문서이해능력	업무를 수행함에 있어 다른 사람이 적성한 글을 읽고 그 내용을 이해하는 능력	• 문서 정보 확인 및 획득 • 문서 정보 이해 및 수집 • 문서 정보 평가
문서작성능력	업무를 수행함으로 있어 자기가 뜻한 바를 글로 나타내는 능력	• 작성 문서의 정보 확인 및 조직 • 목적과 상황에 맞는 문서 작성 • 작성한 문서 교정 및 평가
경청능력	업무를 수행함에 있어 다른 사람의 말을 듣고 그 내용을 이해하는 능력	• 음성정보와 매체 정보 듣기 • 음성 정보와 매체 정보 내용 이해 • 음성 정보와 매체 정보에 대한 반응과 평가
의사표현능력	업무를 수행함에 있어 자기가 뜻한 바를 말로 나타내는 능력	• 목적과 상황에 맞는 정보조직 • 목적과 상황에 맞게 전달 • 대회에 대한 피드백과 평가
기초 외국어 능력	업무를 수행함에 있어 외국어로 의사소통 할 수 있는 능력	• 외국어 듣기 • 일상생활의 회화 활용

(3) 문제해결능력

① 정의 … 업무를 수행함에 있어 문제 상황이 발생하였을 경우, 창조적이고 논리적인 사고를 통하여 이를 올바르게 인식하고 적절히 해결하는 능력이다.

② 구조

하위능력	정의	세부요소
사고력	업무와 관련된 문제를 인식하고 해결함에 있어 창조적, 논리적, 비판적으로 생각하는 능력	• 창의적 사고 • 논리적 사고 • 비판적 사고
문제처리 능력	업무와 관련된 문제의 특성을 파악하고, 대안을 제시, 적용하고 그 결과를 평가하여 피드백하는 능력	• 문제 인식 • 대안 선택 • 대안 적용 • 대안 평가

(4) 대인관계능력

① 정의 … 업무를 수행함에 있어 접촉하게 되는 사람들과 문제를 일으키지 않고 원만하게 지내는 능력이다.

② 구조

하위능력	정의	세부요소
팀워크 능력	다양한 배경을 가진 사람들과 함께 업무를 수행하는 능력	• 적극적 참여 • 업무 공유 • 팀구성원으로서의 책임감
리더십 능력	업무를 수행함에 있어 다른 사람을 이끄는 능력	• 동기화시키기 • 논리적인 의견 표현 • 신뢰감 구축
갈등관리 능력	업무를 수행함에 있어 관련된 사람들을 사이에 갈등이 발생하였을 경우 이를 원만히 조절하는 능력	• 타인의 생각 및 감정 이해 • 타인에 대한 배려 • 피드백 제공 및 받기
협상능력	업무를 수행함에 있어 다른 사람과 협상하는 능력	• 다양한 의견 수렴 • 협상가능한 실질적 목표 구축 • 최선의 타협방법 찾기
고객서비스 능력	고객의 요구를 만족시키는 자세로 업무를 수행하는 능력	• 고객의 불만 및 욕구 이해 • 매너있고 신뢰감 있는 대화법 • 고객에의 불만에 대한 해결책 제공

(5) 정보능력

① 정의 … 업무와 관련된 정보를 수집하고, 이를 분석하여 의미있는 정보를 찾아내며, 의미있는 정보를 업무수행에 적절하도록 조직하고, 조직된 정보를 관리하며, 업무 수행에 이러한 정보를 활용하고, 이러한 제 과정에 컴퓨터를 사용하는 능력이다.

② 구조

하위능력	정의	세부요소
컴퓨터활용 능력	업무와 관련된 정보를 수집, 분석, 조직, 관리, 활용하는 데 있어 컴퓨터를 사용하는 능력	• 컴퓨터 이론 • 인터넷 사용 • 소프트웨어 사용
정보처리 능력	업무와 관련된 정보를 수집하고, 이를 분석하여 의미 있는 정보를 찾아내며, 의미 있는 정보를 업무수행에 적절하도록 조직하고, 조직된 정보를 관리하며, 업무 수행에 이러한 정보를 활용하는 능력	• 정보 수집 • 정보 분석 • 정보 관리 • 정보 활용

(6) 조직이해능력

① 정의 … 업무를 원활하게 수행하기 위해 국제적인 추세를 포함하여 조직의 체제와 경영에 대해 이해하는 능력이다.

② 구조

하위능력	정의	세부요소
국제 감각	주어진 업무에 관한 국제적인 추세를 이해하는 능력	• 국제적인 동향 이해 • 국제적인 시각으로 업무 추진 • 국제적 상황 변화에 대처
조직 체제 이해능력	업무 수행과 관련하여 조직의 체제를 올바르게 이해하는 능력	• 조직의 구조 이해 • 조직의 규칙과 절차 파악 • 조직간의 관계 이해
경영이해능력	사업이나 조직의 경영에 대해 이해하는 능력	• 조직의 방향성 예측 • 경영조정(조직의 방향성을 바로 잡기에 필요한 행위 하기) • 생산성 향상 방법
업무이해능력	조직의 업무를 이해하는 능력	• 업무의 우선순위 파악 • 업무활동 조직 및 계획 • 업무수행의 결과 평가

(8) 직업윤리

① 정의 … 업무를 수행함에 있어 원만한 직업생활을 위해 필요한 태도, 매너, 올바른 직업관이다.

② 구조

하위능력	정의	세부요소
근로 윤리	업무에 대한 존중을 바탕으로 근면하고 성실하고 정직하게 업무에 임하는 자세	• 근면성 • 정직성 • 성실성
공동체 윤리	인간 존중을 바탕으로 봉사하며, 책임있고, 규칙을 준수하며 예의 바른 태도로 업무에 임하는 자세	• 봉사정신 • 책임 의식 • 준법성 • 직장 예절

03 관련기사

한전KDN, SMART 소방활동정보시스템 준공행사

SMART 소방활동정보시스템(스마트안전솔루션) 준공행사를 개최

　SMART 소방활동정보시스템은 한전 KDN에서 자체적으로 개발한 것이다. 인공지능형 인력계수 시스템(APC, Auto People Count)을 기반으로 건물의 잔류인원과 소방대상물의 구조, 소방설비 위치, 피난 안내도 등을 실시간으로 파악하여 재난 발생 시 골든타임 내 소방대원의 인명구조와 화재진압을 지원하기 위해 운영된다. 한전KDN에서는 소방연구원과 나주소방서와 관련 업무협약을 체결하고 시범운영을 진행하기 위해 솔루션을 개선하고 있다.

　또한, 한전KDN은 지역 상생과 ESG 경영활동의 일환으로 SMART 소방활동정보시스템과 AI Vision을 나주에 위치한 요양병원에 무상으로 제공하여 해당 시스템으로 낙상을 감지하거나 마스크 착용여부를 확인하거나 위험지역에 침범한 자가 있는지, 화재가 발생하지 않았는지 등을 확인할 수 있도록 하였다. 이와 같은 스마트안전솔루션은 인원 현황 및 위험 상황을 체계적으로 관리하고 있다.

　한전KDN에서 자체 개발한 AI 및 IoT 기술을 활용한 스마트 안전 솔루션인 SMART 소방활동정보시스템은 체계적으로 재난에 대처하고 구난활동을 지원할 수 있다 .

면접질문	• "SMART 소방활동정보시스템"에 대해 아는 대로 말해 보시오 • "SMART 소방활동정보시스템"의 특징을 설명해보시오.

한전KDN, 혁신과 도전으로 플랫폼 전문기업 전환 다짐

에너지 환경 변화에 대응하고 새로운 비전 목표를 달성하기 위한 전문성을 강조

김장현 한전KDN 사장은 신년사를 통해 혁신과 도전을 통해 플랫폼 전문기업으로 전환하겠음을 다짐하였다. "전승불복 응형무궁(戰勝不復 應形無窮)" 끝없이 변하는 상황에 적응해야 승리할 수 있다는 손자병법의 명언을 빗대어 변화와 혁신을 통해 도약을 해야 한다고 밝혔다.

2023년도 중점적으로 추진할 것으로 첫 번째에는 "친환경, 디지털 중심의 에너지ICT 플랫폼 전문기업"으로 성장하기 위한 기반과 체계를 고도화 하겠다고 하였다. 에너지산업 기술과 사업의 융복합 추세의 가속화로 인한 경영환경 변화에 선제적으로 대응하기 위해 클라우드를 기반으로 한 디지털 플랫폼, 지능형전력망, 사이버보안을 미래 중점 전략 사업군으로 설정하였다고 밝혔다.

두 번째로는 "신사업 역량을 강화"할 것을 밝혔다. 소프트웨어 사업의 Megatrend는 클라우드와 플랫폼사업으로 지속 가능한 부가가치 창출 사업을 발굴하기 위해 클라우드 기반의 플랫폼사업을 확대하고자 노력할 것을 밝혔다.

세 번째로는 "사회적 가치실현"에 앞장설 것을 밝혔다. 차원 높은 청렴성과 인권 존중 문화를 확립하고, 중소기업, 지역과의 상생을 위해 노력하고, 공급망 측면에서 협력사, 고객사와의 ESG를 실현하기 위한 방법을 고민해볼 것을 밝혔다. 또한 작업 현장에 대한 새로운 시선으로 안전 위험 요소를 발굴하고 개선할 것임을 밝혔다.

면접질문	• 한전KDN의 올해 경영목표에 대해서 말해보시오. • 한전KDN의 전략 사업군 중에 대한 본인의 의견을 말해보시오.

PART

II

직업기초능력검사

01 수리능력

1 직장생활과 수리능력

(1) 기초직업능력으로서의 수리능력

① 개념 : 직장생활에서 요구되는 사칙연산과 기초적인 통계를 이해하고 도표의 의미를 파악하거나 도표를 이용해서 결과를 효과적으로 제시하는 능력을 말한다.

② 수리능력은 크게 기초연산능력, 기초통계능력, 도표분석능력, 도표작성능력으로 구성된다.
  ⑦ 기초연산능력 : 직장생활에서 필요한 기초적인 사칙연산과 계산방법을 이해하고 활용할 수 있는 능력
  ⑤ 기초통계능력 : 평균, 합계, 빈도 등 직장생활에서 자주 사용되는 기초적인 통계기법을 활용하여 자료의 특성과 경향성을 파악하는 능력
  ⑤ 도표분석능력 : 그래프, 그림 등 도표의 의미를 파악하고 필요한 정보를 해석하는 능력
  ⑤ 도표작성능력 : 도표를 이용하여 결과를 효과적으로 제시하는 능력

(2) 업무수행에서 수리능력이 활용되는 경우

① 업무상 계산을 수행하고 결과를 정리하는 경우

② 업무비용을 측정하는 경우

③ 고객과 소비자의 정보를 조사하고 결과를 종합하는 경우

④ 조직의 예산안을 작성하는 경우

⑤ 업무수행 경비를 제시해야 하는 경우

⑥ 다른 상품과 가격비교를 하는 경우

⑦ 연간 상품 판매실적을 제시하는 경우

⑧ 업무비용을 다른 조직과 비교해야 하는 경우

⑨ 상품판매를 위한 지역조사를 실시해야 하는 경우

⑩ 업무수행과정에서 도표로 주어진 자료를 해석하는 경우

⑪ 도표로 제시된 업무비용을 측정하는 경우

예제 1

다음 자료를 보고 주어진 상황에 대한 물음에 답하시오.

〈근로소득에 대한 간이 세액표〉

월 급여액(천 원) [비과세 및 학자금 제외]		공제대상 가족 수				
이상	미만	1	2	3	4	5
2,500	2,520	38,960	29,280	16,940	13,570	10,190
2,520	2,540	40,670	29,960	17,360	13,990	10,610
2,540	2,560	42,380	30,640	17,790	14,410	11,040
2,560	2,580	44,090	31,330	18,210	14,840	11,460
2,580	2,600	45,800	32,680	18,640	15,260	11,890
2,600	2,620	47,520	34,390	19,240	15,680	12,310
2,620	2,640	49,230	36,100	19,900	16,110	12,730
2,640	2,660	50,940	37,810	20,560	16,530	13,160
2,660	2,680	52,650	39,530	21,220	16,960	13,580
2,680	2,700	54,360	41,240	21,880	17,380	14,010
2,700	2,720	56,070	42,950	22,540	17,800	14,430
2,720	2,740	57,780	44,660	23,200	18,230	14,850
2,740	2,760	59,500	46,370	23,860	18,650	15,280

※ 갑근세는 제시되어 있는 간이 세액표에 따름
※ 주민세＝갑근세의 10%
※ 국민연금＝급여액의 4.50%
※ 고용보험＝국민연금의 10%
※ 건강보험＝급여액의 2.90%
※ 교육지원금＝분기별 100,000원(매 분기별 첫 달에 지급)

박○○ 사원의 5월 급여내역이 다음과 같고 전월과 동일하게 근무하였으나 특별수당은 없고 차량지원금으로 100,000원을 받게 된다면, 6월에 받게 되는 급여는 얼마인가? (단, 원 단위 절삭)

(주) 서원플랜테크 5월 급여내역			
성명	박○○	지급일	5월 12일
기본급여	2,240,000	갑근세	39,530
직무수당	400,000	주민세	3,950
명절 상여금		고용보험	11,970
특별수당	20,000	국민연금	119,700
차량지원금		건강보험	77,140
교육지원		기타	
급여계	2,660,000	공제합계	252,290
		지급총액	2,407,710

① 2,443,910　　　　　　② 2,453,910
③ 2,463,910　　　　　　④ 2,473,910

[출제의도]
업무상 계산을 수행하거나 결과를 정리하고 업무비용을 측정하는 능력을 평가하기 위한 문제로서, 주어진 자료에서 문제를 해결하는 데에 필요한 부분을 빠르고 정확하게 찾아내는 것이 중요하다.
[해설]

기본 급여	2,240,000	갑근세	46,370
직무 수당	400,000	주민세	4,630
명절 상여금		고용 보험	12,330
특별 수당		국민 연금	123,300
차량 지원금	100,000	건강 보험	79,460
교육 지원		기타	
급여계	2,740,000	공제 합계	266,090
		지급 총액	2,473,910

답 ④

(3) 수리능력의 중요성

① 수학적 사고를 통한 문제해결

② 직업세계의 변화에의 적응

③ 실용적 가치의 구현

(4) 단위환산표

구분	단위환산
길이	1cm = 10mm, 1m = 100cm, 1km = 1,000m
넓이	$1cm^2 = 100mm^2$, $1m^2 = 10,000cm^2$, $1km^2 = 1,000,000m^2$
부피	$1cm^3 = 1,000mm^3$, $1m^3 = 1,000,000cm^3$, $1km^3 = 1,000,000,000m^3$
들이	$1m\ell = 1cm^3$, $1d\ell = 100cm^3$, $1L = 1,000cm^3 = 10d\ell$
무게	1kg = 1,000g, 1t = 1,000kg = 1,000,000g
시간	1분 = 60초, 1시간 = 60분 = 3,600초
할푼리	1푼 = 0.1할, 1리 = 0.01할, 1모 = 0.001할

▌예제 2

둘레의 길이가 4.4km인 정사각형 모양의 공원이 있다. 이 공원의 넓이는 몇 a인가?

① 12,100a

② 1,210a

③ 121a

④ 12.1a

[출제의도]

길이, 넓이, 부피, 들이, 무게, 시간, 속도 등 단위에 대한 기본적인 환산 능력을 평가하는 문제로서, 소수점 계산이 필요하며, 자릿수를 읽고 구분할 줄 알아야 한다.

[해설]

공원의 한 변의 길이는

$4.4 \div 4 = 1.1 (km)$ 이고

$1km^2 = 10000a$ 이므로

공원의 넓이는

$1.1km \times 1.1km = 1.21km^2$

$= 12100a$

답 ①

2 수리능력을 구성하는 하위능력

(1) 기초연산능력

① **사칙연산** : 수에 관한 덧셈, 뺄셈, 곱셈, 나눗셈의 네 종류의 계산법으로 업무를 원활하게 수행하기 위해서는 기본적인 사칙연산뿐만 아니라 다단계의 복잡한 사칙연산까지도 수행할 수 있어야 한다.

② **검산** : 연산의 결과를 확인하는 과정으로 대표적인 검산방법으로 역연산과 구거법이 있다.
　　㉠ **역연산** : 덧셈은 뺄셈으로, 뺄셈은 덧셈으로, 곱셈은 나눗셈으로, 나눗셈은 곱셈으로 확인하는 방법이다.
　　㉡ **구거법** : 원래의 수와 각 자리 수의 합이 9로 나눈 나머지가 같다는 원리를 이용한 것으로 9를 버리고 남은 수로 계산하는 것이다.

예제 3

다음 식을 바르게 계산한 것은?

$$1 + \frac{2}{3} + \frac{1}{2} - \frac{3}{4}$$

① $\frac{13}{12}$　　　　　　② $\frac{15}{12}$

③ $\frac{17}{12}$　　　　　　④ $\frac{19}{12}$

[출제의도]
직장생활에서 필요한 기초적인 사칙연산과 계산방법을 이해하고 활용할 수 있는 능력을 평가하는 문제로서, 분수의 계산과 통분에 대한 기본적인 이해가 필요하다.

[해설]

$$\frac{12}{12} + \frac{8}{12} + \frac{6}{12} - \frac{9}{12} = \frac{17}{12}$$

답 ③

---

(2) 기초통계능력

① **업무수행과 통계**
　　㉠ **통계의 의미** : 통계란 집단현상에 대한 구체적인 양적 기술을 반영하는 숫자이다.
　　㉡ **업무수행에 통계를 활용함으로써 얻을 수 있는 이점**
　　　• 많은 수량적 자료를 처리가능하고 쉽게 이해할 수 있는 형태로 축소
　　　• 표본을 통해 연구대상 집단의 특성을 유추
　　　• 의사결정의 보조수단
　　　• 관찰 가능한 자료를 통해 논리적으로 결론을 추출·검증

ⓒ 기본적인 통계치

- 빈도와 빈도분포 : 빈도란 어떤 사건이 일어나거나 증상이 나타나는 정도를 의미하며, 빈도분포란 빈도를 표나 그래프로 종합적으로 표시하는 것이다.
- 평균 : 모든 사례의 수치를 합한 후 총 사례 수로 나눈 값이다.
- 백분율 : 전체의 수량을 100으로 하여 생각하는 수량이 그중 몇이 되는가를 퍼센트로 나타낸 것이다.

② 통계기법

㉠ 범위와 평균

- 범위 : 분포의 흩어진 정도를 가장 간단히 알아보는 방법으로 최곳값에서 최젓값을 뺀 값을 의미한다.
- 평균 : 집단의 특성을 요약하기 위해 가장 자주 활용하는 값으로 모든 사례의 수치를 합한 후 총 사례 수로 나눈 값이다.
- 관찰값이 1, 3, 5, 7, 9일 경우 범위는 9 − 1 = 8이 되고, 평균은 $\dfrac{1+3+5+7+9}{5} = 5$가 된다.

㉡ 분산과 표준편차

- 분산 : 관찰값의 흩어진 정도로, 각 관찰값과 평균값의 차의 제곱의 평균이다.
- 표준편차 : 평균으로부터 얼마나 떨어져 있는가를 나타내는 개념으로 분산값의 제곱근 값이다.
- 관찰값이 1, 2, 3이고 평균이 2인 집단의 분산은 $\dfrac{(1-2)^2+(2-2)^2+(3-2)^2}{3} = \dfrac{2}{3}$ 이고 표준편차는 분산값의 제곱근 값인 $\sqrt{\dfrac{2}{3}}$ 이다.

③ 통계자료의 해석

㉠ 다섯숫자요약

- 최솟값 : 원자료 중 값의 크기가 가장 작은 값
- 최댓값 : 원자료 중 값의 크기가 가장 큰 값
- 중앙값 : 최솟값부터 최댓값까지 크기에 의하여 배열했을 때 중앙에 위치하는 사례의 값
- 하위 25%값 · 상위 25%값 : 원자료를 크기 순으로 배열하여 4등분한 값

㉡ 평균값과 중앙값 : 평균값과 중앙값은 그 개념이 다르기 때문에 명확하게 제시해야 한다.

예제 4

인터넷 쇼핑몰에서 회원가입을 하고 디지털캠코더를 구매하려고 한다. 다음은 구입하고자 하는 모델에 대하여 인터넷 쇼핑몰 세 곳의 가격과 조건을 제시한 표이다. 표에 있는 모든 혜택을 적용하였을 때 디지털캠코더의 배송비를 포함한 실제 구매가격을 바르게 비교한 것은?

구분	A 쇼핑몰	B 쇼핑몰	C 쇼핑몰
정상가격	129,000원	131,000원	130,000원
회원혜택	7,000원 할인	3,500원 할인	7% 할인
할인쿠폰	5% 쿠폰	3% 쿠폰	5,000원
중복할인여부	불가	가능	불가
배송비	2,000원	무료	2,500원

① A<B<C

② B<C<A

③ C<A<B

④ C<B<A

[출제의도]
직장생활에서 자주 사용되는 기초적인 통계기법을 활용하여 자료의 특성과 경향성을 파악하는 능력이 요구되는 문제이다.

[해설]
㉠ A 쇼핑몰
• 회원혜택을 선택한 경우 :
129,000 − 7,000 + 2,000 = 124,000(원)
• 5% 할인쿠폰을 선택한 경우 :
129,000 × 0.95 + 2,000
= 124,550

㉡ B 쇼핑몰 :
131,000 × 0.97 − 3,500
= 123,570

㉢ C 쇼핑몰
• 회원혜택을 선택한 경우 :
130,000 × 0.93 + 2,500
= 123,400
• 5,000원 할인쿠폰을 선택한 경우 : 130,000 − 5,000 + 2,500 = 127,500

∴ C<B<A

답 ④

(3) 도표분석능력

① 도표의 종류

 ㉠ 목적별 : 관리(계획 및 통제), 해설(분석), 보고

 ㉡ 용도별 : 경과 그래프, 내역 그래프, 비교 그래프, 분포 그래프, 상관 그래프, 계산 그래프

 ㉢ 형상별 : 선 그래프, 막대 그래프, 원 그래프, 점 그래프, 층별 그래프, 레이더 차트

② 도표의 활용

 ㉠ 선 그래프

  • 주로 시간의 경과에 따라 수량에 의한 변화 상황(시계열 변화)을 절선의 기울기로 나타내는 그래프이다.

• 경과, 비교, 분포를 비롯하여 상관관계 등을 나타낼 때 쓰인다.

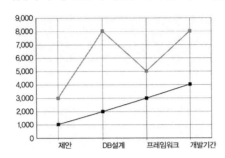

ⓛ 막대 그래프

• 비교하고자 하는 수량을 막대 길이로 표시하고 그 길이를 통해 수량 간의 대소관계를 나타내는 그래프이다.

• 내역, 비교, 경과, 도수 등을 표시하는 용도로 쓰인다.

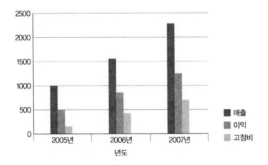

ⓒ 원 그래프

• 내역이나 내용의 구성비를 원을 분할하여 나타낸 그래프이다.

• 전체에 대해 부분이 차지하는 비율을 표시하는 용도로 쓰인다.

ⓔ 점 그래프
- 종축과 횡축에 2요소를 두고 보고자 하는 것이 어떤 위치에 있는가를 나타내는 그래프이다.
- 지역분포를 비롯하여 도시, 기방, 기업, 상품 등의 평가나 위치·성격을 표시하는데 쓰인다.

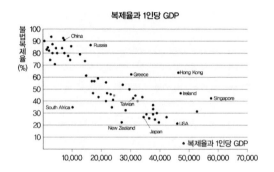

ⓜ 층별 그래프
- 선 그래프의 변형으로 연속내역 봉 그래프라고 할 수 있다. 선과 선 사이의 크기로 데이터 변화를 나타낸다.
- 합계와 부분의 크기를 백분율로 나타내고 시간적 변화를 보고자 할 때나 합계와 각 부분의 크기를 실수로 나타내고 시간적 변화를 보고자 할 때 쓰인다.

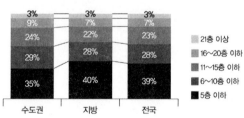

ⓗ 레이더 차트(거미줄 그래프)
- 원 그래프의 일종으로 비교하는 수량을 직경, 또는 반경으로 나누어 원의 중심에서의 거리에 따라 각 수량의 관계를 나타내는 그래프이다.
- 비교하거나 경과를 나타내는 용도로 쓰인다.

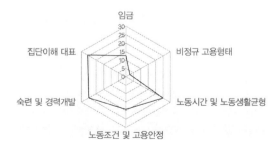

③ 도표 해석상의 유의사항

　　㉠ 요구되는 지식의 수준을 넓힌다.

　　㉡ 도표에 제시된 자료의 의미를 정확히 숙지한다.

　　㉢ 도표로부터 알 수 있는 것과 없는 것을 구별한다.

　　㉣ 총량의 증가와 비율의 증가를 구분한다.

　　㉤ 백분위수와 사분위수를 정확히 이해하고 있어야 한다.

예제 5

다음 표는 2009 ~ 2010년 지역별 직장인들의 자기개발에 관해 조사한 내용을 정리한 것이다. 이에 대한 분석으로 옳은 것은?

(단위 : %)

연도 구분 지역	2009				2010			
	자기개발 하고 있음	자기개발 비용 부담 주체			자기개발 하고 있음	자기개발 비용 부담 주체		
		직장 100%	본인 100%	직장50% + 본인50%		직장 100%	본인 100%	직장50% + 본인50%
충청도	36.8	8.5	88.5	3.1	45.9	9.0	65.5	24.5
제주도	57.4	8.3	89.1	2.9	68.5	7.9	68.3	23.8
경기도	58.2	12	86.3	2.6	71.0	7.5	74.0	18.5
서울시	60.6	13.4	84.2	2.4	72.7	11.0	73.7	15.3
경상도	40.5	10.7	86.1	3.2	51.0	13.6	74.9	11.6

① 2009년과 2010년 모두 자기개발 비용을 본인이 100% 부담하는 사람의 수는 응답자의 절반 이상이다.

② 자기개발을 하고 있다고 응답한 사람의 수는 2009년과 2010년 모두 서울시가 가장 많다.

③ 자기개발 비용을 직장과 본인이 각각 절반씩 부담하는 사람의 비율은 2009년과 2010년 모두 서울시가 가장 높다.

④ 2009년과 2010년 모두 자기개발을 하고 있다고 응답한 비율이 가장 높은 지역에서 자기개발비용을 직장이 100% 부담한다고 응답한 사람의 비율이 가장 높다.

[출제의도]
그래프, 그림, 도표 등 주어진 자료를 이해하고 의미를 파악하여 필요한 정보를 해석하는 능력을 평가하는 문제이다.
[해설]
② 지역별 인원수가 제시되어 있지 않으므로, 각 지역별 응답자 수는 알 수 없다.
③ 2009년에는 경상도에서, 2010년에는 충청도에서 가장 높은 비율을 보인다.
④ 2009년과 2010년 모두 '자기개발을 하고 있다'고 응답한 비율이 가장 높은 지역은 서울시이며, 2010년의 경우 자기개발 비용을 직장이 100% 부담한다고 응답한 사람의 비율이 가장 높은 지역은 경상도이다.

답 ①

(4) 도표작성능력

① 도표작성 절차

　　㉠ 어떠한 도표로 작성할 것인지를 결정

　　㉡ 가로축과 세로축에 나타낼 것을 결정

　　㉢ 한 눈금의 크기를 결정

　　㉣ 자료의 내용을 가로축과 세로축이 만나는 곳에 표현

　　㉤ 표현한 점들을 선분으로 연결

　　㉥ 도표의 제목을 표기

② 도표작성 시 유의사항

　　㉠ 선 그래프 작성 시 유의점

- 세로축에 수량, 가로축에 명칭구분을 제시한다.
- 선의 높이에 따라 수치를 파악하는 경우가 많으므로 세로축의 눈금을 가로축보다 크게 하는 것이 효과적이다.
- 선이 두 종류 이상일 경우 반드시 그 명칭을 기입한다.

　　㉡ 막대 그래프 작성 시 유의점

- 막대 수가 많을 경우에는 눈금선을 기입하는 것이 알아보기 쉽다.
- 막대의 폭은 모두 같게 하여야 한다.

　　㉢ 원 그래프 작성 시 유의점

- 정각 12시의 선을 기점으로 오른쪽으로 그리는 것이 보통이다.
- 분할선은 구성비율이 큰 순서로 그린다.

　　㉣ 층별 그래프 작성 시 유의점

- 눈금은 선 그래프나 막대 그래프보다 적게 하고 눈금선은 넣지 않는다.
- 층별로 색이나 모양이 완전히 다른 것이어야 한다.
- 같은 항목은 옆에 있는 층과 선으로 연결하여 보기 쉽도록 한다.

1 다음은 가구당 순자산 보유액 구간별 가구 분포에 관련된 표이다. 이 표를 바탕으로 이해한 내용으로 가장 적절한 것은?

〈가구당 순자산 보유액 구간별 가구 분포〉

(단위 : %, %p)

순자산(억 원)	가구분포		
	2016년	2017년	전년차(비)
−1 미만	0.2	0.2	0.0
−1~0 미만	2.6	2.7	0.1
0~1 미만	31.9	31.2	−0.7
1~2 미만	19.1	18.5	−0.6
2~3 미만	13.8	13.5	−0.3
3~4 미만	9.5	9.4	−0.1
4~5 미만	6.3	6.8	0.5
5~6 미만	4.4	4.6	0.2
6~7 미만	3.0	3.2	0.2
7~8 미만	2.0	2.2	0.2
8~9 미만	1.5	1.5	0.0
9~10 미만	1.2	1.2	0.0
10 이상	4.5	5.0	0.5
평균(만 원)	29,918	31,142	4.1
중앙값(만 원)	17,740	18,525	4.4

① 순자산 보유액이 많은 가구보다 적은 가구의 2017년 비중이 전년보다 더 증가하였다.

② 순자산이 많은 가구의 소득은 2016년 대비 2017년에 더 감소하였다.

③ 소수의 사람들이 많은 순자산을 가지고 있다.

④ 2017년의 순자산 보유액이 3억 원 미만인 가구는 전체의 50%가 조금 안 된다.

TIP 》 2017년을 기준으로 볼 때, 중앙값이 1억 8,525만 원이며, 평균이 3억 1,142만 원임을 알 수 있다. 중앙값이 평균값에 비해 매우 적다는 것은 소수의 사람들에게 순자산 보유액이 집중되어 있다는 것을 의미한다고 볼 수 있다.

① 순자산 보유액 구간의 중간인 '4~5' 미만 기준으로 구분해 보면, 상대적으로 순자산 보유액이 많은 가구가 적은 가구보다 2017년 비중이 전년보다 더 증가하였다.

② 주어진 표로 가구의 소득은 알 수 없다.

④ 전체의 66.1%를 차지한다.

▌2~3▌ 다음은 A시의 연도별·혼인종류별 건수와 관련된 자료이다. 자료를 보고 이어지는 물음에 답하시오.

〈A시의 연도별·혼인종류별 건수〉

(단위 : 건)

구분		2007	2008	2009	2010	2011	2012	2013	2014	2015	2016
남자	초혼	279	270	253	274	278	274	272	257	253	㉠
	재혼	56	58	52	53	47	55	48	47	45	㉡
여자	초혼	275	266	248	269	270	272	267	255	249	231
	재혼	60	62	57	58	55	57	53	49	49	49

(단위 : 건)

구분	2007	2008	2009	2010	2011	2012	2013	2014	2015	2016
남(초) + 여(초)	260	250	235	255	260	255	255	241	( )	( )
남(재) + 여(초)	15	16	13	14	10	17	12	14	( )	( )
남(초) + 여(재)	19	20	18	19	18	19	17	16	( )	( )
남(재) + 여(재)	41	42	39	39	37	38	36	33	( )	( )

※ 초 : 초혼, 재 : 재혼

2 아래 자료를 참고할 때, 위의 빈 칸 ㉠, ㉡에 들어갈 알맞은 수치는 얼마인가?

구분	2015년의 2007년 대비 증감 수	2014~2016년의 연평균 건수
남(초) + 여(초)	−22	233
남(재) + 여(초)	−4	12
남(초) + 여(재)	−4	16
남(재) + 여(재)	−7	33

① 237, 53　　　　　　② 240, 55

③ 237, 43　　　　　　④ 240, 43

TIP 》 주어진 자료를 근거로 괄호 안의 숫자를 채우면 다음과 같다.

구분	2015년	2016년
남(초) + 여(초)	$260 - 22 = 238$	$(241 + 238 + x) \div 3 = 233,\ x = 220$
남(재) + 여(초)	$15 - 4 = 11$	$(14 + 11 + x) \div 3 = 12,\ x = 11$
남(초) + 여(재)	$19 - 4 = 15$	$(16 + 15 + x) \div 3 = 16,\ x = 17$
남(재) + 여(재)	$41 - 7 = 34$	$(33 + 34 + x) \div 3 = 33,\ x = 32$

따라서 ㉠은 초혼 남자이므로 '남(초) + 여(초)'인 220명과 '남(초) + 여(재)'인 17명의 합인 237명이 되며, ㉡은 재혼 남자이므로 '남(재) + 여(초)'인 11명과 '남(재) + 여(재)'인 32명의 합인 43명이 된다.

3 위의 상황을 근거로 한 다음 〈보기〉와 같은 판단 중 타당한 것으로 볼 수 있는 것을 모두 고르면?

〈보기〉
(개) 자신은 초혼이지만 상대방은 재혼이라도 괜찮다고 생각한 것은 남성이 여성보다 매년 더 많다.
(내) 이혼율이 증가하면 초혼 간의 혼인율이 감소한다.
(대) 여성의 재혼 건수가 전년보다 증가한 해는 남성의 재혼 건수도 항상 전년보다 증가한다.
(래) 2016년에는 10년 전보다 재혼이 증가하고 초혼이 감소하였다.

① (개), (래) ② (내), (대)
③ (내), (래) ④ (개), (대)

TIP 》 (개) 매년 '남(초) + 여(재)'의 건수가 '남(재) + 여(초)'의 건수보다 많으므로 타당한 판단이라고 볼 수 있다.
(내) 이혼율 관련 자료가 제시되지 않아 이혼율과 초혼 간의 혼인율의 상관관계를 판단할 수 없다.
(대) 여성의 재혼 건수는 2008년, 2010년, 2012년에 전년보다 증가하였다. 이때 남성의 재혼 건수도 전년보다 증가하였으므로 타당한 판단이다.
(래) 2016년에는 10년 전보다 초혼, 재혼 등 모든 항목에 있어서 큰 폭의 감소를 나타내고 있다.
따라서 타당한 판단은 (개)와 (대)이다.

ANSWER 〉 2.③ 3.④

| 4~5 | 다음 자료를 읽고 이어지는 물음에 답하시오.

증여세는 타인으로부터 무상으로 재산을 취득하는 경우, 취득자에게 무상으로 받은 재산가액을 기준으로 하여 부과하는 세금이다. 특히, 증여세 과세대상은 민법상 증여뿐만 아니라 거래의 명칭, 형식, 목적 등에 불구하고 경제적 실질이 무상 이전인 경우 모두 해당된다. 증여세는 증여받은 재산의 가액에서 증여재산 공제를 하고 나머지 금액(과세표준)에 세율을 곱하여 계산한다.

> 증여재산 − 증여재산공제액 = 과세표준
> 과세표준 × 세율 = 산출세액

증여가 친족 간에 이루어진 경우 증여받은 재산의 가액에서 다음의 금액을 공제한다.

증여자	공제금액
배우자	6억 원
직계존속	5천만 원
직계비속	5천만 원
기타친족	1천만 원

수증자를 기준으로 당해 증여 전 10년 이내에 공제받은 금액과 해당 증여에서 공제받을 금액의 합계액은 위의 공제금액을 한도로 한다.

또한, 증여받은 재산의 가액은 증여 당시의 시가로 평가되며, 다음의 세율을 적용하여 산출세액을 계산하게 된다.

〈증여세 세율〉

과세표준	세율	누진공제액
1억 원 이하	10%	−
1억 원 초과~5억 원 이하	20%	1천만 원
5억 원 초과~10억 원 이하	30%	6천만 원
10억 원 초과~30억 원 이하	40%	1억 6천만 원
30억 원 초과	50%	4억 6천만 원

※ 증여세 자진신고 시 산출세액의 7% 공제함.

4 위의 증여세 관련 자료를 참고할 때, 다음 〈보기〉와 같은 세 가지 경우에 해당하는 증여재산 공제액의 합은 얼마인가?

〈보기〉
• 아버지로부터 여러 번에 걸쳐 1천만 원 이상 재산을 증여받은 경우
• 성인 아들이 아버지와 어머니로부터 각각 1천만 원 이상 재산을 증여받은 경우
• 아버지와 삼촌으로부터 1천만 원 이상 재산을 증여받은 경우

---

① 6천만 원
② 1억 원
③ 1억 5천만 원
④ 1억 6천만 원

> **TIP 》** 첫 번째는 직계존속으로부터 증여받은 경우로, 10년 이내의 증여재산가액을 합한 금액에서 5,000만 원만 공제하게 된다.
> 두 번째 역시 직계존속으로부터 증여받은 경우로, 아버지로부터 증여받은 재산가액과 어머니로부터 증여받은 재산가액의 합계액에서 5,000만 원을 공제하게 된다.
> 세 번째는 직계존속과 기타친족으로부터 증여받은 경우로, 아버지로부터 증여받은 재산가액에서 5,000만 원을, 삼촌으로부터 증여받은 재산가액에서 1,000만 원을 공제하게 된다.
> 따라서 세 가지 경우의 증여재산 공제액의 합은 5,000 + 5,000 + 6,000 = 1억 6천만 원이 된다.

5 성년인 김부자 씨는 아버지로부터 1억 7천만 원의 현금을 증여받게 되어, 증여세 납부 고지서를 받기 전 스스로 증여세를 납부하고자 세무사를 찾아 갔다. 세무사가 계산해 준 김부자 씨의 증여세 납부액은 얼마인가?

① 1,400만 원
② 1,302만 원
③ 1,280만 원
④ 1,255만 원

> **TIP 》** 주어진 자료를 근거로, 다음과 같은 계산 과정을 거쳐 증여세액이 산출될 수 있다.
> • 증여재산 공제 : 5천만 원
> • 과세표준 : 1억 7천만 원 − 5천만 원 = 1억 2천만 원
> • 산출세액 : 1억 2천만 원 × 20% − 1천만 원 = 1,400만 원
> • 납부할 세액 : 1,400만 원 × 93% = 1,302만 원(자진신고 시 7% 공제)

ANSWER 〉 4.④ 5.②

제빙회사에서 근무하고 있는 S는 하절기 얼음 수요 예측에 따라 향후 얼음 수요 충당을 위해 자사 직전 3개년 얼음판매 현황과 제빙기 보유현황에 대한 보고서를 작성하고 있다.

1. 하절기 사각얼음 판매실적

2. 하절기 가루얼음 판매실적

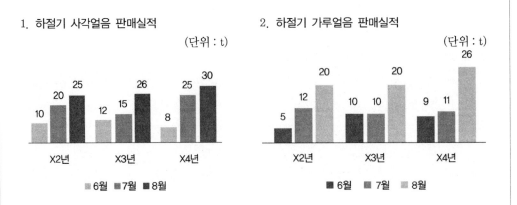

3. 자사 생산 계획안

X5년 OO 제빙에서는 올 하절기(6~8월)에 보다 효율적인 얼음 생산을 위하여 X2년부터 X4년까지의 얼음 판매현황을 조사하였습니다. 그 결과 초여름(6월)에서 늦여름(8월)까지 우리 회사의 얼음 판매 실적은 꾸준히 상승하였습니다. 세부적으로 살펴보면 사각얼음의 경우 X2년에 55t에서 X4년에 63t으로 8t이 증가하였고, 가루얼음의 경우에는 X2년에 37t에서 X4년에 46t으로 9t이 증가하였습니다. 이러한 직전 3개년 간 얼음 판매현황 조사에 따라 X5년 얼음 생산량을 계획하려 합니다. 기상청의 X5년 하절기 평균 기온이 작년에 비해 상승할 것으로 예상됨에 따라 X5년 6~8월까지 각 월별 얼음 생산량은 얼음 종류에 따라 직전 3개년 평균 얼음 판매량의 1.5배를 생산하도록 하겠습니다. 현재 재고 얼음은 없으며, X5년 얼음 생산은 5월부터 진행하고 판매되지 않고 남은 얼음은 그 다음 달로 이월하여 판매할 수 있도록 하겠습니다. 이에 따라 현재 우리 OO 제빙이 보유하고 있는 제빙기 현황을 파악하여, 생산 목표량 확보를 위하여 추가적으로 제빙기를 구입할 필요가 있습니다. 현재 우리 OO 제빙이 보유하고 있는 제빙기 현황은 아래와 같습니다.

— 아래 —

제빙기	생산량 (kg/일)	길이(cm)			냉각방식	생산가능 얼음형태
		가로	세로	높이		
A	60	600	500	700	공냉식	사각
B	100	800	800	500	수냉식	가루
C	300	1,400	600	400	공냉식	가루
D	440	1,000	1,000	300	수냉식	사각

6 보고서를 검토한 상사가 S에게 X5년 하절기 얼음 종류별 생산 목표량을 정리할 것을 요구하였다. S가 작성한 그래프로 적절한 것은?

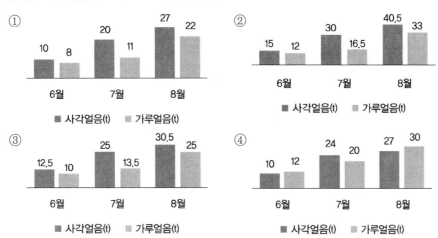

TIP》 기상청의 X5년 하절기 평균 기온이 작년에 비해 상승할 것으로 예상됨에 따라 X5년 6~8월까지 각 월별 얼음 생산량은 얼음 종류에 따라 직전 3개년 평균 얼음 판매량의 1.5배를 생산하므로, 각 월별 얼음 생산량은 다음과 같다.

월	얼음 종류	생산량(t)
6월	사각얼음	$\{(10+12+8)\div3\}\times1.5=15$
	가루얼음	$\{(5+10+9)\div3\}\times1.5=12$
7월	사각얼음	$\{(20+15+25)\div3\}\times1.5=30$
	가루얼음	$\{(12+10+11)\div3\}\times1.5=16.5$
8월	사각얼음	$\{(25+26+30)\div3\}\times1.5=40.5$
	가루얼음	$\{(20+20+26)\div3\}\times1.5=33$

ANSWER 〉 6.②

7 OO 제빙회사는 매달 20일 동안 제빙기를 운용하여 얼음을 생산하는 회사이다. S가 분석한 X5년 상황과 향후 생산 계획에 대한 설명으로 적절한 것을 〈보기〉에서 모두 고르면?

〈보기〉

㉠ X5년 7월까지는 현재 보유한 제빙기로 각 얼음 생산 목표량 달성이 가능하다.

㉡ 현재 보유한 제빙기 중 부피가 가장 큰 것은 공냉식 방식으로 가루얼음을 생산하는 제빙기이다.

㉢ 현재 보유한 제빙기를 이용해 X5년 6월에 생산한 얼음양은 사각얼음이 가루얼음보다 20% 많았다.

㉣ X5년 8월 중 30일 동안 가루얼음 제빙기를 운용하더라도 가루얼음 신규 제빙기 구매 없이는 8월 가루얼음 생산 목표량 달성이 불가능하다.

① ㉠, ㉡
② ㉠, ㉢
③ ㉡, ㉣
④ ㉢, ㉣

TIP » ㉠ 이 회사의 한 달 얼음 생산량은 사각얼음이 $(60 \times 20) + (440 \times 20) = 10t$, 가루얼음이 $(100 \times 20) + (300 \times 20) = 8t$으로 현재 보유한 제빙기로는 X5년 6월 생산 목표량도 달성이 불가능하다.

㉡ 각 제빙기의 부피는 가로 × 세로 × 높이로 구할 수 있다. 현재 보유한 제빙기 중 부피가 가장 큰 것은 공냉식 방식으로 가루얼음을 생산하는 제빙기로 $14 \times 6 \times 4 = 336\text{m}^3$이다.

㉢ 현재 보유한 제빙기를 이용해 X5년 6월에 생산한 사각얼음양은 10t이고 가루얼음양은 8t이다. 따라서 사각얼음이 가루얼음보다 25% 많았다.

㉣ X5년 8월 중 30일 동안 가루얼음 제빙기를 운용하였을 때 생산할 수 있는 가루얼음의 양은 $(100 \times 30) + (300 \times 30) = 9t$으로 X5년 8월 가루얼음 생산 목표량인 33t을 달성할 수 없다.

H사에서 근무하는 K는 4대강 주변 자전거 종주길에 대한 개선안을 마련하기 위하여 관련 자료를 정리하여 상사에게 보고하고자 한다.

〈4대강 주변 자전거 종주길에 대한 관광객 평가 결과〉

(단위 : 점/100점 만점)

구분	한강	금강	낙동강	영산강
주변 편의시설	60	70	60	50
주변 자연경관	50	40	60	40
하천 수질	40	50	40	30
접근성	50	40	50	40
주변 물가	70	60	50	40

〈인터넷 설문조사 결과〉

자전거 종주 여행 시 고려조건

하천 수질 ▓▓▓▓▓▓▓ 35%

접근성 ▓▓▓ 15%

주변 자연경관 ▓▓▓▓ 20%

주변 편의시설 ▓▓▓▓▓▓ 30%

0% 10% 20% 30% 40%

〈업체별 4대강 유역 토사 운송 비용〉

업체	목표 운송량 (톤)	보유 트럭 최대 적재량 현황 1.5톤	보유 트럭 최대 적재량 현황 2.5톤	트럭 1대당 운송비 (원/km)
A	19.5	6대	3대	1.5톤 : 50,000
B	20.5	4대	4대	2.5톤 : 80,000
C	23	3대	5대	

〈영산강 유역과 공사 업체 간의 거리 정보〉

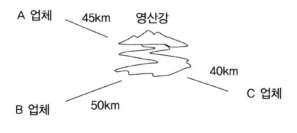

A 업체 — 45km 영산강

40km

C 업체

B 업체 50km

8 앞선 자료들을 기반으로 K가 정리한 내용 중 옳은 것을 〈보기〉에서 모두 고르면?

> 〈보기〉
> ㉠ 모든 보유 트럭의 최대 적재량 합이 가장 큰 시공 업체는 C이다.
> ㉡ 관광객 평가 결과의 합에서, 가장 높은 점수를 받은 자전거 종주길은 금강이다.
> ㉢ 인터넷 설문 조사의 4개 항목만을 고려한 관광객 평가 결과의 합이 가장 높은 자전거 종주길은 낙동강이다.
> ㉣ 인터넷 설문 조사 결과 상위 2개 항목만을 고려한 관광객 평가 결과의 합이 가장 높은 자전거 종주길은 한강이다.

① ㉠, ㉡
② ㉠, ㉢
③ ㉡, ㉢
④ ㉢, ㉣

TIP 》 ㉠ 각 업체의 보유 트럭 최대 적재량 합은 A업체 9 + 7.5 = 16.5톤, B업체 6 + 10 = 16톤, C업체 4.5 + 12.5 = 17톤으로, 적재량 합이 가장 큰 시공 업체는 C이다.
㉡ 관광객 평가 결과의 합에서, 가장 높은 점수를 받은 자전거 종주길은 총점 270점 한강이다.
㉢ 인터넷 설문 조사의 4개 항목만을 고려한 관광객 평가 결과의 합이 가장 높은 자전거 종주길은 210점인 낙동강이다.
㉣ 인터넷 설문 조사 결과 상위 2개 항목인 하천 수질과 주변 편의시설만을 고려한 관광객 평가 결과의 합이 가장 높은 자전거 종주길은 120점의 금강이다.

9 다음은 자료를 검토한 K의 상사가 K에게 준 피드백의 내용이다. 이를 참고하여 4대강 자전거 종주길의 최종 점수가 올바르게 짝지어진 것은?

> [상사]
> K씨, 4대강 자전거 종주길에 실제로 방문한 관광객들의 평가만큼이나 전 국민을 대상으로 한 인터넷 설문조사도 매우 중요해. 그러니까 인터넷 조사 결과의 응답 비중이 높은 순서대로 순위를 매겨서 1~4위까지 5, 4, 3, 2점의 가중치를 부여하고 이 가중치를 관광객 평가 점수와 곱해서 4대강 자전거 종주길들 간의 점수를 산출하도록 해줘. '주변 물가'는 인터넷 조사에는 해당되지 않으니까 가중치를 1로 부여하면 될 것 같아.

① 한강 : 780점
② 금강 : 790점
③ 낙동강 : 800점
④ 영산강 : 690점

10 K는 상사로부터 영산강의 수질 개선을 위한 공사 시공 업체 선정을 위해 3개 업체들 간의 토사 운송비용을 산출해보라는 지시를 받았다. 업체 별 목표 운송량과 운송 거리를 함께 고려하여 가장 최소 비용이 산출되는 업체와 그 운송비용이 올바르게 짝지어진 것은? (단, 운송 거리는 편도만을 고려한다.)

① A : 28,350,000원

② A : 29,600,000원

③ B : 28,350,000원

④ C : 29,600,000원

11 다음은 조선시대 한양의 조사시기별 가구수 및 인구수와 가구 구성비에 대한 자료이다. 이에 대한 설명 중 옳은 것만을 모두 고르면?

〈조사시기별 가구수 및 인구수〉

(단위 : 호, 명)

조사시기	가구수	인구수
1729년	1,480	11,790
1765년	7,210	57,330
1804년	8,670	68,930
1867년	27,360	144,140

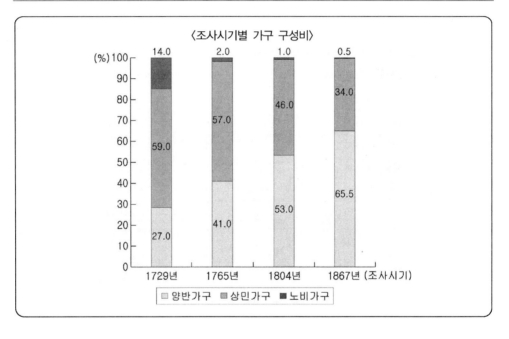

〈조사시기별 가구 구성비〉

㉠ 1804년 대비 1867년의 가구당 인구수는 증가하였다.

　　㉡ 1765년 상민가구 수는 1804년 양반가구 수보다 적다.

　　㉢ 노비가구 수는 1804년이 1765년보다는 적고 1867년보다는 많다.

　　㉣ 1729년 대비 1765년에 상민가구 구성비는 감소하였고 상민가구 수는 증가하였다.

① ㉠, ㉡　　　　　　　　　　　　　　② ㉠, ㉢

③ ㉡, ㉣　　　　　　　　　　　　　　④ ㉠, ㉢, ㉣

TIP 》　㉠ 1804년 가구당 인구수는 $\dfrac{68,930}{8,670}$ = 약 7.95이고, 1867년 가구당 인구수는 $\dfrac{144,140}{27,360}$ = 약 5.26
　　　　이므로 1804년 대비 1867년의 가구당 인구수는 감소하였다.

　　　㉡ 1765년 상민가구 수는 7,210 × 0.57 = 4109.7이고, 1804년 양반가구 수는 8,670 × 0.53
　　　　= 4595.1로, 1765년 상민가구 수는 1804년 양반가구 수보다 적다.

　　　㉢ 1804년의 노비가구 수는 8,670 × 0.01 = 86.7로 1765년의 노비가구 수인 7,210 × 0.02
　　　　= 144.2보다 적고, 1867년의 노비가구 수인 27,360 × 0.005 = 136.8보다도 적다.

　　　㉣ 1729년 대비 1765년에 상민가구 구성비는 59.0%에서 57.0%로 감소하였고, 상민가구 수
　　　　는 1,480 × 0.59 = 873.2에서 7,210 × 0.57 = 4109.7로 증가하였다.

12 다음은 우리나라의 시·군 중 2016년 경지 면적, 논 면적, 밭 면적 상위 5개 시·군에 대한 자료이다. 이에 대한 설명 중 옳은 것을 모두 고르면?

(단위 : ha)

구분	순위	시·군	면적
경지 면적	1	해남군	35,369
	2	제주시	31,585
	3	서귀포시	31,271
	4	김제시	28,501
	5	서산시	27,285
논 면적	1	김제시	23,415
	2	해남군	23,042
	3	서산시	21,730
	4	당진시	21,726
	5	익산시	19,067
밭 면적	1	제주시	31,577
	2	서귀포시	31,246
	3	안동시	13,231
	4	해남군	12,327
	5	상주시	11,047

※ 경지 면적 = 논 면적 + 밭 면적

> ㉠ 해남군의 논 면적은 해남군 밭 면적의 2배 이상이다.
> ㉡ 서귀포시의 논 면적은 제주시 논 면적보다 크다.
> ㉢ 서산시의 밭 면적은 김제시 밭 면적보다 크다.
> ㉣ 상주시의 밭 면적은 익산시 논 면적의 90% 이하이다.

① ㉡, ㉢   ② ㉡, ㉣

③ ㉠, ㉢, ㉣   ④ ㉡, ㉢, ㉣

TIP 》 ㉠ 해남군의 논 면적은 23,042ha로, 해남군 밭 면적인 12,327ha의 2배 이하이다.
        ㉡ 서귀포시의 논 면적은 31,271−31,246=25ha로, 제주시 논 면적인 31,585−31,577= 8ha보다 크다.
        ㉢ 서산시의 밭 면적은 27,285−21,730=5,555ha로 김제시 밭 면적인 28,501−23,415= 5,086ha보다 크다.
        ㉣ 상주시의 밭 면적은 11,047ha로 익산시 논 면적의 90%(=17,160.3ha) 이하이다.

13 다음은 A카페의 커피 판매정보에 대한 자료이다. 한 잔만을 더 판매하고 영업을 종료한다고 할 때, 총이익이 정확히 64,000원이 되기 위해서 판매해야 하는 메뉴는?

(단위 : 원, 잔)

메뉴＼구분	판매가격 (1잔)	현재까지 판매량	한 잔당 재료				
			원두 (200)	우유 (300)	바닐라 (100)	초코 (150)	캐러멜 (250)
아메리카노	3,000	5	○	×	×	×	×
카페라떼	3,500	3	○	○	×	×	×
바닐라라떼	4,000	3	○	○	○	×	×
카페모카	4,000	2	○	○	×	○	×
캐러멜라떼	4,300	6	○	○	○	×	○

※ 메뉴별 이익＝(메뉴별 판매가격－메뉴별 재료비) × 메뉴별 판매량
※ 총이익은 메뉴별 이익의 합이며, 다른 비용은 고려하지 않음.
※ A카페는 5가지 메뉴만을 판매하며, 메뉴 1잔 판매가격과 재료비는 변동 없음.
※ ○ : 해당 재료 한 번 사용, × : 해당 재료 사용하지 않음.

① 아메리카노
② 카페라떼
③ 바닐라라떼
④ 카페모카

TIP 》 메뉴별 이익을 계산해보면 다음과 같으므로, 현재 총이익은 60,600원이다. 한 잔만 더 판매하고 영업을 종료했을 때 총이익이 64,000원이 되려면 한 잔의 이익이 3,400원이어야 하므로 바닐라라떼를 판매해야 한다.

구분	메뉴별 이익	1잔당 이익
아메리카노	$(3,000-200) \times 5 = 14,000$원	2,800원
카페라떼	$\{3,500-(200+300)\} \times 3 = 9,000$원	3,000원
바닐라라떼	$\{4,000-(200+300+100)\} \times 3 = 10,200$원	3,400원
카페모카	$\{4,000-(200+300+150)\} \times 2 = 6,700$원	3,350원
캐러멜라떼	$\{4,300-(200+300+100+250)\} \times 6 = 20,700$원	3,450원

14 다음은 사원 6명의 A~E항목 평가 자료의 일부이다. 이에 대한 설명 중 옳은 것은?

(단위 : 점)

사원 \ 과목	A	B	C	D	E	평균
김영희	( )	14	13	15	( )	( )
이민수	12	14	( )	10	14	13.0
박수민	10	12	9	( )	18	11.8
최은경	14	14	( )	17	( )	( )
정철민	( )	20	19	17	19	18.6
신상욱	10	( )	16	( )	16	( )
계	80	( )	( )	84	( )	( )
평균	( )	14.5	14.5	( )	( )	( )

※ 항목별 평가 점수 범위는 0~20점이고, 모든 항목 평가에서 누락자는 없음.

※ 사원의 성취수준은 5개 항목 평가 점수의 산술평균으로 결정함.

－평가 점수 평균이 18점 이상 20점 이하 : 수월수준

－평가 점수 평균이 15점 이상 18점 미만 : 우수수준

－평가 점수 평균이 12점 이상 15점 미만 : 보통수준

－평가 점수 평균이 12점 미만 : 기초수준

① 김영희 사원의 성취수준은 E항목 평가 점수가 17점 이상이면 '우수수준'이 될 수 있다.

② 최은경 사원의 성취수준은 E항목 시험 점수에 따라 '기초수준'이 될 수 있다.

③ 신상욱 사원의 평가 점수는 B항목은 13점, D항목은 15점으로 성취수준은 '우수수준'이다.

④ 이민수 사원의 C항목 평가 점수는 정철민 사원의 A항목 평가 점수보다 높다.

TIP 》 빈칸 중 추론이 가능한 부분을 채우면 다음과 같다.

과목 사원	A	B	C	D	E	평균
김영희	(16)	14	13	15	( )	( )
이민수	12	14	(15)	10	14	13.0
박수민	10	12	9	(10)	18	11.8
최은경	14	14	(15)	17	( )	( )
정철민	(18)	20	19	17	19	18.6
신상욱	10	(13)	16	(15)	16	(14)
계	80	(87)	(87)	84	( )	( )
평균	($\frac{80}{6}$)	14.5	14.5	(14)	( )	( )

① 김영희 사원의 성취수준은 E항목 평가 점수가 17점 이상이면 평균이 15점 이상으로 '우수수준'이 될 수 있다.

② 최은경 사원의 성취수준은 E항목 시험 점수가 0점이라고 해도 평균 12점으로 '보통수준'이다. 따라서 '기초수준'이 될 수 없다.

③ 신상욱 사원의 평가 점수는 B항목은 13점, D항목은 15점, 평균 14점으로 성취수준은 '보통수준'이다.

④ 이민수 사원의 C항목 평가 점수는 15점으로, 정철민 사원의 A항목 평가 점수는 18점보다 낮다.

15 다음은 2007~2013년 동안 흡연율 및 금연계획률에 관한 자료이다. 이에 대한 설명으로 옳은 것은?

〈성별 흡연율〉

성별 \ 연도	2007	2008	2009	2010	2011	2012	2013
남성	45.0	47.7	46.9	48.3	47.3	43.7	42.1
여성	5.3	7.4	7.1	6.3	6.8	7.9	6.1
전체	20.6	23.5	23.7	24.6	25.2	24.9	24.1

〈소득수준별 남성 흡연율〉

소득 \ 연도	2007	2008	2009	2010	2011	2012	2013
최상	38.9	39.9	38.7	43.5	44.1	40.8	36.6
상	44.9	46.4	46.4	45.8	44.9	38.6	41.3
중	45.2	49.6	50.9	48.3	46.6	45.4	43.1
하	50.9	55.3	51.2	54.2	53.9	48.2	47.5

〈금연계획율〉

구분 \ 연도	2007	2008	2009	2010	2011	2012	2013
금연계획률	59.8	56.9	( )	( )	56.3	55.2	56.5
단기	19.4	( )	18.2	20.8	20.2	19.6	19.3
장기	40.4	39.2	39.2	32.7	( )	35.6	37.2

※ 흡연율(%) = $\dfrac{\text{흡연자 수}}{\text{인구 수}} \times 100$

※ 금연계획률(%) = $\dfrac{\text{금연계획자 수}}{\text{흡연자 수}} \times 100$ = 단기 금연계획률 + 장기 금연계획률

① 매년 남성 흡연율은 여성 흡연율의 6배 이상이다.

② 매년 소득수준이 높을수록 남성 흡연율은 낮다.

③ 2008~2010년 동안 매년 금연계획률은 전년대비 감소한다.

④ 2011년의 장기 금연계획률은 2008년의 단기 금연계획률의 두 배 이상이다.

TIP》 ① 2012년의 남성 흡연율은 43.7이고 여성 흡연율은 7.9로 6배 이하이다.
　　② 2012년 소득수준이 최상인 남성 흡연율이 상인 남성 흡연율보다 높다.
　　③ 2009년의 금연계획률은 57.4, 2010년의 금연계획률은 53.5로 2009년은 전년대비 증가하였고, 2010년은 전년대비 감소하였다.
　　④ 2011년의 장기 금연계획률은 36.1로 2008년의 단기 금연계획률인 17.7의 두 배 이상이다.

16 ○○공사는 직원들의 창의력을 증진시키기 위하여 '창의 테마파크'를 운영하고자 한다. 다음의 프로그램들을 대상으로 전문가와 사원들이 평가를 실시하여 가장 높은 점수를 받은 프로그램을 최종 선정하여 운영한다고 할 때, '창의 테마파크'에서 운영할 프로그램은?

분야	프로그램명	전문가 점수	사원 점수
미술	내 손으로 만드는 화폐	26	32
인문	세상을 바꾼 생각들	31	18
무용	스스로 창작	37	25
인문	역사랑 놀자	36	28
음악	연주하는 사무실	34	34
연극	연출노트	32	30
미술	예술캠프	40	25

※ 전문가와 사원은 후보로 선정된 프로그램을 각각 40점 만점제로 우선 평가하였다.

※ 전문가 점수와 사원 점수의 반영 비율을 3 : 2로 적용하여 합산한 후, 하나밖에 없는 분야에 속한 프로그램에는 취득점수의 30%를 가산점으로 부여한다.

① 연주하는 사무실　　　　② 스스로 창작
③ 연출노트　　　　　　　④ 예술캠프

TIP 》 각각의 프로그램이 받을 점수를 계산하면 다음과 같다.

분야	프로그램명	점수
미술	내 손으로 만드는 화폐	$\{(26 \times 3) + (32 \times 2)\} = 142$
인문	세상을 바꾼 생각들	$\{(31 \times 3) + (18 \times 2)\} = 129$
무용	스스로 창작	$\{(37 \times 3) + (25 \times 2)\}$ + 가산점 30% = 209.3
인문	역사랑 놀자	$\{(36 \times 3) + (28 \times 2)\} = 164$
음악	연주하는 사무실	$\{(34 \times 3) + (34 \times 2)\}$ + 가산점 30% = 221
연극	연출노트	$\{(32 \times 3) + (30 \times 2)\}$ + 가산점 30% = 202.8
미술	예술캠프	$\{(40 \times 3) + (25 \times 2)\} = 170$

따라서 가장 높은 점수를 받은 연주하는 사무실이 최종 선정된다.

17 다음은 차량 A, B, C의 연료 및 경제속도 연비, 연료별 리터당 가격에 대한 자료이다. 제시된 〈조건〉을 적용하였을 때, 두 번째로 높은 연료비가 소요되는 차량과 해당 차량의 연료비를 바르게 나열한 것은?

〈A, B, C 차량의 연료 및 경제속도 연비〉

차량 \ 구분	연료	경제속도 연비(km/L)
A	LPG	10
B	휘발유	16
C	경유	20

※ 차량 경제속도는 60km/h 이상 90km/h 미만임

〈연료별 리터당 가격〉

연료	LPG	휘발유	경유
리터당 가격(원/L)	1,000	2,000	1,600

〈조건〉

1. A, B, C 차량은 모두 아래와 같이 각 구간을 한 번씩 주행하고, 각 구간별 주행속도 범위 내에서만 주행한다.

구간	1구간	2구간	3구간
주행거리(km)	100	40	60
주행속도(km/h)	30 이상 60 미만	60 이상 90 미만	90 이상 120 미만

2. A, B, C 차량의 주행속도별 연비적용률은 다음과 같다.

차량	주행속도(km/h)	연비적용률(%)
A	30 이상 60 미만	50.0
	60 이상 90 미만	100.0
	90 이상 120 미만	80.0
B	30 이상 60 미만	62.5
	60 이상 90 미만	100.0
	90 이상 120 미만	75.0
C	30 이상 60 미만	50.0
	60 이상 90 미만	100.0
	90 이상 120 미만	75.0

※ 연비적용률이란 경제속도 연비 대비 주행속도 연비를 백분율로 나타낸 것임

① A, 31,500원   ② B, 24,500원

③ B, 35,000원   ④ D, 25,600원

  TIP » 주행속도에 따른 연비와 구간별 소요되는 연료량을 계산하면 다음과 같다.

차량	주행속도(km/h)	연비(km/L)	구간별 소요되는 연료량(L)		
A (LPG)	30 이상 60 미만	$10 \times 50.0\% = 5$	1구간	20	총 31.5
	60 이상 90 미만	$10 \times 100.0\% = 10$	2구간	4	
	90 이상 120 미만	$10 \times 80.0\% = 8$	3구간	7.5	
B (휘발유)	30 이상 60 미만	$16 \times 62.5\% = 10$	1구간	10	총 17.5
	60 이상 90 미만	$16 \times 100.0\% = 16$	2구간	2.5	
	90 이상 120 미만	$16 \times 75.0\% = 12$	3구간	5	
C (경유)	30 이상 60 미만	$20 \times 50.0\% = 10$	1구간	10	총 16
	60 이상 90 미만	$20 \times 100.0\% = 20$	2구간	2	
	90 이상 120 미만	$20 \times 75.0\% = 15$	3구간	4	

따라서 조건에 따른 주행을 완료하는 데 소요되는 연료비는 A 차량은 $31.5 \times 1,000 =$ 31,500원, B 차량은 $17.5 \times 2,000 = 35,000$원, C 차량은 $16 \times 25,600$으로, 두 번째로 높은 연료비가 소요되는 차량은 A며 31,500원의 연료비가 든다.

18 다음은 A백화점의 판매비율 증가를 나타낸 것으로 전체 평균 판매증가비율과 할인기간의 판매증가비율을 구분하여 표시한 것이다. 주어진 조건을 고려할 때 A~F에 해당하는 순서대로 차례로 나열한 것은?

구분 월별	A		B		C		D		E		F	
	전체	할인 판매	전체	할인 판매	전체	할인 판매	전체	할인 판매	전체	할인 판매	전체	할인 판매
1	20.5	30.9	15.1	21.3	32.1	45.3	25.6	48.6	33.2	22.5	31.7	22.5
2	19.3	30.2	17.2	22.1	31.5	41.2	23.2	33.8	34.5	27.5	30.5	22.9
3	17.2	28.7	17.5	12.5	29.7	39.7	21.3	32.9	35.6	29.7	30.2	27.5
4	16.9	27.8	18.3	18.9	26.5	38.6	20.5	31.7	36.2	30.5	29.8	28.3
5	15.3	27.7	19.7	21.3	23.2	36.5	20.3	30.5	37.3	31.3	27.5	27.2
6	14.7	26.5	20.5	23.5	20.5	33.2	19.5	30.2	38.1	39.5	26.5	25.5

ⓐ 의류, 냉장고, 보석, 핸드백, TV, 가구에 대한 표이다.
ⓑ 가구는 1월에 비해 6월에 전체 평균 판매증가비율이 높아졌다.
ⓒ 냉장고는 3월을 제외하고는 할인기간의 판매증가비율이 전체 평균 판매증가비율보다 크다.
ⓓ 핸드백은 할인기간의 판매증가비율보다 전체 평균 판매증가비율이 더 크다.
ⓔ 1월과 6월을 비교할 때 의류는 전체 평균 판매증가비율의 감소가 가장 크다.
ⓕ 보석은 1월에 전체 평균 판매증가비율과 할인기간의 판매증가비율의 차이가 가장 크다.

① TV – 의류 – 보석 – 핸드백 – 가구 – 냉장고
② TV – 냉장고 – 의류 – 보석 – 가구 – 핸드백
③ 의류 – 보석 – 가구 – 냉장고 – 핸드백 – TV
④ 의류 – 냉장고 – 보석 – 가구 – 핸드백 – TV

TIP 》 주어진 표에 따라 조건을 확인해보면, 조건의 ⓑ은 B, E가 해당하는데 ⓒ에서 B가 해당하므로 ⓑ은 E가 된다. ⓓ은 F가 되고 ⓕ은 C가 되며 ⓔ은 D가 된다.
남은 것은 TV이므로 A는 TV가 된다.
그러므로 TV – 냉장고 – 의류 – 보석 – 가구 – 핸드백의 순서가 된다.

19 다음은 연도별 정부위원회 여성참여에 관한 자료이다. 표에 대한 설명으로 옳지 않은 것은?

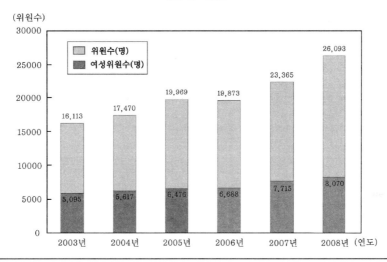

〈표 1〉 위원회

구분	2003년	2004년	2005년	2006년	2007년	2008년
위원회수(개)	1292	1346	1431	1494	1651	1792
여성참여위원회(개)	1244	1291	1431	1454	1602	1685
여성참여위원회비율(%)	96	96	97	97	97	94

〈표 2〉 위원

① 여성참여 위원회가 점차 증가하고 있다.

② 여성위위원수는 해마다 증가하는 추세이다.

③ 2008년은 전년도에 비해 여성참여위원회비율이 떨어졌다.

④ 2004년에 작년에 비해 위원회 수가 가장 많이 증가했다.

> **TIP 》** 2004년에는 전년에 비해 54개가 증가했고, 2007년이 2006년에 비해 157개 증가로 위원회 수가
> 가장 많이 증가한 해이다.

20 다음은 X공기업의 팀별 성과급 지급 기준이다. Y팀의 성과평가결과가 아래와 같다면 지급되는 성과급의 1년 총액은?

〈성과급 지급 방법〉

(가) 성과급 지급은 성과평가 결과와 연계함

(나) 성과평가는 유용성, 안전성, 서비스 만족도의 총합으로 평가함. 단, 유용성, 안전성, 서비스 만족도의 가중치를 각각 0.4, 0.4, 0.2로 부여함

(다) 성과평가 결과를 활용한 성과급 지급 기준

성과평가 점수	성과평가 등급	분기별 성과급 지급액	비고
9.0 이상	A	100만 원	성과평가 등급이
8.0 이상 9.0 미만	B	90만 원 (10만 원 차감)	A이면 직전분기
7.0 이상 8.0 미만	C	80만 원 (20만 원 차감)	차감액의 50%를
7.0 미만	D	40만 원 (60만 원 차감)	가산하여 지급

구분	1/4 분기	2/4 분기	3/4 분기	4/4 분기
유용성	8	8	10	8
안전성	8	6	8	8
서비스 만족도	6	8	10	8

① 350만 원

② 360만 원

③ 370만 원

④ 380만 원

TIP 》 먼저 아래 표를 항목별로 가중치를 부여하여 계산하면,

구분	1/4 분기	2/4 분기	3/4 분기	4/4 분기
유용성	$8 \times \frac{4}{10} = 3.2$	$8 \times \frac{4}{10} = 3.2$	$10 \times \frac{4}{10} = 4.0$	$8 \times \frac{4}{10} = 3.2$
안전성	$8 \times \frac{4}{10} = 3.2$	$6 \times \frac{4}{10} = 2.4$	$8 \times \frac{4}{10} = 3.2$	$8 \times \frac{4}{10} = 3.2$
서비스 만족도	$6 \times \frac{2}{10} = 1.2$	$8 \times \frac{2}{10} = 1.6$	$10 \times \frac{2}{10} = 2.0$	$8 \times \frac{2}{10} = 1.6$
합계	7.6	7.2	9.2	8
성과평가 등급	C	C	A	B
성과급 지급액	80만 원	80만 원	110만 원	90만 원

성과평가 등급이 A이면 직전분기 차감액의 50%를 가산하여 지급한다고 하였으므로,

3/4분기의 성과급은 직전분기 차감액 20만 원의 50%인 10만 원을 가산하여 지급한다.

∴ 80 + 80 + 110 + 90 = 360(만 원)

21 다음은 줄기세포 치료제 시장 현황에 관한 자료이다. 이에 대한 설명으로 옳지 않은 것은?

치료분야 ＼ 구분	환자 수(명)	투여율(%)	시장규모(백만 달러)
자가면역	5,000	1	125
암	8,000	1	200
심장혈관	15,000	1	375
당뇨	15,000	5	1,875
유전자	500	20	250
간	400	90	900
신경	5,000	10	1,250
전체	48,900	–	4,975

(1) 투여율(%) = $\dfrac{\text{줄기세포 치료제를 투여한 환자 수}}{\text{환자 수}} \times 100$

(2) 시장규모 = 줄기세포 치료제를 투여한 한자 수 × 환자 1명당 투여비용

(3) 모든 치료분야에서 줄기세포 치료제를 투여한 환자 1명당 투여비용은 동일함

① 투여율에 변화가 없다고 할 때, 각 치료분야의 환자 수가 10% 증가하면, 줄기세포 치료제를 투여한 전체 환자 수도 10% 증가한다.

② 줄기세포 치료제를 투여한 환자 1명당 투여비용은 250만 달러이다.

③ 투여율에 변화가 없다고 할 때, 각 치료분야의 환자 수가 10% 증가하면 전체 줄기세 포 치료제 시장규모는 55억 달러 이상이 된다.

④ 다른 치료분야에서는 환자 수와 투여율의 변화가 없다고 할 때, 유전자 분야와 신경 분야의 환자 수가 각각 2,000명씩 증가하고 이 두 분야의 투여율이 각각 절반으로 감소하면, 전체 줄기세포 치료제 시장규모는 변화가 없다.

TIP 》 ③ 투여율이 일정할 때, 각 치료분야의 환자 수가 10% 증가하면 치료제 투여 환자 수 또한 10% 증가한다. 이때 전체 줄기세포 치료제 시장규모 역시 10% 증가할 것이므로 4975백 만 달러의 110%인 54억 7250만 달러가 된다.

① 투여율(%) = $\dfrac{\text{줄기세포 치료제를 투여한 환자 수}}{\text{환자 수}} \times 100$ 이므로,

투여율이 일정할 때, 환자 수가 10% 증가하면, 줄기세포를 투여한 전체 환자 수도 10% 증가한다.

② $1250000 = 5000 \times x$ ∴ $x = 250$(만 달러)

④ 유전자분야의 환자 수가 2500, 투여율이 10%가 되면 투여 환자 수는 250명이 되고, 신 경분야의 환자 수가 7000, 투여율이 5%가 되면 투여 환자 수는 350명이 된다. 현재 유 전자분야의 투여 환자 수는 100명, 신경분야의 투여 환자 수는 500명이므로 두 분야의 투여환자수의 합은 불변이므로, 치료제 시장규모에 변화가 없다.

22 다음은 1999~2007년 서울시 거주 외국인의 국적별 인구 분포 자료이다. 이에 대한 설명 중 옳지 않은 것을 고르면?

(단위 : 명)

국적＼연도	1999	2000	2001	2002	2003	2004	2005	2006	2007
대만	3,011	2,318	1,371	2,975	8,908	8,899	8,923	8,974	8,953
독일	1,003	984	937	997	696	681	753	805	790
러시아	825	1,019	1,302	1,449	1,073	927	948	979	939
미국	18,763	16,658	15,814	16,342	11,484	10,959	11,487	11,890	11,810
베트남	841	1,083	1,109	1,072	2,052	2,216	2,385	3,011	3,213
영국	836	854	977	1,057	828	848	1,001	1,133	1,160
인도	491	574	574	630	836	828	975	1,136	1,173
일본	6,332	6,703	7,793	7,559	6,139	6,271	6,710	6,864	6,732
중국	12,283	17,432	21,259	22,535	52,572	64,762	77,881	119,300	124,597
캐나다	1,809	1,795	1,909	2,262	1,723	1,893	2,084	2,300	2,374
프랑스	1,180	1,223	1,257	1,360	1,076	1,015	1,001	1,002	984
필리핀	2,005	2,432	2,665	2,741	3,894	3,740	3,646	4,038	4,055
호주	838	837	868	997	716	656	674	709	737
서울시 전체	57,189	61,920	67,908	73,228	102,882	114,685	129,660	175,036	180,857

※ 2개 이상 국적을 보유한 자는 없는 것으로 가정함

① 서울시 거주 인도국적 외국인 수는 2004~2007년 사이에 매년 증가하였다.

② 2006년 서울시 거주 전체 외국인 중 중국국적 외국인이 차지하는 비중은 60% 이상이다.

③ 제시된 국적 중 2000~2007년 사이에 서울시 거주 외국인 수가 매년 증가한 국적은 3개이다.

④ 1999년 서울시 거주 전체 외국인 중 일본국적 외국인과 캐나다국적 외국인의 합이 차지하는 비중은 2006년 서울시 거주 전체 외국인 중 대만국적 외국인과 미국국적 외국인의 합이 차지하는 비중보다 크다.

TIP 》 ③ 2000~2007년 사이에 서울시 거주 외국인 수가 매년 증가한 국적은 중국 1개이다.

② $\dfrac{119,300}{175,036} \times 100 \fallingdotseq 68.16(\%)$

④ ㉠ 1999년 일본국적 외국인과 캐나다국적 외국인의 합이 차지하는 비중

$\dfrac{6,332 + 1,809}{57,189} \times 100 \fallingdotseq 14.24(\%)$

㉡ 2006년 대만국적 외국인과 미국국적 외국인의 합이 차지하는 비중

$\dfrac{8,974 + 11,890}{175,036} \times 100 \fallingdotseq 11.92(\%)$

∴ 1999년 서울시 거주 전체 외국인 중 일본국적 외국인과 캐나다국적 외국인의 합이 차지하는 비중이 2.32% 더 크다.

23 다음 표는 ⑺, ⑷, ⑸ 세 기업의 남자 사원 400명에 대해 현재의 노동 조건에 만족하는가에 관한 설문 조사를 실시한 결과이다. ㉠~㉣ 중에서 옳은 것은 어느 것인가?

구분	불만	어느 쪽도 아니다	만족	계
⑺회사	34	38	50	122
⑷회사	73	11	58	142
⑸회사	71	41	24	136
계	178	90	132	400

㉠ 이 설문 조사에서는 현재의 노동 조건에 대해 불만을 나타낸 사람은 과반수를 넘지 않는다.

㉡ 가장 불민 비율이 높은 기업은 ⑸회사이다.

㉢ "어느 쪽도 아니다"라고 회답한 사람이 가장 적은 ⑷회사는 가장 노동조건이 좋은 기업이다.

㉣ 만족이라고 답변한 사람이 가장 많은 ⑷회사가 가장 노동조건이 좋은 회사이다.

① ㉠, ㉡   ② ㉠, ㉢
③ ㉡, ㉢   ④ ㉢, ㉣

TIP » 각사 조사 회답 지수를 100%로 하고 각각의 회답을 집계하면 다음과 같은 표가 된다.

구분	불만	어느 쪽도 아니다	만족	계
⑺회사	34(27.9)	38(31.1)	50(41.0)	122(100.0)
⑷회사	73(51.4)	11(7.7)	58(40.8)	142(100.0)
⑸회사	71(52.2)	41(30.1)	24(17.6)	136(100.0)
계	178(44.5)	90(22.5)	132(33.0)	400(100.0)

㉢ "어느 쪽도 아니다"라고 답한 사람이 가장 적다는 것은 만족이거나 불만으로 나뉘어져 있는 것만 나타내는 것이며 노동 조건의 좋고 나쁨과는 관계가 없다.

㉣ 만족을 나타낸 사람의 수가 ⑷회사가 가장 많았으나 142명 중 58명으로 40.8%이므로 ⑺회사의 42%보다 낮다.

24 다음은 (A), (B), (C), (D)사의 연간 매출액에 관한 자료이다. 각 회사의 연간 이익률이 매년 일정하며 (B), (C), (D)사의 연간 이익률은 각각 3%, 3%, 2%이다. (A)~(D)사의 연간 순이익 총합이 전년에 비해 감소되지 않게 하는 (A)사의 최소 연간 이익률은?

[회사별 연간 매출액]

(단위 백억 원)

회사＼연도	2004년	2005년	2006년	2007년	2008년	2009년
(A)	300	350	400	450	500	550
(B)	200	250	300	250	200	150
(C)	300	250	200	150	200	250
(D)	350	300	250	200	150	100

① 5%

② 8%

③ 7%

④ 10%

TIP 》 우선 이익률이 제시되어 있는 (B)~(D)사의 순이익 종합을 구하면

	2004년	2005년	2006년	2007년	2008년	2009년
(B)	600	750	900	750	600	450
(C)	900	750	600	450	600	750
(D)	700	600	500	400	300	200
합	2,200	2,100	2,000	1,600	1,500	1,400

(B)~(D)사의 순이익 총합은 위 표와 같이 감소하고 있다. 그러므로 (A)~(D)사의 순이익 총합이 전년에 비해 감소하지 않기 위해서는 (A)사의 순이익이 (B)~(D)사 순이익 총합의 감소폭을 넘어야만 한다.

설문에서 (A)사의 '최소 연간 이익률'을 구하라고 하였으므로 (B)~(D)사의 순이익 총합에서 전년대비 감소폭이 가장 큰 해, 즉 2006년→2007년을 기준으로 (A)사의 이익률을 구한다. (A)사의 2006년→2007년 매출액이 400→450으로 50 증가하였고, (A)사의 이익률을 x라 할 때, $50 \times x \geq 400$이어야 한다. 따라서 $x \geq 8$이다. 따라서 답은 ②이다.

25 다음 그래프와 표는 2005년 초에 조사한 한국의 애니메이션 산업에 대한 자료이다. 자료를 바탕으로 도출된 결론 중 옳은 것과 이를 도출하는 데 필요한 자료가 바르게 연결된 것은?

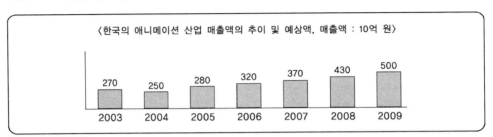

〈한국의 애니메이션 산업 매출액의 추이 및 예상액, 매출액 : 10억 원〉

연도	2003	2004	2005	2006	2007	2008	2009
매출액	270	250	280	320	370	430	500

〈표1〉 부문별 한국의 애니메이션 산업 매출액

(단위 : 10억 원)

부문	2003년	2004년
애니메이션 제작	257	234
애니메이션 상영	12	14
애니메이션 수출	1	2
합계	270	250

〈표2〉 분야별 한국의 애니메이션 제작부문 매출액

(단위 : 10억 원)

분야	2003년	2004년
창작 및 판권	80	70
투자수입	1	2
제작 서비스	4	6
단순 복제	150	125
유통 및 배급	18	9
마케팅 및 홍보	4	22
합계	257	234

> ### 〈결론〉
> ㉠ 2005년부터 2009년까지 한국의 애니메이션 산업 매출액은 매년 동일한 폭으로 증가하는 추세를 보일 것이다.
> ㉡ 2006년 한국의 애니메이션 산업 매출액 규모는 3,000억 원을 넘어서고, 2009년에는 5,000억 원 규모로 성장할 전망이다.
> ㉢ 2004년 한국의 애니메이션 산업 매출액은 2,500억 원으로 나타났으며, 2003년의 2,700억 원과 비교하면 7% 이상 감소하였다.
> ㉣ 한국의 애니메이션 제작부문 중 2003년에 비해 2004년에 매출액이 감소한 분야는 4개이다.

	결론	자료
①	㉠	그래프
②	㉡	〈표1〉
③	㉢	〈표1〉
④	㉣	〈표2〉

TIP 》 ① 동일한 폭이 아니라 400억, 500억, 600억, 700억 원씩 증가한다.
② ㉡의 결론은 그래프를 통해 알 수 있다.
④ 2003년에 비해 2004년에 매출액이 감소한 분야는 창작 및 판권, 단순 복제, 유통 및 배급의 3개 분야이다.

02 의사소통능력

1 의사소통과 의사소통능력

(1) 의사소통

① **개념** … 사람들 간에 생각이나 감정, 정보, 의견 등을 교환하는 총체적인 행위로, 직장생활에서의 의사소통은 조직과 팀의 효율성과 효과성을 성취할 목적으로 이루어지는 구성원 간의 정보와 지식 전달 과정이라고 할 수 있다.

② **기능** … 공동의 목표를 추구해 나가는 집단 내의 기본적 존재 기반이며 성과를 결정하는 핵심 기능이다.

③ **의사소통의 종류**
  ㉠ 언어적인 것 : 대화, 전화통화, 토론 등
  ㉡ 문서적인 것 : 메모, 편지, 기획안 등
  ㉢ 비언어적인 것 : 몸짓, 표정 등

④ **의사소통을 저해하는 요인** … 정보의 과다, 메시지의 복잡성 및 메시지 간의 경쟁, 상이한 직위와 과업지향형, 신뢰의 부족, 의사소통을 위한 구조상의 권한, 잘못된 매체의 선택, 폐쇄적인 의사소통 분위기 등

(2) 의사소통능력

① **개념** … 의사소통능력은 직장생활에서 문서나 상대방이 하는 말의 의미를 파악하는 능력, 자신의 의사를 정확하게 표현하는 능력, 간단한 외국어 자료를 읽거나 외국인의 의사표시를 이해하는 능력을 포함한다.

② **의사소통능력 개발을 위한 방법**
  ㉠ 사후검토와 피드백을 활용한다.
  ㉡ 명확한 의미를 가진 이해하기 쉬운 단어를 선택하여 이해도를 높인다.
  ㉢ 적극적으로 경청한다.
  ㉣ 메시지를 감정적으로 곡해하지 않는다.

2 의사소통능력을 구성하는 하위능력

(1) 문서이해능력

① 문서와 문서이해능력

  ㉠ 문서 : 제안서, 보고서, 기획서, 이메일, 팩스 등 문자로 구성된 것으로 상대방에게 의사를 전달하여 설득하는 것을 목적으로 한다.

  ㉡ 문서이해능력 : 직업현장에서 자신의 업무와 관련된 문서를 읽고, 내용을 이해하고 요점을 파악할 수 있는 능력을 말한다.

예제 1

다음은 신용카드 약관의 주요내용이다. 규정 약관을 제대로 이해하지 못한 사람은?

> [부가서비스]
> 카드사는 법령에서 정한 경우를 제외하고 상품을 새로 출시한 후 1년 이내에 부가서비스를 줄이거나 없앨 수가 없다. 또한 부가서비스를 줄이거나 없앨 경우에는 그 세부내용을 변경일 6개월 이전에 회원에게 알려줘야 한다.
> [중도 해지 시 연회비 반환]
> 연회비 부과기간이 끝나기 이전에 카드를 중도해지하는 경우 남은 기간에 해당하는 연회비를 계산하여 10 영업일 이내에 돌려줘야 한다. 다만, 카드 발급 및 부가서비스 제공에 이미 지출된 비용은 제외된다.
> [카드 이용한도]
> 카드 이용한도는 카드 발급을 신청할 때에 회원이 신청한 금액과 카드사의 심사 기준을 종합적으로 반영하여 회원이 신청한 금액 범위 이내에서 책정되며 회원의 신용도가 변동되었을 때에는 카드사는 회원의 이용한도를 조정할 수 있다.
> [부정사용 책임]
> 카드 위조 및 변조로 인하여 발생된 부정사용 금액에 대해서는 카드사가 책임을 진다. 다만, 회원이 비밀번호를 다른 사람에게 알려주거나 카드를 다른 사람에게 빌려주는 등의 중대한 과실로 인해 부정사용이 발생하는 경우에는 회원이 그 책임의 전부 또는 일부를 부담할 수 있다.

① 혜수 : 카드사는 법령에서 정한 경우를 제외하고는 1년 이내에 부가서비스를 줄일 수 없어.

② 진성 : 카드 위조 및 변조로 인하여 발생된 부정사용 금액은 일괄 카드사가 책임을 지게 돼.

③ 영훈 : 회원의 신용도가 변경되었을 때 카드사가 이용한도를 조정할 수 있어.

④ 영호 : 연회비 부과기간이 끝나기 이전에 카드를 중도 해지하는 경우에는 남은 기간에 해당하는 연회비를 카드사는 돌려줘야 해.

답 ②

② 문서의 종류

　ⓐ **공문서** : 정부기관에서 공무를 집행하기 위해 작성하는 문서로, 단체 또는 일반회사에서 정부기관을 상대로 사업을 진행할 때 작성하는 문서도 포함된다. 엄격한 규격과 양식이 특징이다.

　ⓑ **기획서** : 아이디어를 바탕으로 기획한 프로젝트에 대해 상대방에게 전달하여 시행하도록 설득하는 문서이다.

　ⓒ **기안서** : 업무에 대한 협조를 구하거나 의견을 전달할 때 작성하는 사내 공문서이다.

　ⓓ **보고서** : 특정한 업무에 관한 현황이나 진행 상황, 연구·검토 결과 등을 보고하고자 할 때 작성하는 문서이다.

　ⓔ **설명서** : 상품의 특성이나 작동 방법 등을 소비자에게 설명하기 위해 작성하는 문서이다.

　ⓕ **보도자료** : 정부기관이나 기업체 등이 언론을 상대로 자신들의 정보를 기사화 되도록 하기 위해 보내는 자료이다.

　ⓖ **자기소개서** : 개인이 자신의 성장과정이나, 입사 동기, 포부 등에 대해 구체적으로 기술하여 자신을 소개하는 문서이다.

　ⓗ **비즈니스 레터(E-mail)** : 사업상의 이유로 고객에게 보내는 편지다.

　ⓘ **비즈니스 메모** : 업무상 확인해야 할 일을 메모형식으로 작성하여 전달하는 글이다.

③ **문서이해의 절차** … 문서의 목적 이해→문서 작성 배경·주제 파악→정보 확인 및 현안문제 파악→문서 작성자의 의도 파악 및 자신에게 요구되는 행동 분석→목적 달성을 위해 취해야 할 행동 고려→문서 작성자의 의도를 도표나 그림 등으로 요약·정리

(2) 문서작성능력

① 작성되는 문서에는 대상과 목적, 시기, 기대효과 등이 포함되어야 한다.

② **문서작성의 구성요소**

　ⓐ 짜임새 있는 골격, 이해하기 쉬운 구조

　ⓑ 객관적이고 논리적인 내용

　ⓒ 명료하고 설득력 있는 문장

　ⓓ 세련되고 인상적인 레이아웃

예제 2

다음은 들은 내용을 구조적으로 정리하는 방법이다. 순서에 맞게 배열하면?

> ㉠ 관련 있는 내용끼리 묶는다.
> ㉡ 묶은 내용에 적절한 이름을 붙인다.
> ㉢ 전체 내용을 이해하기 쉽게 구조화한다.
> ㉣ 중복된 내용이나 덜 중요한 내용을 삭제한다.

① ㉠㉡㉢㉣   ② ㉠㉡㉣㉢
③ ㉡㉢㉣㉣   ④ ㉡㉠㉣㉢

③ 문서의 종류에 따른 작성방법

　㉠ 공문서

- 육하원칙이 드러나도록 써야 한다.
- 날짜는 반드시 연도와 월, 일을 함께 언급하며, 날짜 다음에 괄호를 사용할 때는 마침표를 찍지 않는다.
- 대외문서이며, 장기간 보관되기 때문에 정확하게 기술해야 한다.
- 내용이 복잡할 경우 '-다음-', '-아래-'와 같은 항목을 만들어 구분한다.
- 한 장에 담아내는 것을 원칙으로 하며, 마지막엔 반드시 '끝'자로 마무리 한다.

　㉡ 설명서

- 정확하고 간결하게 작성한다.
- 이해하기 어려운 전문용어의 사용은 삼가고, 복잡한 내용은 도표화 한다.
- 명령문보다는 평서문을 사용하고, 동어 반복보다는 다양한 표현을 구사하는 것이 바람직하다.

　㉢ 기획서

- 상대를 설득하여 기획서가 채택되는 것이 목적이므로 상대가 요구하는 것이 무엇인지 고려하여 작성하며, 기획의 핵심을 잘 전달하였는지 확인한다.
- 분량이 많을 경우 전체 내용을 한눈에 파악할 수 있도록 목차구성을 신중히 한다.
- 효과적인 내용 전달을 위한 표나 그래프를 적절히 활용하고 산뜻한 느낌을 줄 수 있도록 한다.
- 인용한 자료의 출처 및 내용이 정확해야 하며 제출 전 충분히 검토한다.

ⓔ 보고서

- 도출하고자 한 핵심내용을 구체적이고 간결하게 작성한다.
- 내용이 복잡할 경우 도표나 그림을 활용하고, 참고자료는 정확하게 제시한다.
- 제출하기 전에 최종점검을 하며 질의를 받을 것에 대비한다.

예제 3

다음 중 공문서 작성에 대한 설명으로 가장 적절하지 못한 것은?

① 공문서나 유가증권 등에 금액을 표시할 때에는 한글로 기재하고 그 옆에 괄호를 넣어 숫자로 표기한다.
② 날짜는 숫자로 표기하되 년, 월, 일의 글자는 생략하고 그 자리에 온점(.)을 찍어 표시한다.
③ 첨부물이 있는 경우에는 붙임 표시분 끝에 1자 띄우고 "끝."이라고 표시한다.
④ 공문서의 본문이 끝났을 경우에는 1자를 띄우고 "끝."이라고 표시한다.

[출제의도]
업무를 할 때 필요한 공문서 작성법을 잘 알고 있는지를 측정하는 문항이다.
[해설]
공문서 금액 표시
아라비아 숫자로 쓰고, 숫자 다음에 괄호를 하여 한글로 기재한다.
예) 금 123,456원(금 일십이만삼천사백오십육원)

답 ①

---

④ 문서작성의 원칙

- ㉠ 문장은 짧고 간결하게 작성한다(간결체 사용).
- ㉡ 상대방이 이해하기 쉽게 쓴다.
- ㉢ 불필요한 한자의 사용을 자제한다.
- ㉣ 문장은 긍정문의 형식을 사용한다.
- ㉤ 간단한 표제를 붙인다.
- ㉥ 문서의 핵심내용을 먼저 쓰도록 한다(두괄식 구성).

⑤ 문서작성 시 주의사항

- ㉠ 육하원칙에 의해 작성한다.
- ㉡ 문서 작성시기가 중요하다.
- ㉢ 한 사안은 한 장의 용지에 작성한다.
- ㉣ 반드시 필요한 자료만 첨부한다.
- ㉤ 금액, 수량, 일자 등은 기재에 정확성을 기한다.
- ㉥ 경어나 단어사용 등 표현에 신경 쓴다.
- ㉦ 문서작성 후 반드시 최종적으로 검토한다.

⑥ **효과적인 문서작성 요령**

　㉠ **내용이해** : 전달하고자 하는 내용과 핵심을 정확하게 이해해야 한다.

　㉡ **목표설정** : 전달하고자 하는 목표를 분명하게 설정한다.

　㉢ **구성** : 내용 전달 및 설득에 효과적인 구성과 형식을 고려한다.

　㉣ **자료수집** : 목표를 뒷받침할 자료를 수집한다.

　㉤ **핵심전달** : 단락별 핵심을 하위목차로 요약한다.

　㉥ **대상파악** : 대상에 대한 이해와 분석을 통해 철저히 파악한다.

　㉦ **보충설명** : 예상되는 질문을 정리하여 구체적인 답변을 준비한다.

　㉧ **문서표현의 시각화** : 그래프, 그림, 사진 등을 적절히 사용하여 이해를 돕는다.

(3) 경청능력

① **경청의 중요성** … 경청은 다른 사람의 말을 주의 깊게 들으며 공감하는 능력으로 경청을 통해 상대방을 한 개인으로 존중하고 성실한 마음으로 대하게 되며, 상대방의 입장에 공감하고 이해하게 된다.

② **경청을 방해하는 습관** … 짐작하기, 대답할 말 준비하기, 걸러내기, 판단하기, 다른 생각하기, 조언하기, 언쟁하기, 옳아야만 하기, 슬쩍 넘어가기, 비위 맞추기 등

③ **효과적인 경청방법**

　㉠ **준비하기** : 강연이나 프레젠테이션 이전에 나누어주는 자료를 읽어 미리 주제를 파악하고 등장하는 용어를 익혀둔다.

　㉡ **주의 집중** : 말하는 사람의 모든 것에 집중해서 적극적으로 듣는다.

　㉢ **예측하기** : 다음에 무엇을 말할 것인가를 추측하려고 노력한다.

　㉣ **나와 관련짓기** : 상대방이 전달하고자 하는 메시지를 나의 경험과 관련지어 생각해 본다.

　㉤ **질문하기** : 질문은 듣는 행위를 적극적으로 하게 만들고 집중력을 높인다.

　㉥ **요약하기** : 주기적으로 상대방이 전달하려는 내용을 요약한다.

　㉦ **반응하기** : 피드백을 통해 의사소통을 점검한다.

예제 4

다음은 면접스터디 중 일어난 대화이다. 민아의 고민을 해소하기 위한 조언으로 가장 적절한 것은?

> 지섭 : 민아씨, 어디 아파요? 표정이 안 좋아 보여요.
> 민아 : 제가 원서 넣은 공단이 내일 면접이어서요. 그동안 스터디를 통해서 면접 연습을 많이 했는데도 벌써부터 긴장이 되네요.
> 지섭 : 민아씨는 자기 의견도 명확히 피력할 줄 알고 조리 있게 설명을 잘 하시니 걱정 안하셔도 될 것 같아요. 아, 손에 꽉 쥐고 계신 건 뭔가요?
> 민아 : 아, 제가 예상 답변을 정리해서 모아둔거에요. 내용은 거의 외웠는데 이렇게 쥐고 있지 않으면 불안해서
> 지섭 : 그 정도로 준비를 철저히 하셨으면 걱정할 이유 없을 것 같아요.
> 민아 : 그래도 압박면접이거나 예상치 못한 질문이 들어오면 어떻게 하죠?
> 지섭 : _____

① 시선을 적절히 처리하면서 부드러운 어투로 말하는 연습을 해보는 건 어때요?
② 공식적인 자리인 만큼 옷차림을 신경 쓰는 게 좋을 것 같아요.
③ 당황하지 말고 질문자의 의도를 잘 파악해서 침착하게 대답하면 되지 않을까요?
④ 예상 질문에 대한 답변을 좀 더 정확하게 외워보는 건 어떨까요?

(4) 의사표현능력

① **의사표현의 개념과 종류**

  ㉠ 개념 : 화자가 자신의 생각과 감정을 청자에게 음성언어나 신체언어로 표현하는 행위이다.

  ㉡ 종류
- 공식적 말하기 : 사전에 준비된 내용을 대중을 대상으로 말하는 것으로 연설, 토의, 토론 등이 있다.
- 의례적 말하기 : 사회·문화적 행사에서와 같이 절차에 따라 하는 말하기로 식사, 주례, 회의 등이 있다.
- 친교적 말하기 : 친근한 사람들 사이에서 자연스럽게 주고받는 대화 등을 말한다.

② **의사표현의 방해요인**

  ㉠ **연단공포증** : 연단에 섰을 때 가슴이 두근거리거나 땀이 나고 얼굴이 달아오르는 등의 현상으로 충분한 분석과 준비, 더 많은 말하기 기회 등을 통해 극복할 수 있다.

ⓛ 말 : 말의 장단, 고저, 발음, 속도, 쉼 등을 포함한다.

ⓒ 음성 : 목소리와 관련된 것으로 음색, 고저, 명료도, 완급 등을 의미한다.

ⓔ 몸짓 : 비언어적 요소로 화자의 외모, 표정, 동작 등이다.

ⓜ 유머 : 말하기 상황에 따른 적절한 유머를 구사할 수 있어야 한다.

③ 상황과 대상에 따른 의사표현법

ⓖ 잘못을 지적할 때 : 모호한 표현을 삼가고 확실하게 지적하며, 당장 꾸짖고 있는 내용에만 한정한다.

ⓛ 칭찬할 때 : 자칫 아부로 여겨질 수 있으므로 센스 있는 칭찬이 필요하다.

ⓒ 부탁할 때 : 먼저 상대방의 사정을 듣고 응하기 쉽게 구체적으로 부탁하며 거절을 당해도 싫은 내색을 하지 않는다.

ⓔ 요구를 거절할 때 : 먼저 사과하고 응해줄 수 없는 이유를 설명한다.

ⓜ 명령할 때 : 강압적인 말투보다는 '○○을 이렇게 해주는 것이 어떻겠습니까?'와 같은 식으로 부드럽게 표현하는 것이 효과적이다.

ⓗ 설득할 때 : 일방적으로 강요하기보다는 먼저 양보해서 이익을 공유하겠다는 의지를 보여주는 것이 좋다.

ⓧ 충고할 때 : 충고는 가장 최후의 방법이다. 반드시 충고가 필요한 상황이라면 예화를 들어 비유적으로 깨우쳐주는 것이 바람직하다.

ⓞ 질책할 때 : 샌드위치 화법(칭찬의 말 + 질책의 말 + 격려의 말)을 사용하여 청자의 반발을 최소화 한다.

예제 5

당신은 팀장님께 업무 지시내용을 수행하고 결과물을 보고 드렸다. 하지만 팀장님께서는 "최대리 업무를 이렇게 처리하면 어떡하나? 누락된 부분이 있지 않은가."라고 말하였다. 이에 대해 당신이 행할 수 있는 가장 부적절한 대처 자세는?

① "죄송합니다. 제가 잘 모르는 부분이라 이수혁 과장님께 부탁을 했는데 과장님께서 실수를 하신 것 같습니다."

② "주의를 기울이지 못해 죄송합니다. 어느 부분을 수정보완하면 될까요?"

③ "지시하신 내용을 제가 충분히 이해하지 못하였습니다. 내용을 다시 한 번 여쭤보아도 되겠습니까?"

④ "부족한 내용을 보완하는 자료를 취합하기 위해서 하루정도가 더 소요될 것 같습니다. 언제까지 재작성하여 드리면 될까요?"

[출제의도]

상사가 잘못을 지적하는 상황에서 어떻게 대처해야 하는지를 묻는 문항이다.

[해설]

상사가 부탁한 지시사항을 다른 사람에게 부탁하는 것은 옳지 못하며 설사 그렇다고 해도 그 일의 과오에 대해 책임을 전가하는 것은 지양해야 할 자세이다.

답 ①

④ 원활한 의사표현을 위한 지침

  ㉠ 올바른 화법을 위해 독서를 하라.

  ㉡ 좋은 청중이 되라.

  ㉢ 칭찬을 아끼지 마라.

  ㉣ 공감하고, 긍정적으로 보이게 하라.

  ㉤ 겸손은 최고의 미덕임을 잊지 마라.

  ㉥ 과감하게 공개하라.

  ㉦ 뒷말을 숨기지 마라.

  ㉧ 첫마디 말을 준비하라.

  ㉨ 이성과 감성의 조화를 꾀하라.

  ㉩ 대화의 룰을 지켜라.

  ㉪ 문장을 완전하게 말하라.

⑤ 설득력 있는 의사표현을 위한 지침

  ㉠ 'Yes'를 유도하여 미리 설득 분위기를 조성하라.

  ㉡ 대비 효과로 분발심을 불러 일으켜라.

  ㉢ 침묵을 지키는 사람의 참여도를 높여라.

  ㉣ 여운을 남기는 말로 상대방의 감정을 누그러뜨려라.

  ㉤ 하던 말을 갑자기 멈춤으로써 상대방의 주의를 끌어라.

  ㉥ 호칭을 바꿔서 심리적 간격을 좁혀라.

  ㉦ 끄집어 말하여 자존심을 건드려라.

  ㉧ 정보전달 공식을 이용하여 설득하라.

  ㉨ 상대방의 불평이 가져올 결과를 강조하라.

  ㉩ 권위 있는 사람의 말이나 작품을 인용하라.

  ㉪ 약점을 보여 주어 심리적 거리를 좁혀라.

  ㉫ 이상과 현실의 구체적 차이를 확인시켜라.

  ㉬ 자신의 잘못도 솔직하게 인정하라.

  ㉭ 집단의 요구를 거절하려면 개개인의 의견을 물어라.

  ⓐ 동조 심리를 이용하여 설득하라.

  ⓑ 지금까지의 노고를 치하한 뒤 새로운 요구를 하라.

  ⓒ 담당자가 대변자 역할을 하도록 하여 윗사람을 설득하게 하라.

  ⓓ 겉치레 양보로 기선을 제압하라.

  ⓔ 변명의 여지를 만들어 주고 설득하라.

  ⓕ 혼자 말하는 척하면서 상대의 잘못을 지적하라.

(5) 기초외국어능력

① 기초외국어능력의 개념과 필요성

　ⓐ 개념 : 기초외국어능력은 외국어로 된 간단한 자료를 이해하거나, 외국인과의 전화응대와 간단한 대화 등 외국인의 의사표현을 이해하고, 자신의 의사를 기초외국어로 표현할 수 있는 능력이다.

　ⓑ 필요성 : 국제화·세계화 시대에 다른 나라와의 무역을 위해 우리의 언어가 아닌 국제적인 통용어를 사용하거나 그들의 언어로 의사소통을 해야 하는 경우가 생길 수 있다.

② 외국인과의 의사소통에서 피해야 할 행동

　ⓐ 상대를 볼 때 흘겨보거나, 노려보거나, 아예 보지 않는 행동

　ⓑ 팔이나 다리를 꼬는 행동

　ⓒ 표정이 없는 것

　ⓓ 다리를 흔들거나 펜을 돌리는 행동

　ⓔ 맞장구를 치지 않거나 고개를 끄덕이지 않는 행동

　ⓕ 생각 없이 메모하는 행동

　ⓖ 자료만 들여다보는 행동

　ⓗ 바르지 못한 자세로 앉는 행동

　ⓘ 한숨, 하품, 신음소리를 내는 행동

　ⓙ 다른 일을 하며 듣는 행동

　ⓚ 상대방에게 이름이나 호칭을 어떻게 부를지 묻지 않고 마음대로 부르는 행동

③ 기초외국어능력 향상을 위한 공부법

　ⓐ 외국어공부의 목적부터 정하라.

　ⓑ 매일 30분씩 눈과 손과 입에 밸 정도로 반복하라.

　ⓒ 실수를 두려워하지 말고 기회가 있을 때마다 외국어로 말하라.

　ⓓ 외국어 잡지나 원서와 친해져라.

　ⓔ 소홀해지지 않도록 라이벌을 정하고 공부하라.

　ⓕ 업무와 관련된 주요 용어의 외국어는 꼭 알아두자.

　ⓖ 출퇴근 시간에 외국어 방송을 보거나, 듣는 것만으로도 귀가 트인다.

　ⓗ 어린이가 단어를 배우듯 외국어 단어를 암기할 때 그림카드를 사용해 보라.

　ⓘ 가능하면 외국인 친구를 사귀고 대화를 자주 나눠 보라.

의사소통능력

1 다음 글을 읽고 알 수 없는 것은?

> 　　김치는 자연 발효에 의해 익어가기 때문에 미생물의 작용에 따라 맛이 달라진다. 김치가 발효되기 위해서는 효모와 세균 등 여러 미생물의 증식이 일어나야 하는데, 이를 위해 김치를 담글 때 참쌀가루나 밀가루로 풀을 쑤어 넣어 준다. 이는 풀에 들어 있는 전분을 비롯한 여러 가지 물질이 김치 속에 있는 미생물을 쉽게 자랄 수 있도록 해주는 영양분의 역할을 하기 때문이다. 김치는 배추나 무에 있는 효소뿐만 아니라 그 사이에 들어가는 김칫소에 포함된 효소의 작용에 의해서도 발효가 일어날 수 있다.
>
> 　　김치의 발효 과정에 관여하는 미생물에는 여러 종류의 효모, 호기성 세균 그리고 유산균을 포함한 혐기성 세균이 있다. 갓 담근 김치의 발효가 시작될 때 호기성 세균과 혐기성 세균의 수가 두드러지게 증가하지만, 김치가 익어갈수록 호기성 세균의 수는 점점 줄어들어 나중에는 그 수가 완만하게 증가하는 효모의 수와 거의 비슷해진다. 그러나 혐기성 세균의 수는 김치가 익어갈수록 증가하며 결국 많이 익어서 시큼한 맛이 나는 김치에 있는 미생물 중 대부분을 차지한다. 김치를 익히는 데 관여하는 균과 매우 높은 산성의 환경에서도 잘 살 수 있는 유산균이 그 예이다.
>
> 　　김치를 익히는 데 관여하는 세균과 유산균뿐만 아니라 김치의 발효 초기에 증식하는 호기성 세균도 독특한 김치맛을 내는 데 도움을 준다. 김치에 들어 있는 효모는 세균보다 그 수가 훨씬 적지만 여러 종류의 효소를 가지고 있어서 김치 안에 있는 여러 종류의 탄수화물을 분해할 수 있다. 또한 김치를 발효시키는 유산균은 당을 분해해서 시큼한 맛이 나는 젖산을 생산하는데, 김치가 익어가면서 김치 국물의 맛이 시큼해지는 것은 바로 이런 이유 때문이다.

① 김치가 익는 정도는 재료나 온도 등의 조건에 따라 달라지는 이유는 유산균의 발효 정도가 달라지기 때문이다.

② 전분은 미생물을 쉽게 자랄 수 있도록 해주는 영양분의 역할을 하기 때문이다.

③ 혐기성 세균의 수는 김치가 익어갈수록 증가한다.

④ 호기성 세균도 독특한 김치맛을 내는 데 도움을 준다.

　　TIP 》 ② 첫 번째 문단에 나타나 있다.
　　　　　　③ 두 번째 문단에 나타나 있다.
　　　　　　④ 세 번째 문단에 나타나 있다.

2 다음 글의 빈칸에 들어갈 접속사로 적절한 것은?

> 1965년 노벨상 수상자 게리 베커는 '시간의 비용'이 시간을 소비하는 방식에 따라 변화한다고 주장했다. 예를 들어 수면이나 식사활동은 영화 관람에 비해 단위 시간당 시간의 비용이 작다. 그 이유는 수면과 식사가 생산적인 활동에 기여하기 때문이다. 잠을 못자거나 식사를 제대로 하지 못해 체력이 떨어진다면, 생산적인 활동에 제약을 받기 때문에 수면과 식사활동에 들어가는 시간의 비용이 영화 관람에 비해 작다고 볼 수 있다. 베커는 "주말이나 저녁에는 회사들이 문을 닫기 때문에 활용할 수 있는 시간의 길이가 길어지고 이에 따라 특정 행동의 시간의 비용이 줄어든다."고도 지적한다. 시간의 비용이 가변적이라는 개념은, 기대수명이 늘어나서 사람들에게 더 많은 시간이 주어지는 것이 시간의 비용에 영향을 미칠 수 있다는 점에서 의미가 있다.
>
> 시간의 비용이 가변적이라고 생각한 이는 베커만이 아니었다. 스웨덴의 경제학자 스테판 린더는 서구인들이 엄청난 경제 성장을 이루고도 여유를 누리지 못하는 이유를 논증한다. 경제가 성장하면 사람들의 시간을 쓰는 방식도 달라진다. 임금이 상승하면 직장 밖 활동에 들어가는 시간의 비용이 늘어난다. 일하는 데 쓸 수 있는 시간을 영화나 책을 보는 데 소비하면 그만큼의 임금을 포기하는 것이다. _____ 임금이 늘어난 만큼 일 이외의 활동에 들어가는 시간의 비용도 함께 늘어난다는 것이다.

① 그리고   ② 그러나

③ 따라서   ④ 왜냐하면

    TIP 》 ③ 빈칸 앞의 내용이 뒤에서 말할 일의 원인이 되므로 '따라서'가 적절하다.

3 다음 글에 이어질 내용으로 적절한 것은?

> 우리는 어떤 행위를 그것이 가져올 결과가 좋다는 근거만으로 허용할 수는 없다. 예 컨대 그 행위 덕분에 더 많은 수의 생명을 구할 수 있다는 사실만으로 그 행위를 허용 할 수는 없다는 것이다. A원리에 따르면 어떤 행위든 무고한 사람의 죽음 자체를 의도 하는 것은 언제나 그른 행위이고 따라서 도덕적으로 허용될 수 없다. 여기서 의도란 단 순히 자기 행위의 결과가 어떨지 예상하고 그 내용을 이해한다는 것을 넘어서, 그 행위 의 결과 자체가 자신이 그 행위를 선택하게 된 이유임을 의미한다.

① 인지부조화는 한 개인이 가지는 둘 이상의 사고, 태도, 신념, 의견 등이 서로 일치하 지 않거나 상반될 때 생겨나는 심리적인 긴장상태를 의미한다. 인지부조화는 불편함 을 유발하기 때문에 사람들은 이것을 감소시키려고 한다.

② 종교에 대한 관용처럼 비교적 단순해 보이는 사안에 대해서조차 역설이 발생한다. 이로부터 우리는 관용의 맥락에서, 용인하는 믿음이나 관습의 내용에 일정한 한계가 있어야 함을 알 수 있다.

③ 전 세계적 금융위기로 인해 그 위기의 근원지였던 미국의 경제가 상당한 피해를 입 었다. 미국에서는 경제 회복을 위해 통화량을 확대하는 양적완화 정책을 실시할 것 인지를 두고 논란이 있었다.

④ 예를 들어 우리가 제한된 의료 자원으로 한 명의 환자를 치료하지 않은 이유가 그가 죽은 후 그의 장기를 장기이식을 기다리는 다른 여러 사람에게 이식하기 위한 것이 었다면 그 행위는 허용될 수 없다.

TIP 》 ④의 내용은 위 글의 예시로 쓰일 수 있기 때문에 자연스럽게 어울린다.

4 다음 내용을 순서대로 배열한 것으로 적절한 것은?

(가) 서경에서는 "천지는 만물의 부모이며, 인간은 만물의 영장이다. 진실로 총명한 자는 천자가 되고, 천자는 백성의 부모가 된다"라고 하였다. 천지가 이미 만물의 부모라면 천지 사이에 태어난 것은 모두 천지의 자식이다.

(나) 부모는 자식이 어리석고 불초하면 사랑하고 가엽게 여기며 오히려 걱정하거늘, 하물며 해치겠는가? 살아있는 것을 죽여서 자기의 생명을 기르는 것은 같은 식구를 죽여서 자기를 기르는 것이다. 같은 식구를 죽여서 자기를 기르면 부모의 마음이 어떠하겠는가? (다) 자식들끼리 서로 죽이는 것은 부모의 마음이 아니다. 사람과 만물이 서로 죽이는 것이 어찌 천지의 뜻이겠는가? 인간과 만물은 이미 천지의 기운을 함께 얻었으며, 또한 천지의 이치도 함께 얻었고 천지 사이에서 함께 살아가고 있다. 이미 하나의 같은 기운과 이치를 함께 부여받았는데, 어찌 살아있는 것들을 죽여서 자신의 생명을 양육할 수 있겠는가? 그래서 불교에서는 "천지는 나와 뿌리가 같고, 만물은 나와 한 몸이다"라고 하였고, 유교에서는 "천지만물을 자기와 하나로 여긴다."고 하면서 이것을 '인(仁)'이라고 부른다.

(라) 하늘이 내린 생물을 해치고 없애는 것은 성인(聖人)이 하지 않는 바이다. 하물며 하늘의 도가 어찌 사람들에게 살아있는 것을 죽여서 자기의 생명을 기르게 하였겠는가?

---

① (가) – (나) – (다) – (라)

② (나) – (다) – (라) – (가)

③ (다) – (라) – (가) – (나)

④ (라) – (가) – (나) – (다)

TIP 》 (라) : 성인은 하늘이 내린 생물을 해칠 수 없음

　　　　(가) : 천지는 만물의 부모

　　　　(나) : 살아있는 것을 죽이는 것은 같은 식구를 죽여서 자기를 기르는 것

　　　　(다) : 인간과 만물은 이미 천지의 기운을 함께 얻었기에 서로 죽일 수 없음

ANSWER 》 3.④ 4.③

5 다음 글의 주제로 적절한 것은?

> 혈액의 기본 기능인 산소 운반능력이 감소하면 골수에서는 적혈구 생산, 즉 조혈과정이 촉진된다. 조직 내 산소 농도의 감소가 골수에서의 조혈을 직접 촉진하지는 않는다. 신장에 산소 공급이 감소하면 신장에서 혈액으로 에리트로포이어틴을 분비하고 이 호르몬이 골수의 조혈을 촉진한다. 에리트로포이어틴은 적혈구가 성숙, 분화하도록 하여 혈액에 적혈구 수를 늘려서 조직에 충분한 양의 산소가 공급되도록 한다. 신장에 산소 공급이 충분히 이루어지면 에리트로포이어틴의 분비도 중단된다. 출혈이나 정상 적혈구가 과도하게 파괴된 경우 6배 정도까지 조혈 속도가 상승한다.

① 혈액의 종류
② 적혈구의 기능
③ 에리트로포이어틴 도핑
④ 산소와 에리트로포이어틴의 관계

> **TIP 》** 위 글은 산소 공급이 감소하면 에리트로포이어틴을 분비하여 골수의 조혈을 촉진한다고 하였다.

6 (개)와 (내)에 대한 설명으로 옳은 것은?

> (개) 텔레비전의 귀재라고 불리는 토니 슈월츠는 1980년대에 들어서면서 텔레비전을 마침내 '제2의 신'이라고 불렀다. 신은 전지전능하며, 우리 곁에 항상 같이 있으며, 창조력과 파괴력을 동시에 지니고 있다는데, 이러한 신의 속성을 텔레비전은 빠짐없이 갖추고 있다는 것이다. 다만, 제2의 신은 과학이 만들어 낸 신이며, 전 인류가 이 제단 앞에 향불을 피운다는 점이 다를 뿐이라고 지적했다. 수백만, 수천만, 아니 수억의 인간이 텔레비전 시청이라는 똑같은 의식을 통해서 사랑과 죽음의 신비성을 느끼며, 인생의 환희와 슬픔을 나눈다. 그 어떤 신도 이렇게 많은 신도를 매혹시키지는 못했으며, 앞으로도 불가능할 것이다.
>
> 우리나라도 천만 세대가 넘는 가정에 텔레비전이 한대씩 이미 보급되어 있으며, 2대 이상 소유한 가정도 흔하다. 아시아에서 일본 다음으로 텔레비전 왕국이 된 우리나라의 시청 현상에 나타나는 두드러진 특징은, 일부 선진국의 경우와 유사하다. 즉, 한편으로는 텔레비전에 대해 비판 의식이 비교적 높은 식자층이 텔레비전 문화를 천시하거나 기피하는 현상을 보이고 있고, 다른 한편으로는 많은 일반 대중이 수동적, 무비판적으로 텔레비전 문화를 수용하는 추세를 보이고 있어 극단적인 대조 현상을 나타내고 있다. 그러나 텔레비전이라는 무례한 손님이 안방 한 구석을 차지하여 무슨 소리를 내든 무제한 관용을 베풀며 무분별하게 수용하는 시청자가 압도적으로 많다.

(나) 현대의 대중 잡지, 주간지 등과 같은 상업적 저널리즘, 저속한 영화와 연극, 그리고 쇼화되는 스포츠 등과 같은 대중오락은 정치적 무관심을 자아내게 하는 데 커다란 역할을 하고 있다. 특히 신문 · 잡지(특히 주간지) 등은 정치적 문제와 사건을 비정치화 시켜서 대중에게 전달하거나, 또는 대중의 흥미와 관심을 비정치 대상에 집중시킴으로써 많은 사람의 관심을 비정치적 영역에 집중시킨다. 이를테면 정치적인 문제를 다룰 경우에도, 사건의 본질과는 관계없는 에피소드와 부속 현상을 크게 보도하거나, 또는 정치가를 소개하는 경우에도 그 정치적 자질과 식견 및 지난날에 있어서의 업적 등과 같은 본질적 문제보다는 오히려 그의 사생활을 크게 보도하는 경향이 있다. 이 같은 경향이 나타나는 것은 거대 기업화한 매스컴이 대량의 발행 부수와 시청률을 유지, 확대시켜 나가기 위해서는 불가불 대중성을 필요로 하기 때문이다.
그리고 오락 장치의 거대화에 비례하여 일반 대중의 의식 상황이 수동적으로 되는 경향이 나타나고 있는데, 특히 TV의 보급으로 인하여 이런 현상이 두드러지고 있다. 말하자면 매스컴은 일반 대중의 에너지를 비정치적 영역으로 흡수하는 세척 작용의 기능을 수행하고 있는 것이다. 이리하여 매스 미디어는 일종의 그레샴의 법칙에 의해서 정치라는 경화(硬貨)를 대중오락이라는 지폐로써 구축(驅逐)해버리게 되는 것이다.

① (가)는 대상의 문제점을 포괄적으로 다루는 반면, (나)는 대상의 문제점을 특정 분야에 한정하여 제시한다.
② (가)는 대상을 통시적으로 접근하여 제시하지만, (나)는 대상을 공시적으로 다룬다.
③ (가)는 일반적인 통념을 제시하고 그에 대한 반론을 주장하지만, (나)는 대상에 대한 통념을 일정 부분 수긍하고 있다.
④ (가)는 인용을 통해 논지를 확장하고 있지만, (나)는 인용을 통해 끌어들인 견해를 반박하고 있다.

TIP 》 ① (가)는 텔레비전 시청의 일반적 문제를, (나)는 오락문화에 집중된 보도 현실을 비판하고 있다.

7 다음 일정표에 대해 잘못 이해한 것을 고르면?

Albert Denton : Tuesday, September 24

8:30 a.m.	Meeting with S.S. Kim in Metropolitan Hotel lobby Taxi to Extec Factory
9:30–11:30 a.m.	Factory Tour
12:00–12:45 p.m.	Lunch in factory cafeteria with quality control supervisors
1:00–2:00 p.m.	Meeting with factory manager
2:00 p.m.	Car to warehouse
2:30–4:00 p.m.	Warehouse tour
4:00 p.m.	Refreshments
5:00 p.m.	Taxi to hotel (approx. 45 min)
7:30 p.m.	Meeting with C.W. Park in lobby
8:00 p.m.	Dinner with senior managers

---

① They are having lunch at the factory.

② The warehouse tour takes 90 minutes.

③ The factory tour is in the afternoon.

④ Mr. Denton has some spare time before in the afternoon.

TIP 》 Albert Denton : 9월 24일, 화요일

8:30 a.m.	Metropolitan 호텔 로비 택시에서 Extec 공장까지 Kim S.S.와 미팅
9:30–11:30 a.m.	공장 투어
12:00–12:45 p.m.	품질 관리 감독관과 공장 식당에서 점심식사
1:00–2:00 p.m.	공장 관리자와 미팅
2:00 p.m.	차로 창고에 가기
2:30–4:00 p.m.	창고 투어
4:00 p.m.	다과
5:00 p.m.	택시로 호텔 (약 45분)
7:30 p.m.	C.W. Park과 로비에서 미팅
8:00 p.m.	고위 간부와 저녁식사

③ 공장 투어는 9시 30분에서 11시 30분까지이므로 오후가 아니다.

|8~9| 다음은 어느 회사의 송·배전용 전기설비 이용규정의 일부이다. 다음을 보고 물음에 답하시오.

제00조 이용신청 시기

고객의 송·배전용 전기설비 이용신청은 이용 희망일부터 행정소요일수와 표본 공정(접속설비의 설계·공사계약체결·공사시공기간 등) 소요일수를 합산한 기간 이전에 하는 것을 원칙으로 한다. 다만, 필요시 고객과 협의하여 이용신청시기를 조정할 수 있다.

제00조 이용신청시 기술검토용 제출자료

고객은 이용신청시 회사가 접속방안을 검토할 수 있도록 송·배전 기본계획자료를 제출하여야 한다. 고객은 자료가 확정되지 않은 경우에는 잠정 자료를 제출할 수 있으며, 자료가 확정되는 즉시 확정된 자료를 제출하여야 한다.

제00조 접속제의의 수락

고객은 접속제의서 접수 후 송전용전기설비는 2개월, 배전용전기설비는 1개월 이내에 접속제의에 대한 수락의사를 서면으로 통지하여야 하며, 이 기간까지 수락의사의 통지가 없을 경우 이용신청은 효력을 상실한다. 다만, 고객과의 협의를 통해 수락의사 통지기간을 1회에 한하여 송전용전기설비는 2개월, 배전용전기설비는 1개월 이내에서 연장할 수 있다. 접속제의에 이의가 있거나 새로운 접속방안의 검토를 희망하는 경우, 고객은 2회에 한하여 접속제의의 재검토를 요청할 수 있으며, 재검토 기간은 송전용전기설비는 3개월, 배전용전기설비는 1개월을 초과할 수 없다.

제00조 끝자리 수의 처리

이 규정에서 송·배전 이용요금 등의 계산에 사용하는 단위는 다음 표와 같으며 계산단위 미만의 끝자리 수는 계산단위 이하 첫째자리에서 반올림한다.

구분	계산단위	구분	계산단위
부하설비 용량	1kw	요금적용전력	1kw
변압기설비 용량	1kVA	사용전력량	1kWh
발전기 정격출력	1kw	무효전력량	1kvarh
계약전력	1kw	역률	1%
최대이용전력	1kw		

송·배전 이용요금 등의 청구금액(부가세 포함)에 10원 미만의 끝자리 수가 있을 경우에는 국고금관리법에 정한 바에 따라 그 끝자리 수를 버린다.

ANSWER 〉 7.③

8 乙은 이용규정을 바탕으로 회사 홈페이지에 올라온 고객의 질의에 답변하려고 한다. 답변 내용 중 옳지 않은 것은?

① Q : 송·배전용 전기설비 이용신청은 언제 하여야 하나요?

A : 이용신청은 이용 희망일부터 행정소요일수와 표본 공정소요일수를 합산한 기간 이전에 하여야 합니다.

② Q : 송·배전 기본계획자료가 아직 확정되지 않은 상태인데 어떻게 해야 하나요?

A : 잠정 자료를 제출할 수 있으며, 자료가 확정되는 즉시 확정된 자료를 제출하면 됩니다.

③ Q : 수락의사 통지기간을 연장하고 싶은데 그 기간은 어느 정도인가요?

A : 회사와 고객 간의 협의를 통해 송전용전기설비는 1개월, 배전용전기설비는 2개월 이내에서 연장할 수 있습니다.

④ Q : 송·배전 이용요금 등의 청구금액에 10원 미만의 끝자리 수가 있을 경우는 어떻게 되나요?

A : 끝자리 수가 있을 경우에는 국고금관리법에 정한 바에 따라 그 끝자리 수를 버리게 됩니다.

> **TIP** 》 ③ 고객과의 협의를 통해 수락의사 통지기간을 1회에 한하여 송전용전기설비는 2개월, 배전용전기설비는 1개월 이내에서 연장할 수 있다.

9 접속제의에 이의가 있거나 새로운 접속방안의 검토를 희망하는 경우, 고객은 몇 회에 한하여 재검토를 요청할 수 있는가?

① 1회   ② 2회

③ 3회   ④ 4회

> **TIP** 》 접속제의에 이의가 있거나 새로운 접속방안의 검토를 희망하는 경우, 고객은 2회에 한하여 접속제의의 재검토를 요청할 수 있다.

10 다음의 실험 보고서를 보고 〈실험 결과〉와 양립 가능한 의견을 낸 직원을 모두 고르면?

> 쥐는 암수에 따라 행동양상을 다르게 나타낸다. 쥐가 태어날 때 쥐의 뇌는 무성화되어 있다. 그런데 출생 후 성체가 되기 전에 쥐의 뇌가 에스트로겐에 노출되면 뇌가 여성화되고 테스토스테론에 노출되면 뇌가 남성화된다. 만약 출생 후 성체가 될 때까지 쥐의 뇌가 에스트로겐이나 테스토스테론에 노출되지 않으면, 외부 생식기의 성 정체성과는 다르게 뇌는 무성화된 상태로 남아 있다.
>
> 행동 A와 행동 B는 뇌의 성 정체성에 의해 나타나며, 행동 A는 암컷 성체에서 에스트로겐에 의해 유발되는 행동이고, 행동 B는 수컷 성체에서 테스토스테론에 의해 유발되는 행동으로 알려져 있다. 생체 내에서 에스트로겐은 암컷 쥐의 난소에서만 만들어지고, 테스토스테론은 수컷 쥐의 정소에서만 만들어진다.
>
> 생리학자는 행동 A와 행동 B가 나타나는 조건을 알아보고자 실험을 하여 다음과 같은 실험 결과를 얻었다.
>
> 〈실험 결과〉
>
> CASE 1. 성체 암컷 쥐는 난소를 제거하더라도 에스트로겐을 투여하면 행동 A가 나타났지만, 테스토스테론을 투여하면 행동 B가 나타나지 않았다.
>
> CASE 2. 출생 직후 정소나 난소가 제거된 후 성체로 자란 쥐에게 에스트로겐을 투여하면 행동 A가 나타났지만, 테스토스테론을 투여하면 행동 B가 나타나지 않았다.
>
> CASE 3. 출생 직후 쥐의 정소를 제거한 후 테스토스테론을 투여하였다. 이 쥐가 성체로 자란 후, 에스트로겐을 투여하면 행동 A가 나타나지 않았지만 테스토스테론을 투여하면 행동 B가 나타났다.

> 직원 A : 무성화된 뇌를 가진 성체 쥐에서 행동 A는 유발할 수 있지만 행동 B는 유발할 수 없다.
>
> 직원 B : 뇌가 남성화된 경우 테스토스테론을 투여하면 행동 B가 나타난다.
>
> 직원 C : 뇌가 여성화된 경우라도 난소를 제거하면 행동 A를 유발할 수 없다.

① 직원 A   ② 직원 C

③ 직원 A, B   ④ 직원 B, C

TIP》 직원 A의 의견은 CASE 2의 결과와 양립 가능하며, 직원 B의 의견은 CASE 3의 결과와 양립 가능하다. 그러나 직원 C의 의견은 CASE 1의 결과와 모순으로 실험 결과를 제대로 이해하지 못한 의견이다.

11 다음 내용을 바탕으로 고객에게 이동단말기의 통화 채널 형성에 대해 설명한다고 할 때, 바르게 설명한 것을 고르면?

> '핸드오버'란 이동단말기가 이동함에 따라 기존 기지국에서 이탈하여 새로운 기지국으로 넘어갈 때 통화가 끊기지 않도록 통화 신호를 새로운 기지국으로 넘겨주는 것을 말한다. 이런 핸드오버는 이동단말기, 기지국, 이동전화교환국 사이의 유무선 연결을 바탕으로 실행된다. 이동단말기가 기지국에 가까워지면 그 둘 사이의 신호가 점점 강해지는 데 반해, 이동단말기와 기지국이 멀어지면 그 둘 사이의 신호는 점점 약해진다. 이 신호의 세기가 특정값 이하로 떨어지게 되면 핸드오버가 명령되어 이동단말기와 새로운 기지국 간의 통화 채널이 형성된다. 이 과정에서 이동전화교환국과 기지국 간 연결에 문제가 발생하면 핸드오버가 실패하게 된다.
>
> 핸드오버는 이동단말기와 기지국 간 통화 채널 형성 순서에 따라 '형성 전 단절 방식'과 '단절 전 형성 방식'으로 구분될 수 있다. FDMA와 TDMA에서는 형성 전 단절 방식을, CDMA에서는 단절 전 형성 방식을 사용한다. 형성 전 단절 방식은 이동단말기와 새로운 기지국 간의 통화 채널이 형성되기 전에 기존 기지국과의 통화 채널을 단절하는 것을 말한다. 이와 반대로 단절 전 형성 방식은 이동단말기와 기존 기지국 간의 통화 채널이 단절되기 전에 새로운 기지국과의 통화 채널을 형성하는 방식이다. 이런 핸드오버 방식의 차이는 각 기지국이 사용하는 주파수 간 차이에서 비롯된다. 만약 각 기지국이 다른 주파수를 사용하고 있다면, 이동단말기는 기존 기지국과의 통화 채널을 미리 단절한 뒤 새로운 기지국에 맞는 주파수를 할당 받은 후 통화 채널을 형성해야 한다. 그러나 각 기지국이 같은 주파수를 사용하고 있다면, 그런 주파수 조정이 필요 없으며 새로운 통화 채널을 형성하고 나서 기존 통화 채널을 단절할 수 있다.

① 고객님, 단절 전 형성 방식의 각 기지국은 서로 다른 주파수를 사용합니다.
② 고객님, 형성 전 단절 방식은 단절 전 형성 방식보다 더 빨리 핸드오버를 명령할 수 있다는 장점이 있습니다.
③ 고객님, 이동단말기와 기존 기지국 간의 통화 채널이 단절되면 핸드오버가 성공한 것이라고 볼 수 있습니다.
④ 고객님, CDMA에서는 하나의 이동단말기가 두 기지국과 동시에 통화 채널을 형성할 수 있지만 FDMA에서는 그렇지 않습니다.

> **TIP 》** ① 단절 전 형성 방식의 각 기지국은 서로 같은 주파수를 사용하여 주파수 조정이 필요 없으므로 새로운 통화 채널을 형성하고 나서 기존 통화 채널을 단절할 수 있다.
> ② 핸드오버는 이동단말기와 기지국이 멀어지면서 그 둘 사이의 신호가 점점 약해지다 특정값 이하로 떨어지게 되면 명령되는 것으로, 통화 채널 형성 순서에 따라 차이가 있지는 않다.
> ③ '핸드오버'란 이동단말기가 이동함에 따라 기존 기지국에서 이탈하여 새로운 기지국으로 넘어갈 때 통화가 끊기지 않도록 통화 신호를 새로운 기지국으로 넘겨주는 것으로, 이동단말기와 새로운 기지국 간의 통화 채널이 형성되면 핸드오버가 성공한 것이라고 볼 수 있다.

12 서원 그룹의 K부서에서는 자기 부서의 정책을 홍보하기 위해 책자를 제작해 배포하는 프로젝트를 진행하였다. 프로젝트 진행 과정이 다음과 같을 때, 프로젝트 결과에 대한 평가로 항상 옳은 것을 모두 고르면?

이번에 K부서에서는 자기 부서의 정책을 홍보하기 위해 책자를 제작해 배포하였다. 이 홍보 사업에 참여한 K부서의 팀은 A와 B 두 팀이다. 두 팀은 각각 500권의 정책홍보 책자를 제작하였다. 그러나 책자를 어떤 방식으로 배포할 것인지에 대해 두 팀 간에 차이가 있었다. A팀은 자신들이 제작한 K부서의 모든 정책홍보책자를 서울이나 부산에 배포한다는 지침에 따라 배포하였다. 한편, B팀은 자신들이 제작한 K부서 정책홍보책자를 서울에 모두 배포하거나 부산에 모두 배포한다는 지침에 따라 배포하였다. 사업이 진행된 이후 배포된 결과를 살펴보기 위해서 서울과 부산을 조사하였다. 조사를 담당한 한 직원은 A팀이 제작·배포한 K부서 정책홍보책자 중 일부를 서울에서 발견하였다.

한편, 또 다른 직원은 B팀이 제작·배포한 K부서 정책홍보책자 중 일부를 부산에서 발견하였다. 그리고 배포 과정을 검토해 본 결과, 이번에 A팀과 B팀이 제작한 K부서 정책 홍보책자는 모두 배포되었다는 것과, 책자가 배포된 곳과 발견된 곳이 일치한다는 것이 확인되었다.

ⓒ 부산에는 500권이 넘는 K부서 정책홍보책자가 배포되었다.
ⓒ 서울에 배포된 K부서 정책홍보책자의 수는 부산에 배포된 K부서 정책홍보책자의 수보다 적다.
ⓒ A팀이 제작한 K부서 정책홍보책자가 부산에서 발견되었다면, 부산에 배포된 K부서 정책홍보책자의 수가 서울에 배포된 수보다 많다.

---

① ㉠   ② ㉢
③ ㉠㉡   ④ ㉡㉢

TIP 》 B팀은 자신들이 제작한 K부서 정책홍보책자를 서울에 모두 배포하거나 부산에 모두 배포한다는 지침에 따라 배포하였는데, B팀이 제작·배포한 K부서 정책홍보책자 중 일부를 부산에서 발견하였으므로, B팀의 책자는 모두 부산에 배포되었다.

A팀이 제작·배포한 책자 중 일부를 서울에서 발견하였지만, A팀은 자신들이 제작한 K부서의 모든 정책홍보책자를 서울이나 부산에 배포한다는 지침에 따라 배포하였으므로, 모두 서울에 배포되었는지는 알 수 없다.

따라서 항상 옳은 평가는 ㉢뿐이다.

13 IT분야에 근무하고 있는 K는 상사로부터 보고서를 검토해달라는 요청을 받고 보고서를 검토하는 중이다. 보고서의 교정 방향으로 적절하지 않은 것은?

> 국가경제 성장의 핵심 역할을 하는 IT산업은 정보통신서비스, 정보통신기기, 소프트웨어 부문으로 구분된다. 2010년 IT산업의 생산규모는 전년대비 15% 이상 증가한 385.4조원을 기록하였다. 한편, 소프트웨어 산업은 경기위축에 선행하고 경기회복에 후행하는 산업적 특성 때문에 전년대비 2% 이하의 성장에 머물렀다.
>
> 2010년 정보통신서비스 생산규모는 IPTV 등 신규 정보통신서비스 확대로 전년대비 4.6% 증가한 63.4조원을 기록하였다. 2010년 융합서비스는 전년대비 생산규모 ㉠증가률이 정보통신서비스 중 가장 높았고, 정보통신서비스에서 차지하는 생산규모 비중도 가장 컸다. ㉡또한 R&D 투자액이 매년 증가하여 GDP 대비 R&D 투자액 비중이 증가하였다.
>
> IT산업 전체의 생산을 견인하고 있는 정보통신기기 생산규모는 통신기기를 제외한 다른 품목의 생산 호조에 따라 2010년 전년대비 25.6% 증가하였다. ㉢한편, 2006~2010년 동안 정보통신기기 생산규모에서 통신기기, 정보기기, 음향기기, 전자부품, 응용기기가 차지하는 비중의 순위는 매년 변화가 없었다. 2010년 전자부품 생산규모는 174.4조원으로 정보통신기기 전체 생산규모의 59.0%를 차지한다. 전자부품 중 반도체와 디스플레이 패널의 생산규모는 전년대비 각각 48.6%, 47.4% 증가하여 전자부품 생산을 ㉣유도하였다. 2005년~2010년 동안 정보통신기기 부문에서 전자부품과 응용기기 각각의 생산규모는 매년 증가하였다.

① ㉠은 맞춤법에 맞지 않는 표현으로 '증가율'로 수정해야 합니다.
② ㉡은 문맥에 맞지 않는 문장으로 삭제하는 것이 좋습니다.
③ ㉢은 앞 뒤 문장이 인과구조이므로 '따라서'로 수정해야 합니다.
④ ㉣ '유도'라는 어휘 대신 문맥상 적합한 '주도'라는 단어로 대체해야 합니다.

TIP ≫ ③ 인과구조가 아니며, '한편'으로 쓰는 것이 더 적절하다.

14 다음 예문의 서술방식은?

> 알랑은 행복의 조건을 네 가지로 나누어 말한 바가 있다. 첫째, 직업을 위한 전문지식이 필요하다. 이는 생명의 유지를 위한 기본 요건이다. 둘째, 한 가지의 외국어를 익히는 일이다. 견문을 넓히고 자기의 말이나 문화를 좀 더 잘 이해하기 위한 바탕이다. 셋째, 한 가지의 스포츠를 익히는 일이다. 건강과 레크리에이션을 위해서 갖추어야 할 바이다. 넷째, 하나의 악기를 다루는 일이다. 정서순화와 취미생활을 위하여 필요한 것이다. 물론 이 조건이 행복을 위한 절대 조건은 아닐 것이다. 그러나 이런 네 가지 조건을 갖추면 우리의 인생을 뜻 있고 멋있게 사는 데 확실히 도움이 될 것이라 생각한다.

① 분류   ② 분석
③ 비교   ④ 대조

    TIP 》 행복의 조건을 분석의 방법을 통해 설명하고 있다.
        ※ 내용 전개 방법
           ⊙ 정의 : 어떤 대상의 범위를 규정짓거나 개념을 풀이한다.
           ⓒ 비교 · 대조 : 대상의 공통점이나 차이점을 드러낸다.
           ⓒ 예시 : 구체적인 예를 들어 진술의 타당성을 뒷받침한다.
           ⓔ 분류 : 비슷한 특성에 근거하여 대상들을 나누거나 묶는다.
           ⓜ 분석 : 어떤 복잡한 것을 단순한 요소나 부분들로 나눈다.
           ⓗ 과정 : 어떤 결과를 가져오게 한 행동의 변화, 기능, 단계, 작용 등에 초점을 둔다.
           ⓢ 유추 : 두 개의 사물이 여러 면에서 비슷하다는 것을 근거로 다른 속성도 유사할 것이라고 추론한다.
           ⓞ 묘사 : 대상에 대한 그림을 글로 표현하면서 그림들의 세부 요소를 연상적 형태로 배열한다.
           ⓩ 서사 : 일정한 시간 동안에 일어나는 행동이나 사건에 초점을 두고 내용을 전개시킨다.
           ⓩ 인과 : 어떤 결과를 가져오게 한 힘 또는 이러한 힘에 의해 결과적으로 초래된 현상에 관계한다.

15 다음 글을 읽고 기업에 대한 설명 중 옳지 않은 것을 고르면?

> 고용창출 없는 성장, 직업역량 소외집단의 증가, 빈부격차의 심화, 인구·가족구조의 변화 등에 대해 종합적이고 창의적인 대응 방안의 하나로 나온 것이 '행복한 두루 잔치'와 같은 사회적 기업이다. 이 기업은 한편으로는 일자리를 필요로 하는 실직계층에 근로 기회를 제공하고, 사회서비스를 필요로 하는 취약계층에 필수적인 사회서비스를 공급한다는 점에서 복합적인 효과를 기대할 수 있는 제도이다.
>
> '행복한 두루 잔치'의 경우에 현재는 나름대로 수익을 가지고 성장해 가고 있다. 하지만 현재 이러한 수익구조를 유지해 주는 가장 큰 힘은 정부가 보전하는 임금 때문이라는 것이 운영자의 얘기였다.

① 빈부격차 심화 등에 대한 창의적인 대응 방안의 하나이다.
② 유급 근로자를 고용하여 영업활동을 수행하지 않는다.
③ 취약계층에게 일자리를 제공하고 관련 서비스나 상품을 생산한다.
④ 정부로부터 인증 받은 기업은 각종 지원 혜택을 받을 수 있다.

> **TIP 》** ② 사회적 기업은 유급 근로자를 고용하여 영업활동을 수행할 수 있다.

16 다음 글을 바탕으로 하여 '학습'에 관한 글을 쓰려고 할 때, 이끌어 낼 수 있는 내용으로 적절하지 않은 것은?

> 등산 배낭을 꾸릴 때에는 먼저 목적지와 여행 일정을 고려해야 합니다. 꼭 필요한 것을 빼놓아서는 안 되지만, 배낭의 무게는 자기 체중의 1/3을 넘지 않는 것이 좋습니다. 배낭에 물건들을 배치할 때에는 배낭의 무게가 등 전체에 골고루 분산되도록 해야 합니다. 또한 가벼운 물건은 아래에, 무거운 물건은 위에 넣어야 체감 하중을 줄일 수 있습니다.

① 부담이 되지 않도록 공부를 몰아서 하지 않는다.
② 지나치게 욕심을 내어 학습량을 많이 잡지 않는다.
③ 여러 학습 방법을 비교하여 최선의 방법을 모색한다.
④ 어려운 공부와 쉬운 공부가 적절히 안배되도록 한다.

> **TIP 》** ① 배낭의 무게가 등 전체에 골고루 분산되도록 해야 합니다.
> ② 배낭의 무게는 자기 체중의 1/3을 넘지 않는 것이 좋습니다.
> ④ 가벼운 물건은 아래에, 무거운 물건은 위에 넣어야 체감 하중을 줄일 수 있습니다.

17 순서에 맞게 논리적으로 배열한 것은?

> ㉠ 정확한 보도를 하기 위해서는 문제를 전체적으로 보아야 하고, 역사적으로 새로운 가치의 편에서 봐야 하며, 무엇이 근거이고, 무엇이 조건인가를 명확히 해야 한다.
> ㉡ 양심적이고자 하는 언론인이 때로 형극의 길과 고독의 길을 걸어야 하는 이유가 여기에 있다.
> ㉢ 신문이 진실을 보도해야 한다는 것은 새삼스러운 설명이 필요 없는 당연한 이야기이다.
> ㉣ 이러한 준칙을 강조하는 것은 기자들의 기사 작성 기술이 미숙하기 때문이 아니라, 이해관계에 따라 특정 보도의 내용이 달라지기 때문이다.
> ㉤ 자신들에게 유리하도록 기사가 보도되게 하려는 외부 세력이 있으므로 진실 보도는 일반적으로 수난의 길을 걷게 마련이다.

① ㉠㉢㉤㉡㉣　　　　　　② ㉢㉠㉣㉤㉤
③ ㉢㉠㉣㉤㉡　　　　　　④ ㉠㉢㉣㉤㉡

> **TIP »** ㉢ 신문은 진실을 보도해야 한다 → ㉠ 정확한 보도를 위한 준칙 → ㉣ 준칙을 지켜야 하는 이유(이해관계에 따라 달라질 수 있는 보도내용) → ㉤ 진실 보도가 수난을 겪는 이유 → ㉡ 양심적인 언론인이 힘들어지는 이유

18 다음 밑줄 친 부분의 문맥적 의미와 가장 가까운 뜻을 지닌 것은?

> 　오늘날 환경 운동의 의의는 인간 삶의 물질적, 정신적 재생산의 원천인 자연 환경의 파괴를 방지하고 자기 순환성을 회복하여 인간 사회와 자연 환경 간의 지속적인 공생을 도모하고자 하는 데 있다. 따라서 환경 운동은 이른바 전통적인 사회 운동, 특히 노동 운동처럼 특정한 계급의 특수한 이익을 목적으로 하는 변혁 운동과는 상당히 다른 양상을 보이고 있다. 예를 들어 노동 운동에서 강조되는 '산업 노동자의 주체성', '계급투쟁의 절대적 우위성', '생산 양식의 전환을 위한 혁명' 등은 환경 운동에서 더 이상 절대적인 중요성을 지니지 못한다. 오히려 환경 운동은 모든 잠재적 우군들을 동원할 수 있기 위해서 사회, 공간적으로 상이한 집단들에게 모두 적용되는 비계급적 이슈 또는 이들을 관통하는 다계급적, 통계급적 주제들을 <u>전면에 내걸고</u> 있고, 새로운 변화를 요구하기보다는 무리한 변화에 대해 저항하거나 변화된 환경의 원상 회복 내지는 이에 대한 배상을 요구하는 경우가 많다.

① 게양(揭揚)하고　　　　　　② 선도(先導)하고
③ 표방(標榜)하고　　　　　　④ 제안(提案)하고

> **TIP »** '다계급적, 통계급적 주제들을 전면에 내걸고 있다.'는 것은 여러 계층의 사람들에게 공통되는 목표를 내세운다는 뜻이다.

ANSWER 〉 15.② 16.③ 17.③ 18.③

19 다음은 사원들이 아래 신문 기사를 읽고 나눈 대화이다. 대화의 흐름상 빈칸에 들어갈 말로 가장 적절한 것은?

"김치는 살아 있다"
젖산균이 지배하는 신비한 미생물의 세계
처음에 생기는 일반 세균 새콤한 맛 젖산균이 물리쳐 "우와~ 김치 잘 익었네."
효모에 무너지는 '젖산균 왕국' "어유~ 군내, 팍 시었네."
점차 밝혀지는 김치의 과학 토종 젖산균 '김치 아이'
유전자 해독 계기로 맛 좌우하는 씨앗균 연구 개발

1990년대 중반 이후부터 실험실의 김치 연구가 거듭되면서, 배추김치, 무김치, 오이김치들의 작은 시공간에서 펼쳐지는 미생물들의 '작지만 큰 생태계'도 점차 밝혀지고 있다. 20여 년째 김치를 연구해 오며 지난해 토종 젖산균(유산균) '류코노스톡 김치 아이'를 발견해 세계 학계에서 새로운 종으로 인정받은 인하대 한홍의(61) 미생물학과 교수는 "일반 세균과 젖산균, 효모로 이어지는 김치 생태계의 순환은 우리 생태계의 축소판"이라고 말했다.

흔히 "김치 참 잘 익었다."라고 말한다. 그러나 김치 과학자라면 매콤새콤하고 시원한 김치 맛을 보면 이렇게 말할 법하다. "젖산균들이 한창 물이 올랐군." 하지만, 젖산균이 물이 오르기 전까지 갓 담근 김치에선 배추, 무, 고춧가루 등에 살던 일반 세균들이 한때나마 왕성하게 번식한다. 소금에 절인 배추, 무는 포도당 등 영양분을 주는 좋은 먹이 터전인 것이다.

"김치 초기에 일반 세균은 최대 10배까지 급속히 늘어나다가 다시 급속히 사멸해 버립니다. 제 입에 맞는 먹잇감이 줄어드는데다 자신이 만들어 내는 이산화탄소가 포화 상태에 이르러 더는 살아갈 수 없는 환경이 되는 거죠." 한 교수는 이즈음 산소를 싫어하는 '혐기성' 미생물인 젖산균이 활동을 개시한다고 설명했다. 젖산균은 시큼한 젖산을 만들며 배추, 무를 서서히 김치로 무르익게 만든다. 젖산균만이 살 수 있는 환경이 되는데, "다른 미생물이 출현하면 수십 종의 젖산균이 함께 '박테리오신'이라는 항생 물질을 뿜어내어 이를 물리친다."라고 한다.

그러나 '젖산 왕조'도 크게 두 번의 부흥과 몰락을 겪는다. 김치 중기엔 주로 둥근 모양의 젖산균(구균)이, 김치 말기엔 막대 모양의 젖산균(간균)이 세력을 떨친다. 한국 식품 개발연구원 박완수(46) 김치 연구단장은 "처음엔 젖산과 에탄올 등 여러 유기물을 생산하는 젖산균이 지배하지만, 나중엔 젖산만을 내는 젖산균이 우세종이 된다."며 "김치가 숙성할수록 시큼털털해지는 것은 이 때문"이라고 설명했다.

－○○일보－

사원 甲 : 김치가 신 맛을 내는 이유는 젖산균 때문이었군? 난 세균 때문인 줄 알았어.
사원 乙 : 나도 그래. 처음에 번식하던 일반 세균이 스스로 사멸하다니, 김치는 참 신기해.
사원 丙 : 맞아. 게다가 젖산균이 출현한 이후에는 젖산균이 뿜어내는 항생 물질 때문에 다른 미생물들이 살 수 없는 환경이 된다는데.
사원 丁 : 하지만 _____

① 일반세균이 모두 죽고 나면 단 한가지의 젖산균만이 활동하게 돼.

② 모든 젖산균이 김치를 맛있게 만드는 것은 아니더군.

③ 김치는 오래되면 오래될수록 맛이 깊어지지.

④ 김치가 오래될수록 시큼해지는 이유는 젖산균에서 나오는 유기물들 때문이야.

> TIP 》 ① 김치 중기엔 주로 둥근 모양의 젖산균(구균)이, 김치 말기엔 막대 모양의 젖산균(간균)이 세력을 떨친다.
> ③ 나중엔 젖산만을 내는 젖산균이 우세종이 되어 김치가 숙성될수록 시금털털해진다.
> ④ 김치가 오래될수록 시큼해지는 이유는 젖산균에서 나오는 젖산 때문이다.

20 다음 글의 내용과 거리가 먼 것은?

> 우리나라에서 중산층 연구는 여러 학문 분야에서 중간계급, 중간소득계층, 또는 거주 지역 및 주택 규모를 기준으로 한 중간계층 등 서로 다른 대상을 가리키면서 이들의 성격을 규명하려 했다. 실제로 각각의 연구 대상은 상당 부분 중첩되지만, 계층 연구에서는 중산층의 실체에 대해 좀 더 체계적이고 분석적으로 접근할 것이 요구되고 있다. 이제 '중산층'이란 말은 '중간계급'도 아니고, '중간소득계층'도 아니면서 이들의 속성을 함께 아우르는 대중적 용어로 정착되고 있다. '민중'이라는 말을 서구어로 번역하기가 쉽지 않듯이 '중산층'이라는 말도 마찬가지다. 그 구성원을 다시 세분할 수는 있겠지만, 이 용어가 궁극적으로 가리키는 것은 포괄적이고 총체적인 하나의 계층집단이다.

① 중산층 연구에 있어서 각 계층의 실체를 명확하게 파악할 필요가 있다.

② 우리나라의 중산층 연구는 여러 학문 분야에서 동일한 대상을 가리키며 진행되어 왔다.

③ '중산층'이라는 용어는 다양한 속성을 지닌 대상을 아우르는 대중적 표현으로 자리 잡아 가고 있다.

④ '중산층'이라는 용어는 포괄적이고 총체적인 하나의 계층집단을 가리킨다.

> TIP 》 ② 첫 문장을 보면 우리나라의 중산층 연구는 여러 학문 분야마다 서로 다른 대상을 가리키며 진행되어 온 것으로 명시되어 있다.

21 다음 두 글에서 '이것'에 대한 설명으로 가장 적절한 것은?

> (가) 미국 코넬 대학교 심리학과 연구팀은 본교 32명의 여대생을 대상으로 미국의 식품산
> 업 전반에 대한 의견 조사를 실시했다. 'TV에 등장하는 음식 광고가 10년 전에 비해
> 줄었는지 아니면 늘었는지'를 중심으로 여러 가지 질문을 던졌다. 모든 조사가 끝난
> 후 설문에 참가한 여대생들에게 다이어트 여부에 대한 추가 질문을 했다. 식사량에
> 신경을 쓰고 있는지, 지방이 많은 음식은 피하려고 노력하고 있는지 등에 대한 질문
> 들이었다. 현재 다이어트에 신경 쓰고 있는 여대생들은 그렇지 않은 여대생보다 TV
> 의 식품 광고가 더 늘었다고 인식한 분석 결과가 나타났다. 이들이 서로 다른 TV 프
> 로그램을 봤기 때문일까? 물론 그렇지 않다. 이유는 간단하다. 다이어트를 하는 여
> 대생들은 음식에 대한 '이것'으로 세상을 보고 있었기 때문이다.
>
> (나) 코넬 대학교 연구팀은 미국의 한 초등학교 교사와 교직원을 대상으로 아동들이 직면
> 하고 있는 위험요소가 5년 전에 비하여 증가했는지 감소했는지 조사했다. 그런 다음
> 응답자들에게 신상 정보를 물었는데, 그 중 한 질문이 첫 아이가 태어난 연도였다.
> 그 5년 사이에 첫 아이를 낳은 응답자와 그렇지 않은 응답자의 위험 지각 정도를 비
> 교했다. 그 기간 동안에 부모가 된 교사와 직원들이, 그렇지 않은 사람들에 비해 아
> 이들이 직면한 위험 요소가 훨씬 더 늘었다고 답했다. 부모가 되는 순간 세상을 위
> 험한 곳으로 인식하기 시작하는 것이다. 그런 이유로 이들은 영화나 드라마에 등장
> 하는 'F'로 시작하는 욕도 더 예민하게 받아들인다. 이 점에 대해 저널리스트 엘리자
> 베스 오스틴은 이렇게 지적한다. "부모가 되고 나면 영화, 케이블 TV, 음악 그리고
> 자녀가 없는 친구들과의 대화중에 늘 등장하는 비속어에 매우 민감해진다." 이처럼
> 우리가 매일 보고 듣는 말이나 그 내용은 개개인의 '이것'에 의해 결정된다.

① 자기 자신의 관심에 따라 세상을 규정하는 사고방식이다.

② 자기 자신에 의존하여 자신이 모든 것을 결정하려고 하는 욕구이다.

③ 특정한 부분에 순간적으로 집중하여 선택적으로 지각하는 능력이다.

④ 자기 자신의 경험과 인식이 정확하고 객관적이라고 믿는 입장이다.

> **TIP 》** 지문은 최인철의 「프레임(나를 바꾸는 심리학의 지혜)」 중 일부로 '이것'에 해당하는 것은 '
> 프레임'이다. 두 글에서 미루어 볼 때 프레임은 자기 자신의 관심에 따라 세상을 규정하는
> 사고방식이라고 할 수 있다.

22 다음은 어느 은행의 이율에 관한 자료이다. 다음 자료를 보고 을(乙)이 이해한 내용으로 틀린 것은?

적금 종류	기본이율(%) (2017년 1월 1일 기준)	우대이율 (기본이율에 추가)
A은행 희망적금	1년 미만 만기 : 2.6	최고 5.0%p 우대 조건 • 기초생활수급자 : 2%p • 소년소녀가장 : 2%p • 근로소득 연 1,500만원 이하 근로자 : 2%p • 한부모가족 : 1%p • 근로장려금수급자 : 1%p
A은행 희망적금	1년 이상 2년 미만 만기 : 2.9	
A은행 희망적금	2년 이상 3년 미만 만기 : 3.1	
B은행 복리적금	1년 이상 2년 미만 만기 : 2.9	최고 0.6%p 우대 조건 • 첫 거래고객 : 0.3%p • 인터넷뱅킹 가입고객 : 0.2%p • 체크카드 신규발급고객 : 0.1%p • 예금, 펀드 중 1종 이상 가입고객 : 0.1%p
B은행 복리적금	2년 이상 3년 미만 만기 : 3.1	
B은행 복리적금	3년 이상 4년 미만 만기 : 3.3	
C은행 직장인 적금	2년 미만 만기 : 3.6	0.3%p 우대조건 회사에 입사한지 6개월 미만인 신입사원
C은행 직장인 적금	2년 이상 3년 미만 만기 : 3.9	

※ 우대조건을 충족하는 경우 반드시 우대이율을 적용받는다. 또한 복수의 우대조건을 충족하는 경우 우대이율을 중복해서 적용받는다.

① 3년 이상 4년 미만 만기로 B은행 복리적금을 드는 경우 인터넷뱅킹을 가입하면 이율이 3.5%가 되네.

② 회사에 입사한지 6개월 미만인 신입사원은 다른 우대조건이 없는 경우에는 C은행 직장인 적금을 드는 것이 유리하겠어.

③ 다른 우대조건 없이 2년 이상 3년 미만 만기 적금을 드는 경우 B은행 복리적금을 드는 것이 가장 적절한 방법인거 같아.

④ 근로소득 연 1,500만원 이하 근로자이면서 한부모가족이면 3%p가 기본이율에 추가가 되는구나.

> **TIP》** 다른 우대조건 없이 2년 이상 3년 미만 만기 적금을 드는 경우 C은행 직장인 적금의 이율이 가장 높다.

23 다음은 '저출산 문제 해결 방안'에 대한 글을 쓰기 위한 개요이다. ㉠에 들어갈 내용으로 가장 적절한 것은?

Ⅰ. 서론 : 저출산 문제의 심각성
Ⅱ. 본론
　　1. 저출산 문제의 원인
　　　① 출산과 양육에 대한 부담 증가
　　　② 직장 일과 육아 병행의 어려움
　　2. 저출산 문제의 해결 방안
　　　① 출산과 양육에 대한 사회적 책임 강화
　　　② (　　　　　　㉠　　　　　　)
Ⅲ. 결론 : 해결 방안의 적극적 실천 당부

---

① 저출산 실태의 심각성
② 미혼율 증가와 1인가구 증가
③ 저출산으로 인한 각종 사회문제 발생
④ 가정을 배려하는 직장 문화 조성

　　TIP 》 저출산 문제의 원인으로 '직장 일과 육아 병행의 어려움'이 있으므로 해결 방안으로 '가정을 배려하는 직장 문화 조성'이 들어가야 적절하다.

|24~25| 다음은 어느 쇼핑몰 업체의 자주 묻는 질문을 모아놓은 것이다. 다음을 보고 물음에 답하시오.

Q1. 비회원은 구매가 안 되나요?
Q2. 배송중인 상품의 위치를 확인하고 싶은데 어떻게 해야 하나요?
Q3. 티켓 문자를 다시 받을 수 있나요?
Q4. 이메일 주소를 변경할 수 있나요?
Q5. 주문을 취소했는데, 언제 환불되나요?
Q6. 주문하면 배송기간이 얼마나 걸리나요?
Q7. 오전에 주문한 상품인데, 환불하고 싶어요.
Q8. 결제하려고 하는데 결제창이 자꾸 오류가 생겨요.
Q9. 묶음 배송이 불가하다고 하는데, 그럼 따로 배송되나요?
Q10. 티켓 번호가 이미 사용되었다고 나옵니다.
Q11. 주문을 완료 했는데 배송지를 변경하고 싶습니다.

Q12. 운송장 번호가 검색이 안 됩니다.
Q13. 회원탈퇴는 어떻게 하면 되죠?
Q14. 비밀번호 찾는 건 어떻게 하면 되는 건가요?

24 쇼핑몰 사원 K씨는 고객들이 보기 쉽게 질문들을 분류하여 정리하려고 한다. ㉠~㉣에 들어 갈 수 있는 질문으로 연결된 것 중에 적절하지 않은 것은?

자주 묻는 질문			
티켓	교환/반품/환불	구매/결제	배송
㉠	㉡	㉢	㉣

① ㉠ : Q3, Q10

② ㉡ : Q5, Q7

③ ㉢ : Q1, Q8, Q12

④ ㉣ : Q2, Q6, Q9, Q11

    TIP 》 ③ Q12는 ㉣에 들어가야 할 내용이다.

25 쇼핑몰 사원 K씨는 상사의 조언에 따라 메뉴를 변경하려고 한다. [메뉴]-[키워드]-질문의 연결로 옳지 않은 것은?

> 〈상사의 조언〉
> 고객들이 보다 손쉽게 정보를 찾을 수 있도록 질문을 키워드 중심으로 정리해 놓으세요.

① [배송]-[배송지변경]-Q12

② [결제]-[결제오류]-Q8

③ [배송]-[배송지변경]-Q11

④ [배송]-[배송확인]-Q2

    TIP 》 ① Q12는 [배송]-[배송확인]에 들어갈 내용이다.

ANSWER 〉 22.④ 24.③ 25.①

03 문제해결능력

1 문제와 문제해결

(1) 문제의 정의와 분류

① 정의 … 문제란 업무를 수행함에 있어서 답을 요구하는 질문이나 의논하여 해결해야 되는 사항이다.

② 문제의 분류

구분	창의적 문제	분석적 문제
문제제시 방법	현재 문제가 없더라도 보다 나은 방법을 찾기 위한 문제 탐구→문제 자체가 명확하지 않음	현재의 문제점이나 미래의 문제로 예견될 것에 대한 문제 탐구→문제 자체가 명확함
해결방법	창의력에 의한 많은 아이디어의 작성을 통해 해결	분석, 논리, 귀납과 같은 논리적 방법을 통해 해결
해답 수	해답의 수가 많으며, 많은 답 가운데 보다 나은 것을 선택	답의 수가 적으며 한정되어 있음
주요특징	주관적, 직관적, 감각적, 정성적, 개별적, 특수성	객관적, 논리적, 정량적, 이성적, 일반적, 공통성

(2) 업무수행과정에서 발생하는 문제 유형

① 발생형 문제(보이는 문제) … 현재 직면하여 해결하기 위해 고민하는 문제이다. 원인이 내재되어 있기 때문에 원인지향적인 문제라고도 한다.
　　㉠ 일탈문제 : 어떤 기준을 일탈함으로써 생기는 문제
　　㉡ 미달문제 : 어떤 기준에 미달하여 생기는 문제

② 탐색형 문제(찾는 문제) … 현재의 상황을 개선하거나 효율을 높이기 위한 문제이다. 방치할 경우 큰 손실이 따르거나 해결할 수 없는 문제로 나타나게 된다.
　　㉠ 잠재문제 : 문제가 잠재되어 있어 인식하지 못하다가 확대되어 해결이 어려운 문제
　　㉡ 예측문제 : 현재로는 문제가 없으나 현 상태의 진행 상황을 예측하여 찾아야 앞으로 일어날 수 있는 문제가 보이는 문제
　　㉢ 발견문제 : 현재로서는 담당 업무에 문제가 없으나 선진기업의 업무 방법 등 보다 좋은 제도나 기법을 발견하여 개선시킬 수 있는 문제

③ 설정형 문제(미래 문제) … 장래의 경영전략을 생각하는 것으로 앞으로 어떻게 할 것인가 하는 문제이다. 문제해결에 창조적인 노력이 요구되어 창조적 문제라고도 한다.

예제 1

D회사 신입사원으로 입사한 귀하는 신입사원 교육에서 업무수행과정에서 발생하는 문제 유형 중 설정형 문제를 하나씩 찾아오라는 지시를 받았다. 이에 대해 귀하는 교육받은 내용을 다시 복습하려고 한다. 설정형 문제에 해당하는 것은?

① 현재 직면하여 해결하기 위해 고민하는 문제
② 현재의 상황을 개선하거나 효율을 높이기 위한 문제
③ 앞으로 어떻게 할 것인가 하는 문제
④ 원인이 내재되어 있는 원인지향적인 문제

[출제의도]
업무수행 중 문제가 발생하였을 때 문제 유형을 구분하는 능력을 측정하는 문항이다.
[해설]
업무수행과정에서 발생하는 문제 유형으로는 발생형 문제, 탐색형 문제, 설정형 문제가 있으며 ①④는 발생형 문제이며 ②는 탐색형 문제, ③이 설정형 문제이다.

답 ③

---

(3) 문제해결

① 정의 … 목표와 현상을 분석하고 이 결과를 토대로 과제를 도출하여 최적의 해결책을 찾아 실행·평가해 가는 활동이다.

② 문제해결에 필요한 기본적 사고
   ㉠ 전략적 사고 : 문제와 해결방안이 상위 시스템과 어떻게 연결되어 있는지를 생각한다.
   ㉡ 분석적 사고 : 전체를 각각의 요소로 나누어 그 의미를 도출하고 우선순위를 부여하여 구체적인 문제해결방법을 실행한다.
   ㉢ 발상의 전환 : 인식의 틀을 전환하여 새로운 관점으로 바라보는 사고를 지향한다.
   ㉣ 내·외부자원의 활용 : 기술, 재료, 사람 등 필요한 자원을 효과적으로 활용한다.

③ 문제해결의 장애요소
   ㉠ 문제를 철저하게 분석하지 않는 경우
   ㉡ 고정관념에 얽매이는 경우
   ㉢ 쉽게 떠오르는 단순한 정보에 의지하는 경우
   ㉣ 너무 많은 자료를 수집하려고 노력하는 경우

④ 문제해결방법

    ⊙ **소프트 어프로치** : 문제해결을 위해서 직접적인 표현보다는 무언가를 시사하거나 암시를 통하여 의사를 전달하여 문제해결을 도모하고자 한다.

    ⓒ **하드 어프로치** : 상이한 문화적 토양을 가지고 있는 구성원을 가정하고, 서로의 생각을 직설적으로 주장하고 논쟁이나 협상을 통해 서로의 의견을 조정해 가는 방법이다.

    ⓒ **퍼실리테이션(facilitation)** : 촉진을 의미하며 어떤 그룹이나 집단이 의사결정을 잘 하도록 도와주는 일을 의미한다.

2 문제해결능력을 구성하는 하위능력

(1) 사고력

① 창의적 사고 ··· 개인이 가지고 있는 경험과 지식을 통해 새로운 가치 있는 아이디어를 산출하는 사고능력이다.

    ⊙ 창의적 사고의 특징

      • 정보와 정보의 조합

      • 사회나 개인에게 새로운 가치 창출

      • 창조적인 가능성

| 예제 2

M사 홍보팀에서 근무하고 있는 귀하는 입사 5년차로 창의적인 기획안을 제출하기로 유명하다. S부장은 이번 신입사원 교육 때 귀하에게 창의적인 사고란 무엇인지 교육을 맡아달라고 부탁하였다. 창의적인 사고에 대한 귀하의 설명으로 옳지 않은 것은?

① 창의적인 사고는 새롭고 유용한 아이디어를 생산해 내는 정신적인 과정이다.

② 창의적인 사고는 특별한 사람들만이 할 수 있는 대단한 능력이다.

③ 창의적인 사고는 기존의 정보들을 특정한 요구조건에 맞거나 유용하도록 새롭게 조합시킨 것이다.

④ 창의적인 사고는 통상적인 것이 아니라 기발하거나, 신기하며 독창적인 것이다.

[출제의도]
창의적 사고에 대한 개념을 정확히 파악하고 있는지를 묻는 문항이다.
[해설]
흔히 사람들은 창의적인 사고에 대해 특별한 사람들만이 할 수 있는 대단한 능력이라고 생각하지만 그리 대단한 능력이 아니며 이미 알고 있는 경험과 지식을 해체하여 다시 새로운 정보로 결합하여 가치 있는 아이디어를 산출하는 사고라고 할 수 있다.

답 ②

ⓒ 발산적 사고 : 창의적 사고를 위해 필요한 것으로 자유연상법, 강제연상법, 비교발상법 등을 통해 개발할 수 있다.

구분	내용
자유연상법	생각나는 대로 자유롭게 발상 ex) 브레인스토밍
강제연상법	각종 힌트에 강제적으로 연결 지어 발상 ex) 체크리스트
비교발상법	주제의 본질과 닮은 것을 힌트로 발상 ex) NM법, Synectics

Point 》 브레인스토밍
ㄱ 진행방법
- 주제를 구체적이고 명확하게 정한다.
- 구성원의 얼굴을 볼 수 있는 좌석 배치와 큰 용지를 준비한다.
- 구성원들의 다양한 의견을 도출할 수 있는 사람을 리더로 선출한다.
- 구성원은 다양한 분야의 사람들로 5~8명 정도로 구성한다.
- 발언은 누구나 자유롭게 할 수 있도록 하며, 모든 발언 내용을 기록한다.
- 아이디어에 대한 평가는 비판해서는 안 된다.
ㄴ 4대 원칙
- 비판엄금(Support) : 평가 단계 이전에 결코 비판이나 판단을 해서는 안 되며 평가는 나중까지 유보한다.
- 자유분방(Silly) : 무엇이든 자유롭게 말하고 이런 바보 같은 소리를 해서는 안 된다는 등의 생각은 하지 않아야 한다.
- 질보다 양(Speed) : 질에는 관계없이 가능한 많은 아이디어들을 생성해내도록 격려한다.
- 결합과 개선(Synergy) : 다른 사람의 아이디어에 자극되어 보다 좋은 생각이 떠오르고, 서로 조합하면 재미있는 아이디어가 될 것 같은 생각이 들면 즉시 조합시킨다.

② 논리적 사고 … 사고의 전개에 있어 전후의 관계가 일치하고 있는가를 살피고 아이디어를 평가하는 사고능력이다.
ㄱ 논리적 사고를 위한 5가지 요소 : 생각하는 습관, 상대 논리의 구조화, 구체적인 생각, 타인에 대한 이해, 설득
ㄴ 논리적 사고 개발 방법
- 피라미드 구조 : 하위의 사실이나 현상부터 사고하여 상위의 주장을 만들어가는 방법
- so what기법 : '그래서 무엇이지?'하고 자문자답하여 주어진 정보로부터 가치 있는 정보를 이끌어 내는 사고 기법

③ 비판적 사고 … 어떤 주제나 주장에 대해서 적극적으로 분석하고 종합하며 평가하는 능동적인 사고이다.
ㄱ 비판적 사고 개발 태도 : 비판적 사고를 개발하기 위해서는 지적 호기심, 객관성, 개방성, 융통성, 지적 회의성, 지적 정직성, 체계성, 지속성, 결단성, 다른 관점에 대한 존중과 같은 태도가 요구된다.

ⓛ 비판적 사고를 위한 태도

- 문제의식 : 비판적인 사고를 위해서 가장 먼저 필요한 것은 바로 문제의식이다. 자신이 지니고 있는 문제와 목적을 확실하고 정확하게 파악하는 것이 비판적인 사고의 시작이다.
- 고정관념 타파 : 지각의 폭을 넓히는 일은 정보에 대한 개방성을 가지고 편견을 갖지 않는 것으로 고정관념을 타파하는 일이 중요하다.

(2) 문제처리능력과 문제해결절차

① 문제처리능력 … 목표와 현상을 분석하고 이를 토대로 문제를 도출하여 최적의 해결책을 찾아 실행 · 평가하는 능력이다.

② 문제해결절차 … 문제 인식 → 문제 도출 → 원인 분석 → 해결안 개발 → 실행 및 평가
  - ㉠ 문제 인식 : 문제해결과정 중 'waht'을 결정하는 단계로 환경 분석 → 주요 과제 도출 → 과제 선정의 절차를 통해 수행된다.
    - 3C 분석 : 환경 분석 방법의 하나로 사업환경을 구성하고 있는 요소인 자사(Company), 경쟁사(Competitor), 고객(Customer)을 분석하는 것이다.

| 예제 3

L사에서 주력 상품으로 밀고 있는 TV의 판매 이익이 감소하고 있는 상황에서 귀하는 B부장으로부터 3C분석을 통해 해결방안을 강구해 오라는 지시를 받았다. 다음 중 3C에 해당하지 않는 것은?

① Customer　　　　　　　② Company
③ Competitor　　　　　　④ Content

[출제의도]
3C의 개념과 구성요소를 정확히 숙지하고 있는지를 측정하는 문항이다.
[해설]
3C 분석에서 사업 환경을 구성하고 있는 요소인 자사(Company), 경쟁사(Competitor), 고객을 3C (Customer)라고 한다. 3C 분석에서 고객 분석에서는 '고객은 자사의 상품 · 서비스에 만족하고 있는지를, 자사 분석에서는 '자사가 세운 달성목표와 현상 간에 차이가 없는지를 경쟁사 분석에서는 '경쟁기업의 우수한 점과 자사의 현상과 차이가 없는지에 대한 질문을 통해서 환경을 분석하게 된다.

답 ④

- SWOT 분석 : 기업내부의 강점과 약점, 외부환경의 기회와 위협요인을 분석 · 평가하여 문제해결 방안을 개발하는 방법이다.

		내부환경요인	
		강점(Strengths)	약점(Weaknesses)
외부환경요인	기회 (Opportunities)	SO 내부강점과 외부기회 요인을 극대화	WO 외부기회를 이용하여 내부약점을 강점으로 전환
	위협 (Threat)	ST 외부위협을 최소화하기 위해 내부강점을 극대화	WT 내부약점과 외부위협을 최소화

- ⓛ 문제 도출 : 선정된 문제를 분석하여 해결해야 할 것이 무엇인지를 명확히 하는 단계로, 문제 구조 파악 → 핵심 문제 선정 단계를 거쳐 수행된다.
  - Logic Tree : 문제의 원인을 파고들거나 해결책을 구체화할 때 제한된 시간 안에서 넓이와 깊이를 추구하는데 도움이 되는 기술로 주요 과제를 나무모양으로 분해 · 정리하는 기술이다.
- ⓒ 원인 분석 : 문제 도출 후 파악된 핵심 문제에 대한 분석을 통해 근본 원인을 찾는 단계로 Issue 분석 → Data 분석 → 원인 파악의 절차로 진행된다.
- ⓔ 해결안 개발 : 원인이 밝혀지면 이를 효과적으로 해결할 수 있는 다양한 해결안을 개발하고 최선의 해결안을 선택하는 것이 필요하다.
- ⓜ 실행 및 평가 : 해결안 개발을 통해 만들어진 실행계획을 실제 상황에 적용하는 활동으로 실행계획 수립 → 실행 → Follow-up의 절차로 진행된다.

예제 4

C사는 최근 국내 매출이 지속적으로 하락하고 있어 사내 분위기가 심상치 않다. 이에 대해 Y부장은 이 문제를 극복하고자 문제처리 팀을 구성하여 해결방안을 모색하도록 지시하였다. 문제처리 팀의 문제해결 절차를 올바른 순서로 나열한 것은?

① 문제 인식 → 원인 분석 → 해결안 개발 → 문제 도출 → 실행 및 평가
② 문제 도출 → 문제 인식 → 해결안 개발 → 원인 분석 → 실행 및 평가
③ 문제 인식 → 원인 분석 → 문제 도출 → 해결안 개발 → 실행 및 평가
④ 문제 인식 → 문제 도출 → 원인 분석 → 해결안 개발 → 실행 및 평가

[출제의도]
실제 업무 상황에서 문제가 일어났을 때 해결 절차를 알고 있는지를 측정하는 문항이다.
[해설]
일반적인 문제해결절차는 '문제 인식 → 문제 도출 → 원인 분석 → 해결안 개발 → 실행 및 평가로 이루어진다.

답 ④

문제해결능력

1 신입사원 A는 상사로부터 아직까지 '올해의 농업인 상'투표에 참여하지 않은 사원들에게 투표 참여 안내 문자를 발송하라는 지시를 받았다. 다음에 제시된 내용을 바탕으로 할 때, A가 문자를 보내야하는 사원은 몇 명인가?

> '올해의 농업인 상' 후보에 총 5명(甲~戊)이 올랐다. 수상자는 120명의 신입사원 투표에 의해 결정되며 투표규칙은 다음과 같다.
> • 투표권자는 한 명당 한 장의 투표용지를 받고, 그 투표용지에 1순위와 2순위 각 한 명의 후보자를 적어야 한다.
> • 투표권자는 1순위와 2순위로 동일한 후보자를 적을 수 없다.
> • 투표용지에 1순위로 적힌 후보자에게는 5점이, 2순위로 적힌 후보자에게는 3점이 부여된다.
> • '올해의 농업인 상'은 개표 완료 후, 총 점수가 가장 높은 후보자가 수상하게 된다.
> • 기권표와 무효표는 없다.
>
> 현재 투표까지 중간집계 점수는 다음과 같다.
>
> | 후보자 | 중간집계 점수 |
> |:---:|:---:|
> | 甲 | 360 |
> | 乙 | 15 |
> | 丙 | 170 |
> | 丁 | 70 |
> | 戊 | 25 |

① 40명   ② 35명

③ 30명   ④ 25명

> **TIP 》** 1명의 투표권자가 후보자에게 줄 수 있는 점수는 1순위 5점, 2순위 3점으로 총 8점이다. 현재 투표까지 중간집계 점수가 640이므로 80명이 투표에 참여하였으며, 아직 투표에 참여하지 않은 사원은 120−80=40명이다. 따라서 신입사원 A는 40명의 사원에게 문자를 보내야 한다.

2 다음은 휴양림 및 시설 요금규정에 관한 내용이다. 현석이네 가족이 지불한 총 요금은 얼마인가?

〈휴양림 입장료(1인당 1일 기준)〉

구분	요금	입장료 면제
어른	1,000원	• 동절기(12월~2월)
청소년(만 13세 이상~19세 미만)	700원	• 다자녀 가정(만 19세 미만의
어린이(만 13세 미만)	300원	자녀가 3인 이상 있는 가족)

〈야영시설 및 숙박시설(시설당 1일 기준)〉

구분		요금		비고
		성수기 (7~8월)	비수기 (7~8월 외)	
야영시설 (10인 이내)	황토테크(개)	12,000원		휴양림 입장료 별도
	캐빈(동)	30,000원		
숙박시설	2인용(실)	35,000원	20,000원	휴양림 입장료 면제
	4인용(실)	70,000원	48,000원	

※ 일행 중 '장애인'이 있거나 '다자녀 가정'인 경우 비수기에 한해 야영시설 및 숙박시설 요금의 50%를 할인한다.

〈조건〉
• 총요금＝(휴양림 입장료)＋(야영시설 또는 숙박시설 요금)
• 휴양림 입장료는 머문 일수만큼, 야영시설 및 숙박시설 요금은 숙박 일수만큼 계산한다(2박 3일의 경우 머문 일수는 3일, 숙박 일수는 2일이다).

〈현석이네 가족 상황〉
현석이(만 30세)는 어머니(만 67세), 아버지(만 68세, 장애인), 동생(만 27세)과 함께 9월 중 휴양림에서 3박 4일간 머물렀다. 현석이네 가족은 캐빈 1동을 이용하였다.

① 61,000원   ② 65,000원
③ 70,000원   ④ 73,000원

TIP 》 ㉠ **휴양림 입장료** : 어른 4명에 4일이므로 4,000×4＝16,000원
㉡ **야영시설** : 30,000×3＝90,000원이나, 비수기에 한해 장애인 50% 할인해주므로 90,000×0.5＝45,000원이다.
따라서 총요금은 16,000＋45,000＝61,000원이다.

3 다음을 근거로 판단할 때, 甲회사와 乙회사의 종합 선호도에 따른 우선순위가 가장 높은 3가지 항목을 순서대로 나열한 것은?

- 甲회사에 근무하는 현수씨는 乙회사와 계약을 체결하기 위해 A~G 항목을 합의하여야 한다.
- 甲회사와 乙회사는 A~G항목에 대해 각각 선호를 가지고 있으며, '선호도'가 높을수록 우선순위가 높다.
- '종합 선호도'는 각 항목별로 다음과 같이 산출한다.

$$종합\ 선호도 = \frac{(갑회사의\ 만족도)+(을회사의\ 만족도)}{(갑회사의\ 투입)+(을회사의\ 투입)}$$

〈A~G항목의 투입과 만족도〉

항목	甲회사		乙회사	
	만족도	투입	만족도	투입
A	60	50	40	40
B	50	50	90	40
C	40	40	30	20
D	90	60	10	10
E	110	50	20	40
F	70	70	100	60
G	300	100	300	100

① G − B − D   ② G − B − E

③ G − D − F   ④ G − D − E

TIP 》

A : $\dfrac{60+40}{50+40} = \dfrac{100}{90} ≒ 1.11$

B : $\dfrac{50+90}{50+40} = \dfrac{140}{90} ≒ 1.56$

C : $\dfrac{40+30}{40+20} = \dfrac{70}{60} ≒ 1.17$

D : $\dfrac{90+10}{60+10} = \dfrac{100}{70} ≒ 1.43$

E : $\dfrac{110+20}{50+40} = \dfrac{130}{90} ≒ 1.44$

F : $\dfrac{70+100}{70+60} = \dfrac{170}{130} ≒ 1.31$

G : $\dfrac{300+300}{100+100} = \dfrac{600}{200} = 3$

4 다음은 경제정책을 집행함에 있어서 필요한 4가지 원칙에 대한 설명이다. 사례의 A와 B는 각각 어느 원칙에 해당하는가?

> 오이켄(W.Eucken)은 독일의 사회적 시장경제질서의 핵심인 경쟁질서를 유지하기 위해서는 다음과 같은 원칙들을 알아야만 한다고 하였으며 이러한 경쟁질서 원칙들은 독일 경제정책의 기본원칙으로 간주되었다.
> • 구성적 원칙 : ① 완전경쟁의 가격체계의 기본원칙, ② 통화정책 우위의 원칙, ③ 시장개방의 원칙, ④ 사유재산의 원칙, ⑤ 계약자유의 원칙, ⑥ 책임의 원칙, ⑦ 경제정책의 일관성의 원칙이다.
> • 규제적 원칙 : 구성적 원칙이 지켜진다 하더라도 독과점의 형성 등 경쟁질서를 저해하는 요인이 발생할 경우, 경쟁질서를 지속적으로 유지하기 위해서는 시장에 대한 규제적 원칙이 필요하다. 규제적 원칙에는 ① 정부의 독점규제의 원칙, ② 공정한 소득 재분배의 원칙, ③ 외부효과의 수정의 원칙, ④ 시장에서의 비정상적 공급에 대한 수정의 원칙 등이 있다.
> • 보충의 원칙 : ① 불필요한 정부 간섭 배제의 원칙, ② 경쟁질서, 법의 제정, 법의 판결과 행정과의 상호 통합의 원칙, ③ 극심한 경기변동에 대한 경기대책의 원칙, 그리고 ④ 자립을 위한 지원 원칙 등이 있다.
> • 국가정책의 원칙 : 이익 집단의 권력을 제한하는 원칙이 있다.

> 〈사례〉
> A : 김씨가 운영하고 있는 공장에서 하천을 오염시키는 물질이 배출되고 있다며 그 마을 사람들은 김씨의 재산권 행사에 제한이 필요하다고 주장하고 있다.
> B : 다른 마을에 거주하는 이씨는 김씨와 마을 사람들의 이해관계를 조정하기 위해 국가 개입이 최소화 되어야 한다고 주장한다.

① A : 구성적 원칙, B : 규제적 원칙
② A : 규제적 원칙, B : 보충의 원칙
③ A : 국가정책의 원칙, B : 구성적 원칙
④ A : 보충의 원칙, B : 규제적 원칙

> **TIP »** A : 경쟁질서를 저해하는 요인인 오염물질이 배출되고 있기 때문에 시장에 대한 규제적 원칙이 필요하다.
> B : 국가개입이 최소화 되어야 한다고 했으므로 이는 불필요한 정부 간섭을 배제하는 보충의 원칙에 해당한다.

ANSWER 〉 3.② 4.②

5 다음은 건물주 甲이 판단한 입주 희망 상점에 대한 정보이다. 다음에 근거하여 건물주 甲이 입주시킬 두 상점을 고르면?

<표> 입주 희망 상점 정보

상점	월세(만 원)	폐업위험도	월세 납부일 미준수비율
중국집	90	중	0.3
한식집	100	상	0.2
분식집	80	중	0.15
편의점	70	하	0.2
영어학원	80	하	0.3
태권도학원	90	상	0.1

※ 음식점 : 중국집, 한식집, 분식집
※ 학원 : 영어학원, 태권도학원

〈정보〉

• 건물주 甲은 자신의 효용을 극대화하는 상점을 입주시킨다.
• 甲의 효용 : 월세(만 원)×입주 기간(개월)−월세 납부일 미준수비율×입주 기간(개월)×100 (만 원)
• 입주 기간 : 폐업위험도가 '상'인 경우 입주 기간은 12개월, '중'인 경우 15개월, '하'인 경우 18개월
• 음식점 2개를 입주시킬 경우 20만 원의 효용이 추가로 발생한다.
• 학원 2개를 입주시킬 경우 30만 원의 효용이 추가로 발생한다.

① 중국집, 한식집
② 한식집, 분식집
③ 분식집, 태권도학원
④ 영어학원, 태권도학원

TIP》 중국집 : $90 \times 15 - 0.3 \times 15 \times 100 = 900$
한식집 : $100 \times 12 - 0.2 \times 12 \times 100 = 960$
분식집 : $80 \times 15 - 0.15 \times 15 \times 100 = 975$
편의점 : $70 \times 18 - 0.2 \times 18 \times 100 = 900$
영어학원 : $80 \times 18 - 0.3 \times 18 \times 100 = 900$
태권도학원 : $90 \times 12 - 0.1 \times 12 \times 100 = 960$
분식집의 효용이 가장 높고, 한식집과 태권도학원이 960으로 같다. 음식점 2개를 입주시킬 경우 20만 원의 효용이 추가로 발생하므로 분식집과 한식집을 입주시킨다.

6 다음은 난폭운전에 대한 문제점과 그 해결책이다. 각 문제점에 대한 해결책을 가장 적절히 연결한 것을 고르면?

〈문제점〉
⊙ 난폭운전의 개념자체가 모호한 상태이고 난폭운전에 대한 실질적인 단속과 처벌이 미흡하다. 난폭운전에 대한 명확한 개념정의가 없는 상태에서 포괄적인 규정인 안전운전 의무규정으로 단속을 하기 때문에 단속대상을 명확하게 인지할 수 없는 상황이다.
ⓒ 난폭운전은 습관이나 정서불안 등 개인이 통제하기 어려운 요인에 의해 발생하게 되는데 고의적인 난폭운전자들에 대한 심리치료와 재발방지교육 프로그램이 미비하다.

〈해결책〉
A : 난폭운전의 적발가능성을 높여 실질적인 단속이 가능하도록 정책적 보완이 필요하다. 난폭운전이 빈번하게 발생하는 혼잡도로에 CCTV를 설치하여 집중단속을 실시하고 온라인으로 난폭운전을 신고할 수 있는 제도를 시행한다.
B : 난폭운전자들의 일반적인 습관이나 정서적인 요인 등을 분석하여 그들에게 맞는 교육프로그램을 개발하고 이를 의무적으로 수강하게 하는 방안을 마련할 뿐 아니라 난폭운전 예방캠페인 등 다양한 매체를 활용한다.
C : 선진국의 입법례와 난폭운전의 여러 가지 양태들을 고려하여 난폭운전의 구체적 요건을 설정하여 난폭운전에 대한 명확한 정의를 내리고 난폭운전에 대한 직접적인 처벌규정을 마련한다.

① ⊙-A, ⓒ-B
② ⊙-A, ⓒ-C
③ ⊙-C, ⓒ-B
④ ⊙-C, ⓒ-A

　　TIP 》 ⊙ : 난폭운전의 모호한 개념자체를 지적하고 있으므로 난폭운전의 구체적 요건을 설정한다는 C가 대안이다.
　　　　　ⓒ : 난폭운전자들에 대한 심리치료나 교육 프로그램의 미비를 지적하고 있으므로 교육 프로그램을 개발한다는 B가 대안이다.

7 가연, 나미, 다희, 라영이가 5개의 강의 중 일부를 수강하려고 한다. 〈조건〉에 따를 때 옳은 진술은?

〈조건〉
- 강의는 심리학, 교육학, 행정학, 경제학, 경영학 총 5개이다.
- 라영이는 2개 강의를 수강하며, 나머지 학생들은 3개 강의를 수강한다.
- 개설된 모든 강의는 적어도 1명 이상의 학생이 수강한다.
- 행정학은 다희를 제외한 모든 학생이 수강한다.
- 다희와 라영이가 동시에 수강하는 강의는 한 개이며, 다희와 나미가 동시에 수강하는 강의도 한 개다.
- 가연이는 심리학과 경제학을 수강하지 않는다.
- 나미는 교육학과 경제학을 수강하지 않는다.
- 라영이는 심리학을 수강한다.

① 경제학은 한 명만 수강한다.
② 심리학은 모든 학생이 수강한다.
③ 교육학과 행정학을 수강하는 학생 수는 같다.
④ 나미와 라영이가 동시에 수강하는 강의는 없다.

TIP》

	가연	나미	다희	라영
심리학	×	O	O	O
교육학	O	×	O	×
행정학	O	O	×	O
경제학	×	×	O	×
경영학	O	O	×	×

8 다음은 무농약농산물과 저농약농산물 인증기준에 대한 자료이다. 자신이 신청한 인증을 받을 수 있는 사람을 모두 고르면?

> 무농약농산물과 저농약농산물의 재배방법은 각각 다음과 같다.
> 1) 무농약농산물의 경우 농약을 사용하지 않고, 화학비료는 권장량의 2분의 1 이하로 사용하여 재배한다.
> 2) 저농약농산물의 경우 화학비료는 권장량의 2분의 1 이하로 사용하고, 농약은 살포시기를 지켜 살포 최대횟수의 2분의 1 이하로 사용하여 재배한다.
>
> 〈농산물별 관련 기준〉
>
> | 종류 | 재배기간 내 화학비료 권장량(kg/ha) | 재배기간 내 농약살포 최대횟수 | 농약 살포시기 |
> |---|---|---|---|
> | 사과 | 100 | 4 | 수확 30일 전까지 |
> | 감 | 120 | 4 | 수확 14일 전까지 |
> | 복숭아 | 50 | 5 | 수확 14일 전까지 |

※ 1ha=10,000m², 1t=1,000kg

> 甲 : 5km²의 면적에서 재배기간 동안 농약을 전혀 사용하지 않고 20t의 화학비료를 사용하여 사과를 재배하였으며, 이 사과를 수확하여 무농약농산물 인증신청을 하였다.
> 乙 : 3ha의 면적에서 재배기간 동안 농약을 1회 살포하고 50kg의 화학비료를 사용하여 복숭아를 재배하였다. 하지만 수확시기가 다가오면서 병충해 피해가 나타나자 농약을 추가로 1회 살포하였고, 열흘 뒤 수확하여 저농약농산물 인증신청을 하였다.
> 丙 : 가로와 세로가 각각 100m, 500m인 과수원에서 감을 재배하였다. 재배기간 동안 총 2회(올해 4월 말과 8월 초) 화학비료 100kg씩을 뿌리면서 병충해 방지를 위해 농약도 함께 살포하였다. 추석을 맞아 9월 말에 감을 수확하여 저농약농산물 인증신청을 하였다.

① 甲, 乙
② 甲, 丙
③ 乙, 丙
④ 甲, 乙, 丙

TIP 》 甲 : 5km²는 500ha이므로 사과를 수확하여 무농약농산물 인증신청을 하려면 농약을 사용하지 않고, 화학비료는 50,000kg(=50t)의 2분의 1 이하로 사용하여 재배해야 한다.

　　　乙 : 복숭아의 농약 살포시기는 수확 14일 전까지이다. 저농약농산물 인증신청을 위한 살포시기를 지키지 못 하였으므로 인증을 받을 수 없다.

　　　丙 : 5ha(100m×500m)에서 감을 수확하여 저농약농산물 인증신청을 하려면 화학비료는 600kg의 2분의 1 이하로 사용하고, 농약은 살포시기를 지켜(수확 14일 전까지) 살포 최대횟수인 4회의 2분의 1 이하로 사용하여 재배해야 한다.

ANSWER 》 7.① 8.②

9 다음은 손해배상금 책정과 관련된 규정과 업무 중 사망사건에 대한 자료이다. 빈칸 A, B에 들어갈 값으로 옳은 것은?

> 손해배상책임의 여부 또는 손해배상액을 정할 때에 피해자에게 과실이 있으면 그 과실의 정도를 반드시 참작하여야 하는데 이를 '과실상계(過失相計)'라고 한다. 예컨대 택시의 과속운행으로 승객이 부상당하여 승객에게 치료비 등 총 손해가 100만 원이 발생하였지만, 사실은 승객이 빨리 달리라고 요구하여 사고가 난 것이라고 하자. 이 경우 승객의 과실이 40%이면 손해액에서 40만 원을 빼고 60만 원만 배상액으로 정하는 것이다. 이는 자기 과실로 인한 손해를 타인에게 전가하는 것이 부당하므로 손해의 공평한 부담이라는 취지에서 인정되는 제도이다.
>
> 한편 손해가 발생하였어도 손해배상 청구권자가 손해를 본 것과 같은 원인에 의하여 이익도 보았을 때, 손해에서 그 이익을 공제하는 것을 '손익상계(損益相計)'라고 한다. 예컨대 타인에 의해 자동차가 완전 파손되어 자동차 가격에 대한 손해배상을 청구할 경우, 만약 해당 자동차를 고철로 팔아 이익을 얻었다면 그 이익을 공제하는 것이다. 주의할 것은, 국가배상에 의한 손해배상금에서 유족보상금을 공제하는 것과 같이 손해를 일으킨 원인으로 인해 피해자가 이익을 얻은 경우이어야 손익상계가 인정된다는 점이다. 따라서 손해배상의 책임 원인과 무관한 이익, 예컨대 사망했을 경우 별도로 가입한 보험계약에 의해 받은 생명보험금이나 조문객들의 부의금 등은 공제되지 않는다.
>
> 과실상계를 할 사유와 손익상계를 할 사유가 모두 있으면 과실상계를 먼저 한 후에 손익상계를 하여야 한다.

> 공무원 김 씨는 업무 중 사망하였다. 법원이 인정한 바에 따르면 국가와 김 씨 모두에게 과실이 있고, 손익상계와 과실상계를 하기 전 김 씨의 사망에 의한 손해액은 6억 원이었다. 김 씨의 유일한 상속인인 아내는 김 씨의 사망으로 유족보상금 3억 원과 김 씨가 개인적으로 가입했던 보험계약에 의해 생명보험금 6천만 원을 수령하였다. 그 밖에 다른 사정은 없었다.
>
> 법원은 김 씨의 과실을 (A)%, 국가의 과실을 (B)%로 판단하여 국가가 김 씨의 상속인인 아내에게 배상할 손해배상금을 1억 8천만 원으로 정하였다.

① A : 20, B : 80
② A : 25, B : 75
③ A : 30, B : 70
④ A : 35, B : 65

> **TIP》** 국가와 김 씨 모두에게 과실이 있었으므로 과실상계를 한 후 손익상계를 하여야 하는데, 그 금액이 1억 8천만 원이었으므로, 손익상계(유족보상금 3억 원)를 하기 전 금액은 4억 8천만 원이 된다. 총 손해액이 6억 원이므로 법원은 김 씨의 과실을 20%(1억 2천만 원), 국가의 과실을 80%(4억 8천만 원)으로 판단한 것이다.

10 다음은 A그룹 근처의 〈맛집 정보〉이다. 주어진 평가 기준에 따라 가장 높은 평가를 받은 곳으로 신년회를 예약하라는 지시를 받았다. A그룹의 신년회 장소는?

〈맛집 정보〉

음식점 \ 평가항목	음식종류	이동거리	가격 (1인 기준)	맛 평점 (★ 5개 만점)	방 예약 가능 여부
자금성	중식	150m	7,500원	★★☆	○
샹젤리제	양식	170m	8,000원	★★★	○
경복궁	한식	80m	10,000원	★★★★	○
도쿄타워	일식	350m	9,000원	★★★★☆	×

※ ☆은 ★의 반 개이다.

> 〈평가 기준〉
> • 평가항목 중 이동거리, 가격, 맛 평점에 대하여 각 항목별로 4, 3, 2, 1점을 각각의 음식점에 하나씩 부여한다.
> − 이동거리가 짧은 음식점일수록 높은 점수를 준다.
> − 가격이 낮은 음식점일수록 높은 점수를 준다.
> − 맛 평점이 높은 음식점일수록 높은 점수를 준다.
> • 평가항목 중 음식종류에 대하여 일식 5점, 한식 4점, 양식 3점, 중식 2점을 부여한다.
> • 방 예약이 가능한 경우 가점 1점을 부여한다.
> • 총점은 음식종류, 이동거리, 가격, 맛 평점의 4가지 평가항목에서 부여 받은 점수와 가점을 합산하여 산출한다.

① 자금성
② 샹젤리제
③ 경복궁
④ 도쿄타워

TIP » 평가 기준에 따라 점수를 매기면 다음과 같다.

음식점 \ 평가항목	음식 종류	이동 거리	가격 (1인 기준)	맛 평점 (★ 5개 만점)	방 예약 가능 여부	총점
자금성	2	3	4	1	1	11
샹젤리제	3	2	3	2	1	11
경복궁	4	4	1	3	1	13
도쿄타워	5	1	2	4	−	12

따라서 A그룹의 신년회 장소는 경복궁이다.

11 다음 글과 상황을 근거로 판단할 때, A국 각 지역에 설치될 것으로 예상되는 풍력발전기 모델명을 바르게 짝지은 것은?

풍력발전기는 회전축의 방향에 따라 수평축 풍력발전기와 수직축 풍력발전기로 구분된다. 수평축 풍력발전기는 구조가 간단하고 설치가 용이하며 에너지 변환효율이 우수하다. 하지만 바람의 방향에 영향을 많이 받기 때문에 바람의 방향이 일정한 지역에만 설치가 가능하다. 수직축 풍력발전기는 바람의 방향에 영향을 받지 않아 바람의 방향이 일정하지 않은 지역에도 설치가 가능하며, 이로 인해 사막이나 평원에도 설치가 가능하다. 하지만 부품이 비싸고 수평축 풍력발전기에 비해 에너지 변환효율이 떨어진다는 단점이 있다. B사는 현재 4가지 모델의 풍력발전기를 생산하고 있다. 각 풍력발전기는 정격 풍속이 최대 발전량에 도달하며, 가동이 시작되면 최소 발전량 이상의 전기를 생산한다. 각 발전기의 특성은 아래와 같다.

모델명	U-50	U-57	U-88	U-93
시간당 최대 발전량(kW)	100	100	750	2,000
시간당 최소 발전량(kW)	20	20	150	400
발전기 높이(m)	50	68	80	84.7
회전축 방향	수직	수평	수직	수평

〈상황〉

A국은 B사의 풍력발전기를 X, Y, Z지역에 각 1기씩 설치할 계획이다. X지역은 산악지대로 바람의 방향이 일정하며, 최소 150kW 이상의 시간당 발전량이 필요하다. Y지역은 평원지대로 바람의 방향이 일정하지 않으며, 철새보호를 위해 발전기 높이는 70m 이하가 되어야 한다. Z지역은 사막지대로 바람의 방향이 일정하지 않으며, 주민 편의를 위해 정격 풍속에서 600kW 이상의 시간당 발전량이 필요하다. 복수의 모델이 각 지역의 조건을 충족할 경우, 에너지 변환효율을 높이기 위해 수평축 모델을 설치하기로 한다.

	X지역	Y지역	Z지역		X지역	Y지역	Z지역
①	U-88	U-50	U-88	②	U-88	U-57	U-93
③	U-93	U-50	U-88	④	U-93	U-50	U-93

TIP》 ㉠ X지역 : 바람의 방향이 일정하므로 수직·수평축 모두 사용할 수 있고, 최소 150kW 이상의 시간당 발전량이 필요하므로 U-88과 U-93 중 하나를 설치해야 한다. 에너지 변환효율을 높이기 위해 수평축 모델인 U-93을 설치한다.
㉡ Y지역 : 수직축 모델만 사용 가능하며, 높이가 70m 이하인 U-50만 설치 가능하다.
㉢ Z지역 : 수직축 모델만 사용 가능하며, 정격 풍속이 600kW 이상의 시간당 발전량을 갖는 U-88만 설치 가능하다.

12~13 | 지현씨는 A기업의 기획업무부 신입사원으로 입사했다. 전화를 쓸 일이 많아 선임 기찬씨에게 다음과 같은 부서 연락망을 받았다. 연락망을 보고 물음에 답하시오.

기획팀(대표번호 : 1220)		지원팀(대표번호 : 2220)		영업팀(대표번호 : 3220)	
고길동 팀장	1200	전지효 팀장	2200	한기웅 팀장	3200
최유식 대리	1210	김효미	2222	허수연 대리	3210
이나리	1222	이탄	2221	최한수	3220
이기찬	1221	박효숙	2220		
김지현	1220				

〈전화기 사용법〉

• 당겨받기 : 수화기 들고 #버튼 두 번
• 사내통화 : 내선번호
• 외부통화 : 수화기 들고 9버튼＋외부번호
• 돌려주기 : 플래시 버튼＋내선번호＋연결 확인 후 끊기
• 외부 전화 받았을 때 : "감사합니다. 고객에게 사랑받는 A기업, ○○팀 ○○○입니다. 무엇을 도와드릴까요."
• 내부 전화 받았을 때 : "네, ○○팀 ○○○입니다."

12 부서 연락망을 보던 중 지현씨는 다음과 같은 규칙을 찾았다. 옳지 않은 것은?

① 첫째 자리 번호 : 팀 코드
② 둘째 자리 번호 : 부서 코드
③ 셋째 자리 번호 : 회사 코드
④ 넷째 자리 번호 : 사원 구분 코드

TIP 》 ③ 같은 직급끼리 같은 것으로 보아 셋째 자리 번호는 직급 코드로 볼 수 있다.

ANSWER 〉 11.③ 12.③

13 지현씨는 기찬씨에게 걸려온 외부 전화가 자리를 비운 최유식 대리님에게 걸려온 전화가 울리는 것으로 착각하고 전화를 당겨 받았다. 다음 중 지현씨가 해야 할 것으로 가장 적절한 것은?

① #버튼을 두 번 누른 후 기찬씨의 내선번호를 눌러 연결한다.

② 수화기를 든 채로 기찬씨의 내선번호를 눌러 연결한다.

③ 플래시 버튼을 누른 후 기찬씨의 내선번호를 눌러 연결한다.

④ 9버튼을 누른 후 기찬씨의 내선번호를 눌러 연결한다.

> **TIP 》** ③ 전화를 돌리기 위해서는 플래시 버튼을 누른 후에 내선번호를 눌러야 한다.

14 다음 대화를 보고 추론할 수 없는 내용은?

> 지수 : 역시! 날짜를 바꾸지 않고 오늘 오길 잘한 것 같아. 비가 오기는커녕 구름 한 점 없는 날씨잖아!
>
> 민지 : 맞아. 여전히 뉴스의 일기예보는 믿을 수가 없다니까.
>
> 지수 : 그나저나 이 놀이기구에는 키 제한이 있어. 성희야, 네 아들 성식이는 이제 막 100cm가 넘었지? 그럼 이건 성식이랑 같이 탈 수 없겠네. 민지가 이게 꼭 타고 싶다고 해서 여기로 온 거잖아. 어떡하지?
>
> 성희 : 어쩔 수 없지. 너희가 이 놀이기구를 타는 동안 나랑 성식이는 사파리에 갔다 올게.
>
> 성식 : 신난다!! 사파리에 가면 호랑이도 볼 수 있어??
>
> 성희 : 그래. 호랑이도 있을 거야.
>
> 지수 : 성식이는 좋겠네. 엄마랑 호랑이 보면서 이따가 점심 때 뭘 먹을지도 생각해봐.
>
> 민지 : 그러는 게 좋겠다. 그럼 30분 뒤에 동문 시계탑 앞에서 만나자. 잊으면 안 돼! 동문 시계탑이야. 저번처럼 다른 곳 시계탑으로 착각하면 안 돼. 오늘은 성식이도 있잖아. 헤매면 곤란해.
>
> 성희 : 알겠어. 내가 길치이긴 하지만 동쪽과 서쪽 정도는 구분할 수 있어. 지도도 챙겼으니까 걱정하지 않아도 돼.

① 호랑이를 좋아하는 성식이는 성희의 아들이다.

② 지수와 민지가 타려는 놀이기구는 키가 110cm 이상이 되어야 탈 수 있다.

③ 놀이공원의 서문 쪽에도 시계탑이 있다.

④ 일기예보에서는 오늘 비가 온다고 보도했었고, 이들은 약속날짜를 바꾸려고 했었다.

> **TIP 》** ② 주어진 대화에는 놀이기구에 키 제한이 있고, 성식이의 키는 이제 100cm를 넘었다는 정보는 있지만, 키 제한이 정확히 얼마인지에 대한 정보는 나와 있지 않다.

|15~16| 다음 상황과 자료를 보고 물음에 답하시오.

도서출판 서원각에 근무하는 K씨는 고객으로부터 9급 건축직 공무원 추천도서를 요청받았다. K씨는 도서를 추천하기 위해 다음과 같은 9급 건축직 발행도서의 종류와 특성을 참고하였다.

K씨 : 감사합니다. 도서출판 서원각입니다.
고객 : 9급 공무원 건축직 관련 도서 추천을 좀 받고 싶습니다.
K씨 : 네, 어떤 종류의 도서를 원하십니까?
고객 : 저는 기본적으로 이론은 대학에서 전공을 했습니다. 그래서 많은 예상문제를 풀 수 있는 것이
　　　좋습니다.
K씨 : 아. 문제가 많은 것이라면 딱 잘라서 말씀드리기가 어렵습니다.
고객 : 알아요. 그래도 적당히 가격도 그리 높지 않고 예상문제가 많이 들어 있는 것이면 됩니다.
K씨 : 네. 알겠습니다. 많은 예상문제풀이가 가능한 것 외에는 다른 필요한 사항은 없으십니까?
고객 : 가급적이면 20,000원 이하가 좋을 듯 합니다.

도서명	예상문제 문항 수	기출문제 수	이론 유무	가격
실력평가모의고사	400	120	무	18,000
전공문제집	500	160	유	25,000
문제완성	600	40	무	20,000
합격선언	300	200	유	24,000

15 다음 중 K씨가 고객의 요구에 맞는 도서를 추천해 주기 위해 가장 우선적으로 고려해야 하는 특성은 무엇인가?

① 기출문제 수　　　　　　　　② 이론 유무
③ 가격　　　　　　　　　　　　④ 예상문제 문항 수

　　TIP » 고객은 많은 문제를 풀어보기를 원하므로 우선적으로 예상문제의 수가 많은 것을 찾아야 한다.

16 고객의 요구를 종합적으로 반영하였을 때 많은 문제와 가격을 맞춘 가장 적당한 도서는?

① 실력평가모의고사　　　　　　② 전공문제집
③ 문제완성　　　　　　　　　　④ 합격선언

　　TIP » 고객의 요구인 20,000원 가격선과 예상문제의 수가 많은 도서는 문제완성이 된다.

ANSWER 〉 13.③　14.②　15.④　16.③

17 다음 글은 어린이집 입소기준에 대한 규정이다. 보기에 주어진 영유아들의 입소순위로 높은 것부터 나열한 것은?

〈규정〉

어린이집 입소기준
• 어린이집의 장은 당해시설에 결원이 생겼을 때마다 '명부 작성방법' 및 '입소 우선순위'를 기준으로 작성된 명부의 선 순위자를 우선 입소조치 한다.

명부작성방법
• 동일 입소신청자가 1·2순위 항목에 중복 해당되는 경우, 해당 항목별 점수를 합하여 점수가 높은 순으로 명부를 작성함
• 1순위 항목당 100점, 2순위 항목당 50점 산정
 - 다만, 2순위 항목만 있는 경우 점수합계가 1순위 항목이 있는 자보다 같거나 높더라도 1순위 항목이 있는 자보다 우선순위가 될 수 없으며, 1순위 항목점수가 동일한 경우에 한하여 2순위 항목에 해당될 경우 추가합산 가능함
• 영유가 2자녀 이상 가구가 동일 순위일 경우 다자녀가구 자녀가 우선입소
• 대기자 명부 조정은 매분기 시작 월 1일을 기준으로 함

입소 우선순위
• 1순위
 - 국민기초생활보장법에 따른 수급자
 - 국민기초생활보장법 제24조의 규정에 의한 차상위계층의 자녀
 - 장애인 중 보건복지부령이 정하는 장애 등급 이상에 해당하는 자의 자녀
 - 아동복지시설에서 생활 중인 영유아
 - 다문화가족의 영유아
 - 자녀가 3명 이상인 가구 또는 영유아가 2자녀 가구의 영유아
 - 산업단지 입주기업체 및 지원기관 근로자의 자녀로서 산업 단지에 설치된 어린이집을 이용하는 영유아
• 2순위
 - 한부모 가족의 영유아
 - 조손 가족의 영유아
 - 입양된 영유아

○ 혈족으로는 할머니가 유일하나, 현재는 아동복지시설에서 생활 중인 영유아
○ 아버지를 여의고 어머니가 근무하는 산업단지에 설치된 어린이집을 동생과 함께 이용하는 영유아
○ 동남아에서 건너온 어머니와 가장 높은 장애 등급을 가진 한국인 아버지가 국민기초생활보장법에 의한 차상위 계층에 해당되는 영유아

① ㉠－㉡－㉢   ② ㉡－㉠－㉢

③ ㉢－㉠－㉡   ④ ㉢－㉡－㉠

TIP 》 ㉢ 300점
　　　㉡ 250점
　　　㉠ 150점

18 A, B, C, D, E는 4시에 만나서 영화를 보기로 약속했다. 이들이 도착한 것이 다음과 같다면 옳은 것은?

- A 다음으로 바로 B가 도착했다.
- B는 D보다 늦게 도착했다.
- B보다 늦게 온 사람은 한 명뿐이다.
- D는 가장 먼저 도착하지 못했다.
- 동시에 도착한 사람은 없다.
- E는 C보다 일찍 도착했다.

① D는 두 번째로 약속장소에 도착했다.
② C는 약속시간에 늦었다.
③ A는 가장 먼저 약속장소에 도착했다.
④ E는 제일 먼저 도착하지 못했다.

TIP 》 약속장소에 도착한 순서는 E － D － A － B － C 순이고, 제시된 사실에 따르면 C가 가장 늦게 도착하긴 했지만 약속시간에 늦었는지는 알 수 없다.

19 다음은 주식회사 서원각의 팀별 성과급 지급 기준이다. Y팀의 성과평가 결과가 다음과 같다면 지급되는 성과급의 1년 총액은?

〈성과급 지급 방법〉

(가) 성과급 지급은 성과평가 결과와 연계함
(나) 성과평가는 유용성, 안전성, 서비스 만족도의 총합으로 평가함. 단, 유용성, 안전성, 서비스 만족도의 가중치를 각각 0.4, 0.4, 0.2로 부여함
(다) 성과평가 결과를 활용한 성과급 지급 기준은 다음과 같음

성과평가 점수	성과평가 등급	분기별 성과급 지급액	비고
9.0 이상	A	100만 원	성과평가 등급이 A이면 직전분기 차감액의 50%를 가산하여 지급
8.0 이상 9.0 미만	B	90만 원 (10만 원 차감)	
7.0 이상 8.0 미만	C	80만 원 (20만 원 차감)	
7.0 미만	D	40만 원 (60만 원 차감)	

구분	1/4 분기	2/4 분기	3/4 분기	4/4 분기
유용성	8	8	10	8
안전성	8	6	8	8
서비스 만족도	6	8	10	8

① 350만 원
② 360만 원
③ 370만 원
④ 380만 원

TIP 》 먼저 아래 표를 항목별로 가중치를 부여하여 계산하면 다음과 같다.

구분	1/4 분기	2/4 분기	3/4 분기	4/4 분기
유용성	$8 \times \frac{4}{10} = 3.2$	$8 \times \frac{4}{10} = 3.2$	$10 \times \frac{4}{10} = 4.0$	$8 \times \frac{4}{10} = 3.2$
안전성	$8 \times \frac{4}{10} = 3.2$	$6 \times \frac{4}{10} = 2.4$	$8 \times \frac{4}{10} = 3.2$	$8 \times \frac{4}{10} = 3.2$
서비스 만족도	$6 \times \frac{2}{10} = 1.2$	$8 \times \frac{2}{10} = 1.6$	$10 \times \frac{2}{10} = 2.0$	$8 \times \frac{2}{10} = 1.6$
합계	7.6	7.2	9.2	8
성과평가 등급	C	C	A	B
성과급 지급액	80만 원	80만 원	110만 원	90만 원

성과평가 등급이 A이면 직전분기 차감액의 50%를 가산하여 지급한다고 하였으므로, 3/4분기의 성과급은 직전분기 차감액 20만 원의 50%인 10만 원을 가산하여 지급한다.
∴ 80 + 80 + 110 + 90 = 360(만 원)

20 태연, 서현, 유리, 윤아, 수영이가 달리기 시합을 하였다. 다음 중 알맞은 것은?

> • 유리는 윤아보다 빨리 달렸다.
> • 윤아는 서현보다 늦게 들어왔다.
> • 수영과 유리 사이는 2명이 있다.
> • 수영이는 마지막으로 들어왔다.

> A : 서현은 1등으로 들어왔다.
> B : 태연은 2등으로 들어왔다.

① A는 옳을 수도 있다.

② B만 항상 옳다.

③ A, B 모두 항상 옳다.

④ A, B 모두 그르다.

> **TIP** 》 지문에서 알 수 있는 것은 '( ), 유리, ( ), 윤아, 수영'이며 괄호 속에는 서현과 태연이 둘 다
> 들어갈 수 있다.

21 빅데이터 솔루션 업체에 근무 중인 R씨는 다음의 내용을 살펴보고 [A]에 'ㄱ씨의 취미는 독서이다.'라는 정보를 추가하라는 지시를 받았다. R씨가 작업한 내용으로 가장 적절한 것은?

빅 데이터(Big Data)란 기존의 일반적인 기술로는 관리하기 곤란한 대량의 데이터를 가리키는 것으로, 그 특성은 데이터의 방대한 양과 다양성 및 데이터 발생의 높은 빈도로 요약된다. 이전과 달리 특수 학문 분야가 아닌 일상생활과 밀접한 환경에서도 엄청난 분량의 데이터가 만들어지게 되었고, 소프트웨어 기술의 발달로 이전보다 적은 시간과 비용으로 대량의 데이터 분석이 가능해졌다. 또한 이를 분석하여 유용한 규칙이나 패턴을 발견하고 다양한 예측에 활용하는 사례가 늘어나면서 빅 데이터 처리 기술의 중요성이 부각되고 있다. 이러한 빅 데이터의 처리 및 분류와 관계된 기술에는 NoSQL 데이터베이스 시스템에 의한 데이터 처리 기술이 있다. 이를 이해하기 위해서는 기존의 관계형 데이터베이스 관리 시스템(RDBMS)에 대한 이해가 필요하다. RDBMS에서는 특정 기준이 제시된 데이터 테이블을 구성하고 이 기준을 속성으로 갖는 정형적 데이터를 다룬다. 고정성이 중요한 시스템이므로 상호 합의된 데이터 테이블의 기준을 자의적으로 추가, 삭제하거나 변용하는 것이 쉽지 않다. 또한 데이터 간의 일관성과 정합성*이 유지될 것을 요구하므로 데이터의 변동 사항은 즉각적으로 반영되어야 한다. 〈그림 1〉은 RDBMS를 기반으로 은행들 간의 상호 연동되는 데이터를 정리하기 위해 사용하는 데이터 테이블의 가상 사례이다.

한예금 씨의 A 은행 거래내역

	거래일자	입금액	출금액	잔액	거래내용	기록사항	거래점
㉠							
㉡	2013.10.08.	30,000		61,217	이체	저축	B 은행
㉢	2013.10.09.		55,000	6,217	자동납부	전화료	A 은행
㉣							

〈그림 1〉 RDBMS에 의해 구성된 데이터 테이블의 예

NoSQL 데이터베이스 시스템은 특정 기준을 적용하기 어려운 비정형적 데이터를 효율적으로 처리할 수 있도록 설계되었다. 이 시스템에서는 선형으로 데이터의 특성을 나열하여 정리하는 방식을 통해 데이터의 속성을 모두 반영하여 처리한다. 〈그림 2〉는 NoSQL 데이터베이스 시스템으로 자료를 다루는 방식을 나타낸 것이다.

ㄱ씨, 34세, 간호사, 남	27세, 여, ㄴ씨, 서울 거주	ㄷ씨, 남, SNS 사용	…

↳

[A]	행 = 1, 이름 = ㄱ씨, 나이 = 34세, 직업 = 간호사, 성별 = 남
	행 = 2, 나이 = 27세, 성별 = 여, 이름 = ㄴ씨, 거주지 = 서울
	행 = 3, 이름 = ㄷ씨, 성별 = 남, SNS = 사용

〈그림 2〉 NoSQL 데이터베이스 시스템에 의한 데이터 처리의 예

〈그림 2〉에서는 '이름=', '나이=', '직업='과 같이 데이터의 속성을 표시하는 기준을 같은 행 안에 포함시킴으로써 데이터의 다양한 속성을 빠짐없이 기록하고, 처리된 데이터를 쉽게 활용할 수 있도록 하고 있다. 또한 이 시스템은 데이터와 관련된 정보의 변용이 상대적으로 자유로우며, 이러한 변화가 즉각적으로 반영되지 않는다는 특성을 지닌다.

① 1행의 '성별 = 남' 다음에 '취미 = 독서'를 기록한다.

② 1행과 2행 사이에 행을 삽입하여 '취미 = 독서'를 기록한다.

③ 3행 다음에 행을 추가하여 '행 = 4, 이름 = ㄱ씨, 취미 = 독서'를 기록한다.

④ 기준에 맞는 데이터 테이블을 구성하여 해당란에 '독서'를 기록한다.

> **TIP 》** NoSQL 데이터베이스 시스템에서는 데이터의 속성을 표시하는 기준을 '기준='과 같이 표시하고 그에 해당하는 정보를 함께 기록하며, 해당 행에 자유롭게 그 정보를 추가할 수 있다. 따라서 'ㄱ씨의 취미는 독서이다'와 같은 정보는 '취미=독서'의 형태로 'ㄱ씨와 관련된 정보를 다룬 행의 마지막 부분에 추가할 수 있다.

22 다음 제시문을 읽고 바르게 추론한 것을 〈보기〉에서 모두 고른 것은?

> A회사에서는 1,500명의 소속직원들이 마실 생수를 구입하기로 하였다. 모든 조건이 동일한 두 개의 생수회사가 최종 경쟁을 하게 되었다. 구입 담당자는 직원들에게 시음하게 하여 직원들이 가장 좋아하는 생수를 선정하고자 하였다. 다음과 같은 절차를 통하여 구입 담당자가 시음회를 주관하였다.
> • 직원들로부터 더 많이 선택 받은 생수회사를 최종적으로 선정한다.
> • 생수 시음회 참여를 원하는 직원을 대상으로 신청자를 접수하고 그 중 남자 15명과 여자 15명을 무작위로 선정하였다.
> • 두 개의 컵을 마련하여 하나는 1로 표기하고 다른 하나는 2로 표기하여 회사이름을 가렸다.
> • 참가직원들은 1번 컵의 생수를 마신 후 2번 컵의 생수를 마시고 둘 중 어느 쪽을 선호하는지 표시하였다.

> 〈보기〉
> ㉠ 참가자들이 특정 번호를 선호할 가능성을 고려하지 못하였다.
> ㉡ 참가자가 무작위로 선정되었으므로 전체 직원에 대한 대표성이 확보되었다.
> ㉢ 참가자의 절반은 2번 컵을 먼저 마시고 1번 컵을 나중에 마시도록 했어야 한다.
> ㉣ 우리나라의 남녀 비율이 50대 50이므로 남자직원과 여자직원을 동수로 뽑은 것은 적절하였다.

① ㉠㉡   ② ㉠㉢

③ ㉡㉢   ④ ㉡㉣

> **TIP 》** ㉡ 참가자는 무작위로 선정한 것이 아니라 시음회의 참여를 원하는 직원을 대상으로 선정하였기 때문에 전체 직원에 대한 대표성이 확보되었다고 보기는 어렵다.
> ㉣ 대표성을 확보하기 위해서는 우리나라의 남녀 비율이 아닌 A회사의 남녀 비율을 고려하여 선정하는 것이 더 적절하다.

ANSWER 》 21.① 22.②

다음 조건을 읽고 옳은 설명을 고르시오.

23

> • 난초를 좋아하는 사람은 온후하다.
> • 소나무를 좋아하는 사람은 너그럽지 않다.
> • 온후한 사람은 너그러운 사람과 친하다.

> A : 온후하지 않은 사람은 소나무를 좋아하지 않는다.
> B : 난초를 좋아하는 사람은 너그러운 사람과 친하다.

① A만 옳다.
② B만 옳다.
③ A와 B 모두 옳다.
④ A와 B 모두 그르다.

> **TIP 》** 첫 번째 조건과 세 번째 조건을 통해 '난초를 좋아하는 사람→온후한 사람→너그러운 사람과 친함'의 관계를 추리할 수 있다.

24

> • 모든 학생은 영웅이다.
> • 모든 영웅은 책상이다.
> • 모든 컴퓨터는 책상이다.
> • 모든 책상은 과학자이다.

> A : 모든 컴퓨터는 과학자이다.
> B : 모든 책상은 영웅이다.

① A만 옳다.
② B만 옳다.
③ A와 B 모두 옳다.
④ A와 B 모두 그르다.

> **TIP 》** '모든 M은 P이다.'라는 진술에서 M은 P에 포함된다는 사실을 알면 쉽게 풀 수 있다. 첫째, 둘째, 넷째 조건에서 '학생→영웅→책상→과학자'의 관계를, 그리고 셋째, 넷째 조건에서 '컴퓨터→책상→과학자'의 관계를 이끌어낼 수 있다. 따라서 A만 옳다.

25 다음 말이 전부 참일 때 항상 참인 것은?

> • 날씨가 시원하면 기분이 좋다.
> • 배고프면 라면이 먹고 싶다.
> • 기분이 좋으면 마음이 차분하다.
> • '마음이 차분하면 배고프다'는 명제는 참이다.

① 배고프면 마음이 차분하다.
② 날씨가 시원하면 라면이 먹고 싶다.
③ 날씨가 시원하지 않으면 기분이 나쁘다.
④ 배고프면 짬뽕이 먹고 싶다.

> **TIP** 》 날씨가 시원함→기분이 좋음→마음이 차분함→배고픔→라면이 먹고 싶음

04 대인관계능력

1 직장생활에서의 대인관계

(1) 대인관계능력

① 의미 … 직장생활에서 협조적인 관계를 유지하고, 조직구성원들에게 도움을 줄 수 있으며, 조직내부 및 외부의 갈등을 원만히 해결하고 고객의 요구를 충족시켜줄 수 있는 능력이다.

② 인간관계를 형성할 때 가장 중요한 것은 자신의 내면이다.

예제 1

인간관계를 형성하는데 있어 가장 중요한 것은?

① 외적 성격 위주의 사고
② 이해득실 위주의 만남
③ 자신의 내면
④ 피상적인 인간관계 기법

[출제의도]
인간관계형성에 있어서 가장 중요한 요소가 무엇인지 묻는 문제다.
[해설]
③ 인간관계를 형성하는데 있어서 가장 중요한 것은 자신의 내면이고 이때 필요한 기술이나 기법 등은 자신의 내면에서 자연스럽게 우러나와야 한다.

답 ③

---

(2) 대인관계 향상 방법

① 감정은행계좌 … 인간관계에서 구축하는 신뢰의 정도

② 감정은행계좌를 적립하기 위한 6가지 주요 예입 수단
  ㉠ 상대방에 대한 이해심
  ㉡ 사소한 일에 대한 관심
  ㉢ 약속의 이행
  ㉣ 기대의 명확화
  ㉤ 언행일치
  ㉥ 진지한 사과

(1) 팀워크능력

① 팀워크의 의미

ㄱ 팀워크와 응집력

- 팀워크 : 팀 구성원이 공동의 목적을 달성하기 위해 상호 관계성을 가지고 협력하여 일을 해 나가는 것
- 응집력 : 사람들로 하여금 집단에 머물도록 만들고 그 집단의 멤버로서 계속 남아있기를 원하게 만드는 힘

예제 2

A회사에서는 격주로 사원 소식지 '우리가족'을 발행하고 있다. 이번 호의 특집 테마는 팀워크에 대한 것으로, 좋은 사례를 모으고 있다. 다음 중 팀워크의 사례로 가장 적절하지 않은 것은 무엇인가?

① 팀원들의 개성과 장점을 살려 사내 직원 연극대회에서 대상을 받을 수 있었던 사례
② 팀장의 갑작스러운 부재 상황에서 팀원들이 서로 역할을 분담하고 소통을 긴밀하게 하면서 팀의 당초 목표를 원만하게 달성할 수 있었던 사례
③ 자재 조달의 차질로 인해 납기 준수가 어려웠던 상황을 팀원들이 똘똘 뭉쳐 헌신적으로 일한 결과 주문 받은 물품을 성공적으로 납품할 수 있었던 사례
④ 팀의 분위기가 편안하고 인간적이어서 주기적인 직무순환 시기가 도래해도 다른 부서로 가고 싶어 하지 않는 사례

[출제의도]
팀워크와 응집력에 대한 문제로 각 용어에 대한 정의를 알고 이를 실제 사례를 통해 구분할 수 있어야 한다.
[해설]
④ 응집력에 대한 사례에 해당한다.

답 ④

ㄴ 팀워크의 유형

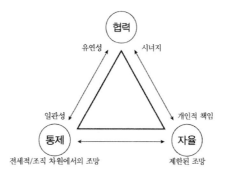

② 효과적인 팀의 특성

ㄱ 팀의 사명과 목표를 명확하게 기술한다.
ㄴ 창조적으로 운영된다.

ⓒ 결과에 초점을 맞춘다.

ⓔ 역할과 책임을 명료화시킨다.

ⓜ 조직화가 잘 되어 있다.

ⓗ 개인의 강점을 활용한다.

ⓢ 리더십 역량을 공유하며 구성원 상호간에 지원을 아끼지 않는다.

ⓞ 팀 풍토를 발전시킨다.

ⓩ 의견의 불일치를 건설적으로 해결한다.

ⓒ 개방적으로 의사소통한다.

ⓚ 객관적인 결정을 내린다.

ⓣ 팀 자체의 효과성을 평가한다.

③ 멤버십의 의미

ⓐ 멤버십은 조직의 구성원으로서의 자격과 지위를 갖는 것으로 훌륭한 멤버십은 팔로워십 (followership)의 역할을 충실하게 수행하는 것이다.

ⓑ 멤버십 유형 : 독립적 사고와 적극적 실천에 따른 구분

구분	소외형	순응형	실무형	수동형	주도형
자아상	• 자립적인 사람 • 일부러 반대의견 제시 • 조직의 양심	• 기쁜 마음으로 과업 수행 • 팀플레이를 함 • 리더나 조직을 믿고 헌신함	• 조직의 운영방침에 민감 • 사건을 균형 잡힌 시각으로 봄 • 규정과 규칙에 따라 행동함	• 판단, 사고를 리더에 의존 • 지시가 있어야 행동	• 스스로 생각하고 건설적 비판을 하며 자기 나름의 개성이 있고 혁신적·창조적 • 솔선수범하고 주인의식을 가지며 적극적으로 참여하고 자발적, 기대 이상의 성과를 내려고 노력
동료/리더의 시각	• 냉소적 • 부정적 • 고집이 셈	• 아이디어가 없음 • 인기 없는 일은 하지 않음 • 조직을 위해 자신과 가족의 요구를 양보함	• 개인의 이익을 극대화하기 위한 흥정에 능함 • 적당한 열의와 평범한 수완으로 업무 수행	• 하는 일이 없음 • 제 몫을 하지 못 함 • 업무 수행에는 감독이 반드시 필요	
조직에 대한 자신의 느낌	• 자신을 인정 안 해줌 • 적절한 보상이 없음 • 불공정하고 문제가 있음	• 기존 질서를 따르는 것이 중요 • 리더의 의견을 거스르는 것은 어려운 일임 • 획일적인 태도 행동에 익숙함	• 규정준수를 강조 • 명령과 계획의 빈번한 변경 • 리더와 부하간의 비인간적 풍토	• 조직이 나의 아이디어를 원치 않음 • 노력과 공헌을 해도 아무 소용이 없음 • 리더는 항상 자기 마음대로 함	

④ 팀워크 촉진 방법

　㉠ 동료 피드백 장려하기

　㉡ 갈등 해결하기

　㉢ 창의력 조성을 위해 협력하기

　㉣ 참여적으로 의사결정하기

(2) 리더십능력

① 리더십의 의미 … 리더십이란 조직의 공통된 목적을 달성하기 위하여 개인이 조직원들에게 영향을 미치는 과정이다.

　㉠ 리더십 발휘 구도 : 산업 사회에서는 상사가 하급자에게 리더십을 발휘하는 수직적 구조였다면 정보 사회로 오면서 하급자뿐만 아니라 동료나 상사에게까지도 발휘하는 정방위적 구조로 바뀌었다.

　㉡ 리더와 관리자

리더	관리자
• 새로운 상황 창조자	• 상황에 수동적
• 혁신지향적	• 유지지향적 둠.
• 내일에 초점을 둠.	• 오늘에 초점을 둠.
• 사람의 마음에 불을 지핀다.	• 사람을 관리한다.
• 사람을 중시	• 체제나 기구를 중시
• 정신적	• 기계적
• 계산된 리스크를 취한다.	• 리스크를 회피한다.
• '무엇을 할까'를 생각한다.	• '어떻게 할까'를 생각한다.

예제 3

리더에 대한 설명으로 옳지 않은 것은?

① 사람을 중시한다.

② 오늘에 초점을 둔다.

③ 혁신지향적이다.

④ 새로운 상황 창조자이다.

[출제의도]
리더와 관리자에 대한 문제로 각각에 대해 완벽하게 구분할 수 있어야 한다.
[해설]
② 리더는 내일에 초점을 둔다.

답 ②

---

② 리더십 유형

　㉠ 독재자 유형 : 정책의사결정과 대부분의 핵심정보를 그들 스스로에게만 국한하여 소유하고 고수하려는 경향이 있다. 통제 없이 방만한 상태, 가시적인 성과물이 안 보일 때 효과적이다.

    ⓛ **민주주의에 근접한 유형** : 그룹에 정보를 잘 전달하려고 노력하고 전체 그룹의 구성원 모두를 목표방향으로 설정에 참여하게 함으로써 구성원들에게 확신을 심어주려고 노력한다. 혁신적이고 탁월한 부하직원들을 거느리고 있을 때 효과적이다.

    ⓒ **파트너십 유형** : 리더와 집단 구성원 사이의 구분이 희미하고 리더가 조직에서 한 구성원이 되기도 한다. 소규모 조직에서 경험, 재능을 소유한 조직원이 있을 때 효과적으로 활용할 수 있다.

    ⓔ **변혁적 리더십 유형** : 개개인과 팀이 유지해 온 업무수행 상태를 뛰어넘어 전체 조직이나 팀원들에게 변화를 가져오는 원동력이 된다. 조직에 있어 획기적인 변화가 요구될 때 활용할 수 있다.

③ **동기부여 방법**

    ㉠ 긍정적 강화법을 활용한다.

    ㉡ 새로운 도전의 기회를 부여한다.

    ㉢ 창의적인 문제해결법을 찾는다.

    ㉣ 책임감으로 철저히 무장한다.

    ㉤ 몇 가지 코칭을 한다.

    ㉥ 변화를 두려워하지 않는다.

    ㉦ 지속적으로 교육한다.

④ **코칭**

    ㉠ 코칭은 조직의 지속적인 성장과 성공을 만들어내는 리더의 능력으로 직원들의 능력을 신뢰하며 확신하고 있다는 사실에 기초한다.

    ㉡ 코칭의 기본 원칙

      • 관리는 만병통치약이 아니다.

      • 권한을 위임한다.

      • 훌륭한 코치는 뛰어난 경청자이다.

      • 목표를 정하는 것이 가장 중요하다.

⑤ **임파워먼트** … 조직성원들을 신뢰하고 그들의 잠재력을 믿으며 그 잠재력의 개발을 통해 High Performance 조직이 되도록 하는 일련의 행위이다.

    ㉠ 임파워먼트의 이점(High Performance 조직의 이점)

      • 나는 매우 중요한 일을 하고 있으며, 이 일은 다른 사람이 하는 일보다 훨씬 중요한 일이다.

      • 일의 과정과 결과에 나의 영향력이 크게 작용했다.

      • 나는 정말로 도전하고 있고 나는 계속해서 성장하고 있다.

      • 우리 조직에서는 아이디어가 존중되고 있다.

      • 내가 하는 일은 항상 재미가 있다.

      • 우리 조직의 구성원들은 모두 대단한 사람들이며, 다 같이 협력해서 승리하고 있다.

ⓛ 임파워먼트의 충족 기준
- 여건의 조건 : 사람들이 자유롭게 참여하고 기여할 수 있는 여건 조성
- 재능과 에너지의 극대화
- 명확하고 의미 있는 목적에 초점

ⓒ 높은 성과를 내는 임파워먼트 환경의 특징
- 도전적이고 흥미 있는 일
- 학습과 성장의 기회
- 높은 성과와 지속적인 개선을 가져오는 요인들에 대한 통제
- 성과에 대한 지식
- 긍정적인 인간관계
- 개인들이 공헌하며 만족한다는 느낌
- 상부로부터의 지원

ⓔ 임파워먼트의 장애요인
- 개인 차원 : 주어진 일을 해내는 역량의 결여, 동기의 결여, 결의의 부족, 책임감 부족, 의존성
- 대인 차원 : 다른 사람과의 성실성 결여, 약속 불이행, 성과를 제한하는 조직의 규범, 갈등처리 능력 부족, 승패의 태도
- 관리 차원 : 통제적 리더십 스타일, 효과적 리더십 발휘 능력 결여, 경험 부족, 정책 및 기획의 실행 능력 결여, 비전의 효과적 전달능력 결여
- 조직 차원 : 공감대 형성이 없는 구조와 시스템, 제한된 정책과 절차

⑥ 변화관리의 3단계 … 변화 이해 → 변화 인식 → 변화 수용

(3) 갈등관리능력

① 갈등의 의미 및 원인
ⓐ 갈등이란 상호 간의 의견차이 때문에 생기는 것으로 당사가 간에 가치, 규범, 이해, 아이디어, 목표 등이 서로 불일치하여 충돌하는 상태를 의미한다.

ⓑ 갈등을 확인할 수 있는 단서
- 지나치게 감정적으로 논평과 제안을 하는 것
- 타인의 의견발표가 끝나기도 전에 타인의 의견에 대해 공격하는 것
- 핵심을 이해하지 못한데 대해 서로 비난하는 것
- 편을 가르고 타협하기를 거부하는 것
- 개인적인 수준에서 미묘한 방식으로 서로를 공격하는 것

ⓒ 갈등을 증폭시키는 원인 : 적대적 행동, 입장 고수, 감정적 관여 등

② 실제로 존재하는 갈등 파악

　　㉠ 갈등의 두 가지 쟁점

핵심 문제	감정적 문제
• 역할 모호성 • 방법에 대한 불일치 • 목표에 대한 불일치 • 절차에 대한 불일치 • 책임에 대한 불일치 • 가치에 대한 불일치 • 사실에 대한 불일치	• 공존할 수 없는 개인적 스타일 • 통제나 권력 확보를 위한 싸움 • 자존심에 대한 위협 • 질투 • 분노

예제 4

갈등의 두 가지 쟁점 중 감정적 문제에 대한 설명으로 적절하지 않은 것은?

① 공존할 수 없는 개인적 스타일
② 역할 모호성
③ 통제나 권력 확보를 위한 싸움
④ 자존심에 대한 위협

[출제의도]
갈등의 두 가지 쟁점인 핵심문제와 감정적 문제에 대해 묻는 문제로 이 두 가지 쟁점을 구분할 수 있는 능력이 필요하다.
[해설]
② 갈등의 두 가지 쟁점 중 핵심 문제에 대한 설명이다.

답 ②

　　㉡ 갈등의 두 가지 유형

　　• 불필요한 갈등 : 개개인이 저마다 문제를 다르게 인식하거나 정보가 부족한 경우, 편견 때문에 발생한 의견 불일치로 적대적 감정이 생길 때 불필요한 갈등이 일어난다.

　　• 해결할 수 있는 갈등 : 목표와 욕망, 가치, 문제를 바라보는 시각과 이해하는 시각이 다를 경우에 일어날 수 있는 갈등이다.

③ 갈등해결 방법

　　㉠ 다른 사람들의 입장을 이해한다.

　　㉡ 사람들이 당황하는 모습을 자세하게 살핀다.

　　㉢ 어려운 문제는 피하지 말고 맞선다.

　　㉣ 자신의 의견을 명확하게 밝히고 지속적으로 강화한다.

　　㉤ 사람들과 눈을 자주 마주친다.

　　㉥ 마음을 열어놓고 적극적으로 경청한다.

　　㉦ 타협하려 애쓴다.

　　㉧ 어느 한쪽으로 치우치지 않는다.

　　㉨ 논쟁하고 싶은 유혹을 떨쳐낸다.

   ㅊ 존중하는 자세로 사람들을 대한다.

④ 윈-윈(Win-Win) 갈등 관리법 … 갈등과 관련된 모든 사람으로부터 의견을 받아서 문제의 본질적인 해결책을 얻고자 하는 방법이다.

⑤ 갈등을 최소화하기 위한 기본원칙

   ㄱ 먼저 다른 팀원의 말을 경청하고 나서 어떻게 반응할 것인가를 결정한다.

   ㄴ 모든 사람이 거의 대부분의 문제에 대해 나름의 의견을 가지고 있다는 점을 인식한다.

   ㄷ 의견의 차이를 인정한다.

   ㄹ 팀 갈등해결 모델을 사용한다.

   ㅁ 자신이 받기를 원하지 않는 형태로 남에게 작업을 넘겨주지 않는다.

   ㅂ 다른 사람으로부터 그러한 작업을 넘겨받지 않는다.

   ㅅ 조금이라도 의심이 날 때에는 분명하게 말해 줄 것을 요구한다.

   ㅇ 가정하는 것은 위험하다.

   ㅈ 자신의 책임이 어디서부터 어디까지인지를 명확히 하고 다른 팀원의 책임과 어떻게 조화되는지를 명확히 한다.

   ㅊ 자신이 알고 있는 바를 알 필요가 있는 사람들을 새롭게 파악한다.

   ㅋ 다른 팀원과 불일치하는 쟁점이나 사항이 있다면 다른 사람이 아닌 당사자에게 직접 말한다.

(4) 협상능력

① 협상의 의미

   ㄱ **의사소통 차원** : 이해당사자들이 자신들의 욕구를 충족시키기 위해 상대방으로부터 최선의 것을 얻어내려 설득하는 커뮤니케이션 과정

   ㄴ **갈등해결 차원** : 갈등관계에 있는 이해당사자들이 대화를 통해서 갈등을 해결하고자 하는 상호작용과정

   ㄷ **지식과 노력 차원** : 우리가 얻고자 하는 것을 가진 사람의 호의를 쟁취하기 위한 것에 관한 지식이며 노력의 분야

   ㄹ **의사결정 차원** : 선호가 서로 다른 협상 당사자들이 합의에 도달하기 위해 공동으로 의사결정 하는 과정

   ㅁ **교섭 차원** : 둘 이상의 이해당사자들이 여러 대안들 가운데서 이해당사자들 모두가 수용 가능한 대안을 찾기 위한 의사결정과정

② 협상 과정

단계	내용
협상 시작	• 협상 당사자들 사이에 상호 친근감을 쌓음 • 간접적인 방법으로 협상의사를 전달함 • 상대방의 협상의지를 확인함 • 협상진행을 위한 체제를 짬
상호 이해	• 갈등문제의 진행상황과 현재의 상황을 점검함 • 적극적으로 경청하고 자기주장을 제시함 • 협상을 위한 협상대상 안건을 결정함
실질 이해	• 겉으로 주장하는 것과 실제로 원하는 것을 구분하여 실제로 원하는 것을 찾아 냄 • 분할과 통합 기법을 활용하여 이해관계를 분석함
해결 대안	• 협상 안건마다 대안들을 평가함 • 개발한 대안들을 평가함 • 최선의 대안에 대해서 합의하고 선택함 • 대안 이행을 위한 실행계획을 수립함
합의 문서	• 합의문을 작성함 • 합의문상의 합의내용, 용어 등을 재점검함 • 합의문에 서명함

③ 협상전략

　　㉠ 협력전략 : 협상 참여자들이 협동과 통합으로 문제를 해결하고자 하는 협력적 문제해결 전략

　　㉡ 유화전략 : 양보전략으로 상대방이 제시하는 것을 일방적으로 수용하여 협상의 가능성을 높이려는 전략이다. 순응전략, 화해전략, 수용전략이라고도 한다.

　　㉢ 회피전략 : 무행동전략으로 협상으로부터 철수하는 철수전략이다. 협상을 피하거나 잠정적으로 중단한다.

　　㉣ 강압전략 : 경쟁전략으로 자신이 상대방보다 힘에 있어서 우위를 점유하고 있을 때 자신의 이익을 극대화하기 위한 공격적 전략이다.

④ 상대방 설득 방법의 종류

　　㉠ See-Feel-Change 전략 : 시각화를 통해 직접 보고 스스로가 느끼게 하여 변화시켜 설득에 성공하는 전략

　　㉡ 상대방 이해 전략 : 상대방에 대한 이해를 바탕으로 갈등해결을 용이하게 하는 전략

　　㉢ 호혜관계 형성 전략 : 혜택들을 주고받은 호혜관계 형성을 통해 협상을 용이하게 하는 전략

　　㉣ 헌신과 일관성 전략 : 협상 당사자간에 기대하는 바에 일관성 있게 헌신적으로 부응하여 행동함으로서 협상을 용이하게 하는 전략

ⓜ 사회적 입증 전략 : 과학적인 논리보다 동료나 사람들의 행동에 의해서 상대방을 설득하는 전략

ⓗ 연결전략 : 갈등 문제와 갈등관리자를 연결시키는 것이 아니라 갈등을 야기한 사람과 관리자를 연결시킴으로서 협상을 용이하게 하는 전략

ⓢ 권위전략 : 직위나 전문성, 외모 등을 활용하여 협상을 용이하게 하는 전략

ⓞ 희소성 해결 전략 : 인적, 물적 자원 등의 희소성을 해결함으로서 협상과정상의 갈등해결을 용이하게 하는 전략

ⓩ 반항심 극복 전략 : 억압하면 할수록 더욱 반항하게 될 가능성이 높아지므로 이를 피함으로서 협상을 용이하게 하는 전략

(5) 고객서비스능력

① 고객서비스의 의미 … 고객서비스란 다양한 고객의 요구를 파악하고 대응법을 마련하여 고객에게 양질의 서비스를 제공하는 것을 말한다.

② 고객의 불만표현 유형 및 대응방안

불만표현 유형	대응방안
거만형	• 정중하게 대하는 것이 좋다. • 자신의 과시욕이 채워지도록 뽐내게 내버려 둔다. • 의외로 단순한 면이 있으므로 일단 호감을 얻게 되면 득이 될 경우도 있다.
의심형	• 분명한 증거나 근거를 제시하여 스스로 확신을 갖도록 유도한다. • 때로는 책임자로 하여금 응대하는 것도 좋다.
트집형	• 이야기를 경청하고 맞장구를 치며 추켜세우고 설득해 가는 방법이 효과적이다. • '손님의 말씀이 맞습니다.' 하고 고객의 지적이 옳음을 표시한 후 ' 저도 그렇게 생각하고 있습니다만……' 하고 설득한다. • 잠자코 고객의 의견을 경청하고 사과를 하는 응대가 바람직하다.
빨리빨리형	• '글쎄요.', '아마' 하는 식으로 애매한 화법을 사용하지 않는다. • 만사를 시원스럽게 처리하는 모습을 보이면 응대하기 쉽다.

③ 고객 불만처리 프로세스

단계	내용
경청	• 고객의 항의를 경청하고 끝까지 듣는다. • 선입관을 버리고 문제를 파악한다.
감사와 공감표시	• 일부러 시간을 내서 해결의 기회를 준 것에 감사를 표시한다. • 고객의 항의에 공감을 표시한다.
사과	• 고객의 이야기를 듣고 문제점에 대해 인정하고, 잘못된 부분에 대해 사과한다.
해결약속	• 고객이 불만을 느낀 상황에 대해 관심과 공감을 보이며, 문제의 빠른 해결을 약속한다.
정보파악	• 문제해결을 위해 꼭 필요한 질문만 하여 정보를 얻는다. • 최선의 해결방법을 찾기 어려우면 고객에게 어떻게 해주면 만족스러운지를 묻는다.
신속처리	• 잘못된 부분을 신속하게 시정한다.
처리확인과 사과	• 불만처리 후 고객에게 처리 결과에 만족하는지를 물어본다.
피드백	• 고객 불만 사례를 회사 및 전 직원에게 알려 다시는 동일한 문제가 발생하지 않도록 한다.

④ 고객만족 조사

ㄱ 목적 : 고객의 주요 요구를 파악하여 가장 중요한 고객요구를 도출하고 자사가 가지고 있는 자원을 토대로 경영 프로세스의 개선에 활용함으로써 경쟁력을 증대시키는 것이다.

ㄴ 고객만족 조사계획에서 수행되어야 할 것

• 조사 분야 및 대상 결정
• 조사목적 설정 : 전체적 경향의 파악, 고객에 대한 개별대응 및 고객과의 관계유지 파악, 평가목적, 개선목적
• 조사방법 및 횟수
• 조사결과 활용 계획

예제 5

고객중심 기업의 특징으로 옳지 않은 것은?

① 고객이 정보, 제품, 서비스 등에 쉽게 접근할 수 있도록 한다.
② 보다 나은 서비스를 제공할 수 있도록 기업정책을 수립한다.
③ 고객 만족에 중점을 둔다.
④ 기업이 행한 서비스에 대한 평가는 한번으로 끝낸다.

[출제의도]
고객서비스능력에 대한 포괄적인 문제로 실제 고객중심 기업의 입장에서 생각해 보면 쉽게 풀 수 있는 문제다.
[해설]
④ 기업이 행한 서비스에 대한 평가는 수시로 이루어져야 한다.

답 ④

1 다음 중 효과적인 팀의 특성이 아닌 것은?

① 의견의 불일치가 없다.

② 객관적인 결정을 내린다.

③ 개인의 강점을 활용한다.

④ 구성원 상호간에 지원을 아끼지 않는다.

> **TIP 》** 효과적인 팀의 특성
> ㉠ 팀의 사명과 목표를 명확하게 기술한다.
> ㉡ 창조적으로 운영된다.
> ㉢ 결과에 초점을 맞춘다.
> ㉣ 역할과 책임을 명료화시킨다.
> ㉤ 조직화가 잘 되어 있다.

2 다음에서 설명하고 있는 개념의 특징으로 옳지 않은 것은?

> 조직성원들을 신뢰하고 그들의 잠재력을 믿으며 그 잠재력의 개발을 통해 High Performance 조직이 되도록 하는 일련의 행위이다.

① 부정적인 인간관계

② 학습과 성장의 기회

③ 성과에 대한 지식

④ 상부로부터의 지원

> **TIP 》** 높은 성과를 내는 임파워먼트 환경의 특징
> • 도전적이고 흥미 있는 일
> • 학습과 성장의 기회
> • 높은 성과와 지속적인 개선을 가져오는 요인들에 대한 통제
> • 성과에 대한 지식
> • 긍정적인 인간관계
> • 개인들이 공헌하며 만족한다는 느낌
> • 상부로부터의 지원

3 다음 글에 나타난 갈등해결 방법은 무엇인가?

> 첫 학기 강의시간에 서진이와 정신이는 같은 조가 되었고, 발표를 하게 되었다. 정신이는 개념에 대해 빠삭한 친구고 서진이는 남들 앞에 나서서 발표하는 것에 대해 두려움이 없었다. 평가를 맡는 교수님은 발표자에게 더 큰 점수를 주겠다고 미리 말씀하셨기 때문에 둘은 서로 발표를 하겠다고 의견이 틀어졌다. 결국 서로 양보하여 서진이가 발표를 하게 되었고 일주일동안 계속 공부하고 발표 연습을 했다. 그 결과 발표 후 교수님은 서진이의 발표가 만족스러웠는지 칭찬과 격려를 보내주었다. 결국 서진이네 조원들은 전원 A+ 학점을 받게 되었다.

① 타협하려 애쓴다.
② 사람들과 눈을 자주 마주친다.
③ 사람들이 당황하는 모습을 자세하게 살핀다.
④ 자신의 의견을 명확하게 밝히고 지속적으로 강화한다.

> **TIP 》** 갈등해결 방법
> ㉠ 다른 사람들의 입장을 이해한다.
> ㉡ 사람들이 당황하는 모습을 자세하게 살핀다.
> ㉢ 어려운 문제는 피하지 말고 맞선다.
> ㉣ 자신의 의견을 명확하게 밝히고 지속적으로 강화한다.
> ㉤ 사람들과 눈을 자주 마주친다.
> ㉥ 마음을 열어놓고 적극적으로 경청한다.
> ㉦ 타협하려 애쓴다.
> ㉧ 어느 한쪽으로 치우치지 않는다.
> ㉨ 논쟁하고 싶은 유혹을 떨쳐낸다.
> ㉩ 존중하는 자세로 사람들을 대한다.

ANSWER 〉 1.① 2.① 3.①

4 다음에서 설명하는 개념을 강화시키기 위한 방법으로 옳지 않은 것은?

> 어떤 생활체를 활동하도록 자극하여 의도하는 목표로 향하게 하는 것. 사람은 무엇을 하고자 하는 욕구(欲求)가 일어날 때 일하려는 동기, 즉 동인(動因)이 생기며, 그 환경에서의 사물은 유인(誘因)의 성질을 가진다. 이에 따라 행동으로 옮겨 목표를 달성하게 되면 욕구는 충족되고 동인은 사라진다. 이와 같은 욕구-동인-유인의 기능적 관계를 통틀어 동기부여 또는 동기유발이라고 한다. 이러한 동기부여의 개념은 심리학에서 주로 사용하는 것이지만, 조직 구성원들로 하여금 자발적으로 일을 하게 하여 생산성을 높이는 데 유용하므로 조직이론에서 중요시되고 있다.

① 새로운 도전의 기회를 부여한다.
② 창의적인 문제해결법을 찾는다.
③ 변화를 거부한다.
④ 지속적으로 교육한다.

> **TIP** 》 동기부여 방법
> • 긍정적 강화법을 활용한다.
> • 새로운 도전의 기회를 부여한다.
> • 창의적인 문제해결법을 찾는다.
> • 책임감으로 철저히 무장한다.
> • 몇 가지 코칭을 한다.
> • 변화를 두려워하지 않는다.
> • 지속적으로 교육한다.

5 다음 글에서 나타난 갈등을 해결한 방법은?

> 갑과 을은 일 처리 방법으로 자주 얼굴을 붉힌다. 갑은 처음부터 끝까지 계획을 따라 일을 진행하려고 하고, 을은 일이 생기면 즉흥적으로 해결하는 성격이다. 같은 회사 동료인 병은 이 둘에게 서로의 성향 차이를 인정할 줄 알아야 한다고 중재를 했고, 이 둘은 어쩔 수 없이 포기하는 것이 아닌 서로간의 차이가 있다는 점을 비로소 인정하게 되었다.

① 사람들과 눈을 자주 마주친다.

② 다른 사람들의 입장을 이해한다.

③ 사람들이 당황하는 모습을 자세하게 살핀다.

④ 자신의 의견을 명확하게 밝히고 지속적으로 강화한다.

TIP 》 갈등해결 방법
     ⊙ 다른 사람들의 입장을 이해한다.
     ⓒ 사람들이 당황하는 모습을 자세하게 살핀다.
     ⓒ 어려운 문제는 피하지 말고 맞선다.
     ⓔ 자신의 의견을 명확하게 밝히고 지속적으로 강화한다.
     ⓜ 사람들과 눈을 자주 마주친다.
     ⓗ 마음을 열어놓고 적극적으로 경청한다.
     ⓢ 타협하려 애쓴다.
     ⓞ 어느 한쪽으로 치우치지 않는다.
     ⓩ 논쟁하고 싶은 유혹을 떨쳐낸다.
     ⓒ 존중하는 자세로 사람들을 대한다.

ANSWER 〉 4.③ 5.②

6 다음 중 아래 행사에서 만나게 될 주요 외국인 바이어에게 줄 수 있는 선물에 관한 매너로 가장 바르게 설명한 것은?

> △△전자 권대표는 3일 뒤 있을 뉴욕 국제 가전 박람회에서 신제품 출시, 차세대 전략 공개 행사 등을 열어 제품을 알리고 현지 바이어들을 만날 예정이다.

① 인도의 바이어에게 소가죽으로 만든 액자에 꽃그림을 넣어 선물하였다.
② 프랑스의 바이어에게 2009년산 샤또 무통 로칠드 와인을 선물하였다.
③ 브라질의 바이어에게 벽면에 걸어 장식할 수 있는 한국 전통검을 선물하였다.
④ 중국의 바이어에게 붉은 색으로 정성스럽게 포장한 홍삼 제품을 선물하였다.

> **TIP 》** ① 인도는 소를 신성시하므로 소가죽으로 만든 제품을 선물하는 것은 금기시 된다.
> ② 프랑스에서 와인을 선물하는 것은 소주를 선물하는 것과 같다.
> ③ 브라질에서 칼을 선물하는 것은 관계를 끝낸다는 뜻이다.

7 다음 사례에서 민수의 행동 중 잘못된 행동은 무엇인가?

> 민수는 Y기업 판매부서의 부장이다. 그의 부서는 크게 3개의 팀으로 구성되어 있는데 이번에 그의 부서에서 본사의 중요한 프로젝트를 맡게 되었고 그는 세 팀의 팀장들에게 이번 프로젝트를 성공시키면 전원 진급을 시켜주겠다고 약속하였다. 각 팀의 팀장들은 민수의 말을 듣고 한 달 동안 야근을 하면서 마침내 거액의 계약을 따내게 되었다. 이로 인해 각 팀의 팀장들은 회사로부터 약간의 성과급을 받게 되었지만 정작 진급은 애초에 세 팀 중에 한 팀만 가능하다는 사실을 뒤늦게 통보받았다. 각 팀장들은 민수에게 불만을 표시했고 민수는 미안하게 됐다며 성과급 받은 것으로 만족하라는 말만 되풀이하였다.

① 상대방에 대한 이해   ② 기대의 명확화
③ 사소한 일에 대한 관심   ④ 약속의 불이행

> **TIP 》** 민수는 각 팀장들에게 프로젝트 성공 시 전원 진급을 약속하였지만 결국 그 약속을 이행하지 못했으므로 정답은 ④이다.

8 다음 사례에서 오부장이 취할 행동으로 가장 적절한 것은?

> 오부장이 다니는 J의류회사는 전국 각지에 매장을 두고 있는 큰 기업 중 하나이다. 따라서 매장별로 하루에도 수많은 손님들이 방문하며 그 중에는 옷에 대해 불만을 품고 찾아오는 손님들도 간혹 있다. 하지만 고지식하며 상부의 지시를 중시 여기는 오부장은 이러한 사소한 일들도 하나하나 보고하여 상사의 지시를 받으라고 부하직원들에게 강조하고 있다. 그러다 보니 매장 직원들은 사소한 문제 하나라도 스스로 처리하지 못하고 일일이 상부에 보고를 하고 상부의 지시가 떨어지면 그때서야 문제를 해결한다. 이로 인해 자연히 불만고객에 대한 대처가 늦어지고 항의도 잇따르게 되었다. 오늘도 한 매장에서 소매에 단추 하나가 없어 이를 수선해 줄 것을 요청하는 고객의 불만을 상부에 보고해 지시를 기다리다가 결국 고객이 기다리지 못하고 환불요청을 한 사례가 있었다.

① 오부장이 직접 그 고객에게 가서 불만사항을 처리한다.
② 사소한 업무처리는 매장 직원들이 스스로 해결할 수 있도록 어느 정도 권한을 부여한다.
③ 매장 직원들에게 고객의 환불요청에 대한 책임을 물어 징계를 내린다.
④ 앞으로 이러한 실수가 일어나지 않도록 옷을 수선하는 직원들의 교육을 다시 시킨다.

> **TIP** 》 위 사례에서 불만고객에 대한 대처가 늦어지고 그로 인해 항의가 잇따르고 있는 이유는 사소한 일조차 상부에 보고해 그 지시를 기다렸다가 해결하는 업무체계에 있다. 따라서 오부장은 어느 정도의 권한과 책임을 매장 직원들에게 위임하여 그들이 현장에서 바로 문제를 해결할 수 있도록 도와주어야 한다.

ANSWER 》 6.④ 7.④ 8.②

9 다음 사례에서 나오는 마부장의 리더십은 어떤 유형인가?

> ○○그룹의 마부장은 이번에 새로 보직 이동을 하면서 판매부서로 자리를 옮겼다. 그런데 판매부서는 ○○그룹에서도 알아주는 문제가 많은 부서 중에 한 곳으로 모두들 이곳으로 옮기기를 꺼려한다. 그런데 막상 이곳으로 온 마부장은 이곳 판매부서가 비록 직원이 3명밖에 없는 소규모의 부서이지만 세 명 모두가 각자 나름대로의 재능과 경험을 가지고 있고 단지 서로 화합과 협력이 부족하여 성과가 저조하게 나타났음을 깨달았다. 또한 이전 판매부장은 이를 간과한 채 오직 성과내기에 급급하여 직원들을 다그치기만 하자 팀 내 사기마저 떨어지게 된 것이다. 이에 마부장은 부원들의 단합을 위해 매주 등산모임을 만들고 수시로 함께 식사를 하면서 많은 대화를 나눴다. 또한 각자의 능력을 살릴 수 있도록 업무를 분담해 주고 작은 성과라도 그에 맞는 보상을 해 주었다. 이렇게 한 달, 두 달이 지나자 판매부서의 성과는 눈에 띄게 높아졌으며 직원들의 사기 역시 높게 나타났다.

① 카리스마 리더십
② 독재자형 리더십
③ 변혁적 리더십
④ 거래적 리더십

> **TIP 》** ③ 조직구성원들이 신뢰를 가질 수 있는 카리스마와 함께 조직변화의 필요성을 인지하고 그러한 변화를 나타내기 위해 새로운 비전을 제시하는 능력을 갖춘 리더십을 말한다.

10 다음 사례를 보고 리츠칼튼 호텔의 고객서비스의 특징으로 옳은 것은?

> Robert는 미국 출장길에 샌프란시스코의 리츠칼튼 호텔에서 하루를 묵은 적이 있었다. 그는 서양식의 푹신한 베개가 싫어서 프런트에 전화를 걸어 좀 딱딱한 베개를 가져다 달라고 요청하였다. 호텔 측은 곧이어 딱딱한 베개를 구해왔고 덕분에 잘 잘 수 있었다.
> 다음날 현지 업무를 마치고 다음 목적지인 뉴욕으로 가서 우연히 다시 리츠칼튼 호텔에서 묵게 되었는데 아무 생각 없이 방 안에 들어간 그는 깜짝 놀랐다. 침대 위에 전날 밤 사용하였던 것과 같은 딱딱한 베개가 놓여 있는 게 아닌가.
> 어떻게 뉴욕의 호텔이 그것을 알았는지 그저 놀라울 뿐이었다. 그는 호텔 측의 이 감동적인 서비스를 잊지 않고 출장에서 돌아와 주위 사람들에게 침이 마르도록 칭찬했다.
> 어떻게 이런 일이 가능했을까? 리츠칼튼 호텔은 모든 체인점이 항시 공유할 수 있는 고객 데이터베이스를 구축하고 있었고, 데이터베이스에 저장된 정보를 활용해서 그 호텔을 다시 찾는 고객에게 완벽한 서비스를 제공하고 있었던 것이다.

① 불만 고객에 대한 사후 서비스가 철저하다.

② 신규 고객 유치를 위해 이벤트가 다양하다.

③ 고객이 물어보기 전에 고객이 원하는 것을 실행한다.

④ 고객이 원하는 것이 이루어질 때까지 노력한다.

> **TIP** 》 리츠칼튼 호텔은 고객이 무언가를 물어보기 전에 고객이 원하는 것에 먼저 다가가는 것을 서비스 정신으로 삼고 있다. 기존 고객의 데이터베이스를 공유하여 고객이 원하는 서비스를 미리 제공할 수 있는 것이다.

11 다음 사례에 나타난 리더십 유형의 특징으로 옳은 것은?

> 이번에 새로 팀장이 된 대근은 입사 5년차인 비교적 젊은 팀장이다. 그는 자신의 팀에 있는 팀원들은 모두 나름대로의 능력과 경험을 가지고 있으며 자신은 그들 중 하나에 불과하다고 생각한다. 따라서 다른 팀의 팀장들과 같이 일방적으로 팀원들에게 지시를 내리거나 팀원들의 의견을 듣고 그 중에서 마음에 드는 의견을 선택적으로 추리는 등의 행동을 하지 않고 평등한 입장에서 팀원들을 대한다. 또한 그는 그의 팀원들에게 의사결정 및 팀의 방향을 설정하는데 참여할 수 있는 기회를 줌으로써 팀 내 행동에 따른 결과 및 성과에 대해 책임을 공유해 나가고 있다. 이는 모두 팀원들의 능력에 대한 믿음에서 비롯된 것이다.

① 질문을 금지한다.

② 모든 정보는 리더의 것이다.

③ 실수를 용납하지 않는다.

④ 책임을 공유한다.

> **TIP** 》 해당 사례는 파트너십 유형에 대한 사례이다.
> ①②③ 전형적인 독재자 유형의 특징이다.
> ※ 파트너십 유형의 특징
> ㉠ 평등
> ㉡ 집단의 비전
> ㉢ 책임 공유

12 다음 사례에서 박부장이 취할 수 있는 행동으로 적절하지 않은 것은?

> ◆◆기업에 다니는 박부장은 최근 경기침체에 따른 회사의 매출부진과 관련하여 근무환경을 크게 변화시키기로 결정하였다. 하지만 그의 부하들은 물론 상사와 동료들조차도 박부장의 결정에 회의적이었고 부정적인 시각을 내보였다. 그들은 변화에 소극적이었으며 갑작스런 변화는 오히려 회사의 존립자체를 무너뜨릴 수 있다고 판단하였다. 하지만 박부장은 갑작스런 변화가 처음에는 회사를 좀 더 어렵게 할 수는 있으나 장기적으로 본다면 틀림없이 회사에 큰 장점으로 작용할 것이라고 확신하고 있었고 여기에는 전 직원의 협력과 노력이 필요하였다.

① 직원들의 감정을 세심하게 살핀다.
② 변화의 긍정적인 면을 강조한다.
③ 주관적인 자세를 유지한다.
④ 변화에 적응할 시간을 준다.

> TIP 》 변화에 소극적인 직원들을 성공적으로 이끌기 위한 방법
> ㉠ 개방적인 분위기를 조성한다.
> ㉡ 객관적인 자세를 유지한다.
> ㉢ 직원들의 감정을 세심하게 살핀다.
> ㉣ 변화의 긍정적인 면을 강조한다.
> ㉤ 변화에 적응할 시간을 준다.

13 다음 중 팀워크의 사례가 아닌 것은?

① 부하직원의 작은 실수로 실패할 뻔 했던 거래를 같은 팀원들이 조금씩 힘을 보태어 거래를 성사시킨 일
② 도저히 기한 안에 처리될 것 같지 않던 프로젝트를 팀원들이 모두 힘을 합하여 성공적으로 마무리한 일
③ 사무실내의 분위기가 좋고 서로를 배려해서 즐겁게 일하여 부서이동 때 많이 아쉬웠던 일
④ 상을 당한 팀장님의 갑작스런 부재에도 당황하지 않고 각자 업무를 분담하여 운영에 차질이 없었던 일

> TIP 》 ③ 응집력이 좋은 사례이다.
> ※ 팀워크와 응집력
> ㉠ 팀워크 : 팀 구성원이 공동의 목적을 달성하기 위해 상호 관계성을 가지고 협력하여 일을 해나가는 것
> ㉡ 응집력 : 사람들로 하여금 집단에 머물고 싶도록 하고, 그 집단의 멤버로 계속 남아있기를 원하게 만드는 것

14 다음 중 효과적인 팀의 특징으로 옳지 않은 것은?

① 창조적으로 운영된다.

② 결과에 초점을 맞춘다.

③ 의견의 불일치를 건설적으로 해결한다.

④ 개인의 강점보다는 집단의 화합을 중요시한다.

> **TIP** 》 ④ 팀의 리더는 팀원들의 강점과 약점을 잘 파악하고, 팀원 개개인의 능력을 효율적으로 활용해야 한다.

15 다음 중 설문조사법에 의한 고객만족도 조사에 대한 설명으로 옳은 것은?

① 비교적 긴 시간이 소요된다.

② 조사결과를 통계적으로 처리할 수 있다.

③ 조사자의 주관적 해석이 들어갈 수 있다.

④ 심층적인 정보를 경험적으로 얻을 수 있다.

> **TIP** 》 ①③④ 심층면접법의 특징
>
> ※ 설문조사법
> ㉠ 고객만족을 측정할 수 있는 문항으로 구성된 설문을 통해 조사하는 방법이다.
> ㉡ 비교적 빠른 시간 내에 조사를 실시할 수 있다.
> ㉢ 조사결과를 통계적으로 처리할 수 있다.
> ㉣ 응답자들이 쉽게 알아들을 수 있는 말로 문항을 구성해야 한다.

16 인간관계에서 신뢰를 구축하는 방법으로 가장 거리가 먼 것은?

① 상대에 대한 이해와 양보

② 사소한 일에 대한 관심

③ 무조건적인 사과

④ 언행일치

> **TIP 》** 인간관계에서 신뢰를 구축하는 방법(감정은행계좌를 정립하기 위한 예입 수단)
> ㉠ 상대방에 대한 이해와 양보
> ㉡ 사소한 일에 대한 관심
> ㉢ 약속의 이행
> ㉣ 칭찬하고 감사하는 마음
> ㉤ 언행일치
> ㉥ 진지한 사과

17 다음 중 팀워크에 대한 설명으로 옳지 않은 것은?

① 훌륭한 팀워크를 유지하기 위해서는 솔직한 대화로 서로를 이해하는 과정이 필요하다.

② 질투나 시기로 인한 파벌주의는 팀워크를 저해하는 요소이다.

③ 팀워크를 위해서는 공동의 목표의식과 상호 간의 신뢰가 중요하다.

④ 팀워크란 구성원으로 하여금 집단에 머물도록 만들고, 그 집단에 계속 남아 있기를 원하게 만드는 힘이다.

> **TIP 》** ④ 구성원으로 하여금 집단에 머물도록 만들고, 그 집단에 계속 남아 있기를 원하게 만드는 힘은 응집력이다.

18 리더와 관리자의 차이를 비교한 것으로 옳지 않은 것은?

	리더	관리자
①	새로운 상황 창조자	상황에 수동적
②	사람을 중시	체제나 기구를 중시
③	'어떻게 할까'를 생각한다.	'무엇을 할까'를 생각한다.
④	혁신지향적	유지지향적

> **TIP 》** ③ 리더는 '무엇을 할까'를 생각하고 관리자는 '어떻게 할까'를 생각한다.

19 다음에서 설명하고 있는 개념은?

> 조직성원들을 신뢰하고 그들의 잠재력을 믿으며, 그 잠재력의 개발을 통해 고성과 조직이 되도록 하는 일련의 행위

① 코칭　　　　　　　　　　② 임파워먼트
③ 동기부여　　　　　　　　　④ 변화관리

　　TIP 》　제시된 내용은 임파워먼트(권한 위임)에 대한 설명이다.

20 갈등해결방법 모색 시 명심해야 할 사항으로 옳지 않은 것은?

① 다른 사람들의 입장 이해하기　　② 어려운 문제에 맞서기
③ 어느 한쪽으로 치우치지 않기　　④ 적극적으로 논쟁하기

　　TIP 》　④ 갈등해결방법 모색 시에는 논쟁하고 싶은 유혹을 떨쳐내고 타협하려 애써야 한다.

21 다음에서 설명하는 갈등해결방법은?

> 자신에 대한 관심은 낮고 상대방에 대한 관심은 높은 경우로, '나는 지고 너는 이기는 방법'이다. 주로 상대방이 거친 요구를 해오는 경우 전형적으로 나타난다.

① 회피형　　　　　　　　　　② 경쟁형
③ 수용형　　　　　　　　　　④ 타협형

　　TIP 》　갈등해결방법의 유형
　　　　　　ⓐ 회피형 : 자신과 상대방에 대한 관심이 모두 낮은 경우(나도 지고 너도 지는 방법)
　　　　　　ⓑ 경쟁형 : 자신에 대한 관심은 높고 상대방에 대한 관심은 낮은 경우(나는 이기고 너는 지는 방법)
　　　　　　ⓒ 수용형 : 자신에 대한 관심은 낮고 상대방에 대한 관심은 높은 경우(나는 지고 너는 이기는 방법)
　　　　　　ⓓ 타협형 : 자신에 대한 관심과 상대방에 대한 관심이 중간정도인 경우(타협적으로 주고받는 방법)
　　　　　　ⓔ 통합형 : 자신은 물론 상대방에 대한 관심이 모두 높은 경우(나도 이기고 너도 이기는 방법)

ANSWER 〉 16.③ 17.④ 18.③ 19.② 20.④ 21.③

22 협상과정을 순서대로 바르게 나열한 것은?

① 협상 시작→상호 이해→실질 이해→해결 대안→합의 문서
② 협상 시작→상호 이해→실질 이해→합의 문서→해결 대안
③ 협상 시작→실질 이해→상호 이해→해결 대안→합의 문서
④ 협상 시작→실질 이해→상호 이해→합의 문서→해결 대안

TIP 》 협상과정

협상 시작→상호 이해→실질 이해→해결 대안→합의 문서

23 다음 중 협상에서 주로 나타나는 실수와 그 대처방안이 잘못된 것은?

① 준비되기도 전에 협상이 시작되는 경우 아직 준비가 덜 되었음을 솔직히 말하고 상대방의 입장을 묻는 기회로 삼는다.
② 협상 상대가 협상에 대하여 타결권한을 가진 최고책임자인지 확인하고 협상을 시작한다.
③ 협상의 통제권을 잃을까 두려워하지 말고 의견 차이를 조정하면서 최선의 해결책을 찾기 위해 노력한다.
④ 설정한 목표와 한계에서 벗어나지 않기 위해 한계와 목표를 기록하고 협상의 길잡이로 삼는다.

TIP 》 ② 협상 상대가 협상에 대하여 책임을 질 수 있고 타결권한을 가지고 있는 사람인지 확인하고 협상을 시작해야 한다. 최고책임자는 협상의 세부사항을 잘 모르기 때문에 협상의 올바른 상대가 아니다.

24 트집형 고객을 대하는 자세로 바르지 않은 것은?

① 상대의 이야기를 경청하고 맞장구를 친다.

② 상대를 추켜세워 가며 설득한다.

③ 분명한 증거나 근거를 제시한다.

④ '손님의 말씀이 맞습니다.' 등 고객의 지적이 옳음을 표시한다.

> **TIP** 》 ③ 의심형 고객을 대하는 자세이다. 트집형 고객은 잠자코 고객의 의견을 경청하고 사과를 하는 응대가 바람직하다.

25 다음은 고객 불만 처리 프로세스이다. 빈칸에 들어갈 내용을 순서대로 나열한 것은?

> 경청 → 감사와 공감표시 → (   ) → 해결약속 → (   ) → 신속처리 → 처리확인과 사과 → (   )

① 정보파악, 사과, 피드백

② 정보파악, 피드백, 사과

③ 사과, 정보파악, 피드백

④ 사과, 피드백, 정보파악

> **TIP** 》 고객 불만 처리 프로세스
> 경청 → 감사와 공감표시 → 사과 → 해결약속 → 정보파악 → 신속처리 → 처리확인과 사과 → 피드백

05 정보능력

1 정보화사회와 정보능력

(1) 정보와 정보화사회

① 자료 · 정보 · 지식

구분	특징
자료 (Data)	객관적 실제의 반영이며, 그것을 전달할 수 있도록 기호화한 것
정보 (Information)	자료를 특정한 목적과 문제해결에 도움이 되도록 가공한 것
지식 (Knowledge)	정보를 집적하고 체계화하여 장래의 일반적인 사항에 대비해 보편성을 갖도록 한 것

② 정보화사회 … 필요로 하는 정보가 사회의 중심이 되는 사회

(2) 업무수행과 정보능력

① 컴퓨터의 활용 분야

  ㉠ 기업 경영 분야에서의 활용 : 판매, 회계, 재무, 인사 및 조직관리, 금융 업무 등

  ㉡ 행정 분야에서의 활용 : 민원처리, 각종 행정 통계 등

  ㉢ 산업 분야에서의 활용 : 공장 자동화, 산업용 로봇, 판매시점관리시스템(POS) 등

  ㉣ 기타 분야에서의 활용 : 교육, 연구소, 출판, 가정, 도서관, 예술 분야 등

② 정보처리과정

  ㉠ 정보 활용 절차 : 기획→수집→관리→활용

  ㉡ 5W2H : 정보 활용의 전략적 기획

    • WHAT(무엇을?) : 정보의 입수대상을 명확히 한다.

    • WHERE(어디에서?) : 정보의 소스(정보원)를 파악한다.

    • WHEN(언제까지) : 정보의 요구(수집)시점을 고려한다.

    • WHY(왜?) : 정보의 필요목적을 염두에 둔다.

    • WHO(누가?) : 정보활동의 주체를 확정한다.

    • HOW(어떻게) : 정보의 수집방법을 검토한다.

    • HOW MUCH(얼마나?) : 정보수집의 비용성(효용성)을 중시한다.

예제 1

예제 1

5W2H는 정보를 전략적으로 수집·활용할 때 주로 사용하는 방법이다. 5W2H에 대한 설명으로 옳지 않은 것은?

① WHAT : 정보의 수집방법을 검토한다.
② WHERE : 정보의 소스(정보원)를 파악한다.
③ WHEN : 정보의 요구(수집)시점을 고려한다.
④ HOW : 정보의 수집방법을 검토한다.

[출제의도]
방대한 정보들 중 꼭 필요한 정보와 수집 방법 등을 전략적으로 기획하고 정보수집이 이루어질 때 효과적인 정보 수집이 가능해진다. 5W2H는 이러한 전략적 정보 활용 기획의 방법으로 그 개념을 이해하고 있는지를 묻는 질문이다.
[해설]
5W2H의 'WHAT'은 정보의 입수대상을 명확히 하는 것이다. 정보의 수집방법을 검토하는 것은 HOW(어떻게)에 해당되는 내용이다.

답 ①

(3) 사이버공간에서 지켜야 할 예절

① 인터넷의 역기능
  ㉠ 불건전 정보의 유통
  ㉡ 개인 정보 유출
  ㉢ 사이버 성폭력
  ㉣ 사이버 언어폭력
  ㉤ 언어 훼손
  ㉥ 인터넷 중독
  ㉦ 불건전한 교제
  ㉧ 저작권 침해

② 네티켓(netiquette) ⋯ 네트워크(network) + 에티켓(etiquette)

(4) 정보의 유출에 따른 피해사례

① 개인정보의 종류
- ㉠ **일반 정보** : 이름, 주민등록번호, 운전면허정보, 주소, 전화번호, 생년월일, 출생지, 본적지, 성별, 국적 등
- ㉡ **가족 정보** : 가족의 이름, 직업, 생년월일, 주민등록번호, 출생지 등
- ㉢ **교육 및 훈련 정보** : 최종학력, 성적, 기술자격증/전문면허증, 이수훈련 프로그램, 서클활동, 상벌사항, 성격/행태보고 등
- ㉣ **병역 정보** : 군번 및 계급, 제대유형, 주특기, 근무부대 등
- ㉤ **부동산 및 동산 정보** : 소유주택 및 토지, 자동차, 저축현황, 현금카드, 주식 및 채권, 수집품, 고가의 예술품 등
- ㉥ **소득 정보** : 연봉, 소득의 원천, 소득세 지불 현황 등
- ㉦ **기타 수익 정보** : 보험가입현황, 수익자, 회사의 판공비 등
- ㉧ **신용 정보** : 대부상황, 저당, 신용카드, 담보설정 여부 등
- ㉨ **고용 정보** : 고용주, 회사주소, 상관의 이름, 직무수행 평가 기록, 훈련기록, 상벌기록 등
- ㉩ **법적 정보** : 전과기록, 구속기록, 이혼기록 등
- ㉪ **의료 정보** : 가족병력기록, 과거 의료기록, 신체장애, 혈액형 등
- ㉫ **조직 정보** : 노조가입, 정당가입, 클럽회원, 종교단체 활동 등
- ㉬ **습관 및 취미 정보** : 흡연/음주량, 여가활동, 도박성향, 비디오 대여기록 등

② 개인정보 유출방지 방법
- ㉠ 회원 가입 시 이용 약관을 읽는다.
- ㉡ 이용 목적에 부합하는 정보를 요구하는지 확인한다.
- ㉢ 비밀번호는 정기적으로 교체한다.
- ㉣ 정체불명의 사이트는 멀리한다.
- ㉤ 가입 해지 시 정보 파기 여부를 확인한다.
- ㉥ 남들이 쉽게 유추할 수 있는 비밀번호는 자제한다.

2 **정보능력을 구성하는 하위능력**

(1) 컴퓨터활용능력

① 인터넷 서비스 활용

　　㉠ 전자우편(E-mail) 서비스 : 정보 통신망을 이용하여 다른 사용자들과 편지나 여러 정보를 주고받는 통신 방법

　　㉡ 인터넷 디스크/웹 하드 : 웹 서버에 대용량의 저장 기능을 갖추고 사용자가 개인용 컴퓨터의 하드디스크와 같은 기능을 인터넷을 통하여 이용할 수 있게 하는 서비스

　　㉢ 메신저 : 인터넷에서 실시간으로 메시지와 데이터를 주고받을 수 있는 소프트웨어

　　㉣ 전자상거래 : 인터넷을 통해 상품을 사고팔거나 재화나 용역을 거래하는 사이버 비즈니스

② 정보검색 … 여러 곳에 분산되어 있는 수많은 정보 중에서 특정 목적에 적합한 정보만을 신속하고 정확하게 찾아내어 수집, 분류, 축적하는 과정

　　㉠ 검색엔진의 유형

　　　• 키워드 검색 방식 : 찾고자 하는 정보와 관련된 핵심적인 언어인 키워드를 직접 입력하여 이를 검색 엔진에 보내어 검색 엔진이 키워드와 관련된 정보를 찾는 방식

　　　• 주제별 검색 방식 : 인터넷상에 존재하는 웹 문서들을 주제별, 계층별로 정리하여 데이터베이스를 구축한 후 이용하는 방식

　　　• 통합형 검색방식 : 사용자가 입력하는 검색어들이 연계된 다른 검색 엔진에게 보내고 이를 통하여 얻어진 검색 결과를 사용자에게 보여주는 방식

　　㉡ 정보 검색 연산자

기호	연산자	검색조건
*, &	AND	두 단어가 모두 포함된 문서를 검색
|	OR	두 단어가 모두 포함되거나 두 단어 중에서 하나만 포함된 문서를 검색
–, !	NOT	'–' 기호나 '!' 기호 다음에 오는 단어는 포함하지 않는 문서를 검색
~, near	인접검색	앞/뒤의 단어가 가깝게 있는 문서를 검색

③ 소프트웨어의 활용

　　㉠ 워드프로세서

　　　• 특징 : 문서의 내용을 화면으로 확인하면서 쉽게 수정 가능, 문서 작성 후 인쇄 및 저장 가능, 글이나 그림의 입력 및 편집 가능

　　　• 기능 : 입력기능, 표시기능, 저장기능, 편집기능, 인쇄기능 등

ⓒ 스프레드시트
 • 특징 : 쉽게 계산 수행, 계산 결과를 차트로 표시, 문서를 작성하고 편집 가능
 • 기능 : 계산, 수식, 차트, 저장, 편집, 인쇄기능 등

예제 2

귀하는 커피 전문점을 운영하고 있다. 아래와 같이 엑셀 워크시트로 4개 지점의 원두 구매 수량과 단가를 이용하여 금액을 산출하고 있다. 귀하가 다음 중 D3셀에서 사용하고 있는 함수식으로 옳은 것은? (단, 금액 = 수량 × 단가)

▲	A	B	C	D	E
1	지점	원두	수량(100g)	금액	
2	A	케냐	15	150000	
3	B	콜롬비아	25	175000	
4	C	케냐	30	300000	
5	D	브라질	35	210000	
6					
7		원두	100g당 단가		
8		케냐	10,000		
9		콜롬비아	7,000		
10		브라질	6,000		
11					

① =C3*VLOOKUP(B3, $B$8:$C$10, 1, 1)

② =B3*HLOOKUP(C3, $B$8:$C$10, 2, 0)

③ =C3*VLOOKUP(B3, $B$8:$C$10, 2, 0)

④ =C3*HLOOKUP($B$8:$C$10, 2, B3)

[출제의도]
본 문항은 엑셀 워크시트 함수의 활용도를 확인하는 문제이다.
[해설]
"VLOOKUP(B3,$B$8:$C$10, 2, 0)"의 함수를 해설해보면 B3의 값(콜롬비아)을 B8:C10에서 찾은 후 그 영역의 2번째 열(C열, 100g당 단가)에 있는 값을 나타내는 함수이다. 금액은 "수량 × 단가"으로 나타내므로 D3셀에 사용되는 함수식은 "=C3*VLOOKUP(B3, $B$8: $C$10, 2, 0)"이다.
※ HLOOKUP과 VLOOKUP
  ㉠ HLOOKUP : 배열의 첫 행에서 값을 검색하여, 지정한 행의 같은 열에서 데이터를 추출
  ㉡ VLOOKUP : 배열의 첫 열에서 값을 검색하여, 지정한 열의 같은 행에서 데이터를 추출

답 ③

ⓒ 프레젠테이션
 • 특징 : 각종 정보를 사용자 또는 대상자에게 쉽게 전달
 • 기능 : 저장, 편집, 인쇄, 슬라이드 쇼 기능 등
 ㉣ 유틸리티 프로그램 : 파일 압축 유틸리티, 바이러스 백신 프로그램

④ 데이터베이스의 필요성
 ㉠ 데이터의 중복을 줄인다.
 ㉡ 데이터의 무결성을 높인다.
 ㉢ 검색을 쉽게 해준다.
 ㉣ 데이터의 안정성을 높인다.
 ㉤ 개발기간을 단축한다.

(2) 정보처리능력

① **정보원** … 1차 자료는 원래의 연구성과가 기록된 자료이며, 2차 자료는 1차 자료를 효과적으로 찾아보기 위한 자료 또는 1차 자료에 포함되어 있는 정보를 압축·정리한 형태로 제공하는 자료이다.

    ㉠ 1차 자료 : 단행본, 학술지와 논문, 학술회의자료, 연구보고서, 학위논문, 특허정보, 표준 및 규격자료, 레터, 출판 전 배포자료, 신문, 잡지, 웹 정보자원 등

    ㉡ 2차 자료 : 사전, 백과사전, 편람, 연감, 서지데이터베이스 등

② **정보분석 및 가공**

    ㉠ 정보분석의 절차 : 분석과제의 발생 → 과제(요구)의 분석 → 조사항목의 선정 → 관련정보의 수집(기존자료 조사/신규자료 조사) → 수집정보의 분류 → 항목별 분석 → 종합·결론 → 활용·정리

    ㉡ 가공 : 서열화 및 구조화

③ **정보관리**

    ㉠ 목록을 이용한 정보관리

    ㉡ 색인을 이용한 정보관리

    ㉢ 분류를 이용한 정보관리

■ 예제 3

인사팀에서 근무하는 J씨는 회사가 성장함에 따라 직원 수가 급증하기 시작하면서 직원들의 정보관리 방법을 모색하던 중 다음과 같은 A사의 직원 정보관리 방법을 보게 되었다. J씨는 A사가 하고 있는 이 방법을 회사에도 도입하고자 한다. 이 방법은 무엇인가?

> A사의 인사부서에 근무하는 H씨는 직원들의 개인정보를 관리하는 업무를 담당하고 있다. A사에서 근무하는 직원은 수천 명에 달하기 때문에 H씨는 주요 키워드나 주제어를 가지고 직원들의 정보를 구분하여 관리하여, 찾을 때도 쉽고 내용을 수정할 때도 이전보다 훨씬 간편할 수 있도록 했다.

① 목록을 활용한 정보관리
② 색인을 활용한 정보관리
③ 분류를 활용한 정보관리
④ 1:1 매칭을 활용한 정보관리

[출제의도]
본 문항은 정보관리 방법의 개념을 이해하고 있는가를 묻는 문제이다.
[해설]
주어진 자료의 A사에서 사용하는 정보관리는 주요 키워드나 주제어를 가지고 정보를 관리하는 방식인 색인을 활용한 정보관리이다. 디지털 파일에 색인을 저장할 경우 추가, 삭제, 변경 등이 쉽다는 점에서 정보관리에 효율적이다.

답 ②

1 다음 중 정보통신의 특징으로 옳지 않은 것은?

① 산업체, 연구소, 학교에서 필요한 정보만이 가치를 가진다.

② 정보획득의 비용이 절감될 수 있어 경제적으로 유리하다.

③ 시간·공간을 초월한 정보가 제공되어 정보 획득이 용이하다.

④ 전자우편, 메시지 등 다양한 서비스가 제공된다.

> **TIP 》** ① 정보는 다양한 분야에서 가치를 지닌다.

2 다음 글에 나타난 컴퓨터의 기능으로 올바른 것은?

> 한국중세사 수업을 듣고 있는 지원이는 최근 조별 과제 발표자가 되었다. 발표 당일
> 에 조원들이 조사해온 자료들을 종합한 USB를 컴퓨터에 인식시켰고 해당 자료를 바탕
> 화면에 복사하여 발표 준비를 마쳤다.

① 입력기능   ② 기억기능

③ 연산기능   ④ 제어기능

> **TIP 》** USB를 컴퓨터에 인식시켜 자료를 복사하는 것은 입력기능에 해당한다.
> ※ 컴퓨터의 5가지 기능
>   ㉠ **입력기능** : 자료를 처리하기 위해서 필요한 자료를 받아들이는 기능이다.
>   ㉡ **기억기능** : 처리대상으로 입력된 자료와 처리결과로 출력된 정보를 기억하는 기능이다.
>   ㉢ **연산기능** : 주기억장치에 저장되어 있는 자료들에 대하여 산술 및 논리연산을 행하는
>   기능이다.
>   ㉣ **제어기능** : 주기억장치에 저장되어 있는 명령을 해독하여 필요한 장치에 신호를 보내
>   어 자료처리가 이루어지도록 하는 기능이다.
>   ㉤ **출력기능** : 정보를 활용할 수 있도록 나타내 주는 기능이다.

3 Windows의 특징으로 옳지 않은 것은?

① 짧은 파일이름만 지원한다.

② GUI(Graphic User Interface) 환경을 제공한다.

③ P&P를 지원하여 주변장치 인식이 용이하다.

④ OLE(개체 연결 및 포함) 기능을 지원한다.

> **TIP** 》 Windows의 특징
> ㉠ 단일 사용자의 다중작업이 가능하다.
> ㉡ GUI(Graphic User Interface) 환경을 제공한다.
> ㉢ P&P를 지원하여 주변장치 인식이 용이하다.
> ㉣ 긴 파일이름을 지원한다.
> ㉤ OLE(개체 연결 및 포함) 기능을 지원한다.

4 다음 중 아날로그 컴퓨터의 특징으로 올바른 것은?

① 이산적인 데이터를 취급한다.　② 숫자나 문자를 입력·출력할 수 있다.

③ 프로그램이 필요 없다.　④ 범용 컴퓨터를 대상으로 한다.

> **TIP** 》 ①②④는 디지털 컴퓨터의 특징이다.

5 다음 중 5W2H에 관한 설명으로 옳지 않은 것은?

① WHAT(무엇을) : 정보의 입수대상을 명확히 한다.

② WHERE(언제까지) : 정보의 요구(수집)시점을 고려한다.

③ WHY(왜) : 정보의 필요목적을 염두에 둔다.

④ WHO(누가) : 정보활동의 주체를 확정한다.

> **TIP** 》 5W2H : 정보 활용의 전략적 기획
> • WHAT(무엇을) : 정보의 입수대상을 명확히 한다.
> • WHERE(어디에서) : 정보의 소스(정보원)를 파악한다.
> • WHEN(언제까지) : 정보의 요구(수집)시점을 고려한다.
> • WHY(왜) : 정보의 필요목적을 염두에 둔다.
> • WHO(누가) : 정보활동의 주체를 확정한다.
> • HOW(어떻게) : 정보의 수집방법을 검토한다.
> • HOW MUCH(얼마나) : 정보수집의 비용성(효용성)을 중시한다.

ANSWER 〉 1.① 2.① 3.① 4.③ 5.②

│6~10│ K사에 입사한 당신은 다음 시스템의 모니터링 및 관리 업무를 담당하게 되었다. 모니터에 나타나는 정보를 이해하고 시스템 상태를 판독하여 적절한 입력코드를 고르시오.

```
System is checking......
File system type is A.
Label backup @ X :
Checking…
error founded in index $3$ for factor 369.
error founded in index $2$ for factor 270.
error founded in index $10$ for factor 130.
Correcting value 372.
Input code : _____
```

항목	세부사항
File System Type	• A : 모든 error value들의 합을 FEV로 지정 • B : 모든 error value들의 곱을 FEV로 지정
Label Backup	• X : correcting value를 그대로 사용 • Y : 기존 correcting value에 100을 더한 값을 correcting value로 사용
Index $#$ for Factor ##	• 오류 발생 위치 : $와 $사이에 나타나는 숫자 • 오류 유형 : factor 뒤에 나타나는 숫자
Error Value	• 오류 발생 위치가 오류 유형에 포함 : 오류 발생 위치에 있는 숫자 • 오류 발생 위치가 오류 유형에 미포함 : 1 * FEV (Final Error Value) : File system type에 따라 error value를 이용하여 산출하는 세 자리의 수치 (예 : 007, 187, 027)
Correcting Value	FEV와의 대조를 통하여 시스템 상태 판단

판단 기준	시스템 상태	입력 코드
FEV를 구성하는 숫자가 correcting value를 구성하는 숫자에 모두 포함되어 있는 경우	안전	safe
FEV를 구성하는 숫자가 correcting value를 구성하는 숫자에 일부만 포함되어 있는 경우	경계	포함되는 숫자가 1개인 경우 : alert 포함되는 숫자가 2개인 경우 : vigilant
FEV를 구성하는 숫자가 correcting value를 구성하는 숫자에 전혀 포함되어 있지 않은 경우	위험	danger

6

> System is checking.......
> File system type is A.
> Label backup @ X :
> Checking…
> error founded in index 9 for factor 89.
> error founded in index 8 for factor 31.
> error founded in index 7 for factor 71.
> Correcting value 520.
> Input code : _____

① safe

② alert

③ vigilant

④ danger

TIP ≫ 9는 89에 포함되고 8은 31에 포함되지 않으며 7은 71에 포함되므로 error value는 각각 9,1,7이다. File system type이 A이므로 FEV는 017로 지정된다. Label backup이 X이므로 correcting value는 520 그대로 사용한다. FEV 017이 520에 일부 포함되므로 시스템 상태는 경계에 해당하며, 포함되는 숫자가 '0' 하나이므로 입력코드는 alert이다.

7

System is checking.......
File system type is B.
Label backup @ Y :
Checking···
error founded in index 19 for factor 913.
error founded in index 88 for factor 270.
error founded in index 6 for factor 307.
Correcting value 049.
Input code : _____

① safe   ② alert
③ vigilant   ④ danger

> **TIP 》** 19는 913에 포함되고 88은 270에 포함되지 않으며 6은 307에 포함되지 않으므로 error
> value는 각각 19, 1, 1이다. File system type이 B이므로 error value들의 곱인 019가
> FEV이다. Label backup이 Y이므로 049에 100을 더한 149를 correcting value로 사용한
> 다. FEV 019가 149에 일부 포함되므로 시스템 상태는 경계에 해당하며, 포함되는 숫자가
> '1'과 '9' 두 개이므로 입력코드는 vigilant이다.

8

System is checking.......
File system type is B.
Label backup @ X :
Checking···
error founded in index 55 for factor 369.
error founded in index 24 for factor 402.
error founded in index 5 for factor 65.
Correcting value 648.
Input code : _____

① safe   ② alert
③ vigilant   ④ danger

> **TIP 》** 55는 369에 포함되지 않고 24는 402에 포함되며 5는 65에 포함되므로 error value는 각
> 각 1, 24, 5이다. File system type이 B이므로 error value들의 곱인 120이 FEV이다.
> Label backup이 X이므로 correcting value 648을 그대로 사용한다. FEV 120이 648에 포
> 함되지 않으므로 시스템 상태는 위험에 해당하며 입력코드는 danger이다.

9

```
System is checking.......
File system type is A.
Label backup @ X :
Checking…
error founded in index $28$ for factor 44.
error founded in index $6$ for factor 280.
error founded in index $4$ for factor 74.
Correcting value 424.
Input code : _____
```

① safe   ② alert

③ vigilant   ④ danger

> **TIP 》** 28은 44에 포함되지 않고, 6은 280에 포함되지 않으며 4은 74에 포함되므로 error value
> 는 각각 1, 1, 4이다. File system type이 A이므로 error value들의 합인 006이 FEV이다.
> Label backup이 X이므로 correcting value 424를 그대로 사용한다. FEV 006이 424에 포
> 함되지 않으므로 시스템 상태는 위험에 해당하며 입력코드는 danger이다.

10

```
System is checking.......
File system type is B.
Label backup @ Y :
Checking…
error founded in index $88$ for factor 829.
error founded in index $3$ for factor 321.
error founded in index $7$ for factor 205.
Correcting value 326.
Input code : _____
```

① safe   ② alert

③ vigilant   ④ danger

> **TIP 》** 88은 829에 포함되고 3은 321에 포함되며 7은 205에 포함되지 않으므로 error value는 각
> 각 88, 3, 1이다. File system type이 B이므로 error value의 곱인 264가 FEV이다.
> Label backup이 Y이므로 correcting value는 326에 100을 더한 값인 426을 사용한다.
> FEV 264가 426에 모두 포함되므로 시스템 상태는 안전에 해당하며 입력코드는 safe이다.

ANSWER 〉 7.③ 8.④ 9.④ 10.①

11 다음 중 아래 워크시트에서 참고표를 참고하여 55,000원에 해당하는 할인율을 [C6]셀에 구하고자 할 때의 적절한 함수식은?

▲	A	B	C	D	E	F
1		<참고표>				
2		금액	30,000	50,000	80,000	150,000
3		할인율	3%	7%	10%	15%
4						
5		금액	55,000			
6		할인율	7%			

① =LOOKUP(C5,C2:F2,C3:F3)

② =HLOOKUP(C5,B2:F3,1)

③ =VLOOKUP(C5,C2:F3,1)

④ =VLOOKUP(C5,B2:F3,2)

> **TIP** 》 LOOKUP은 LOOKUP(찾는 값, 범위 1, 범위 2)로 작성하여 구한다.
> VLOOKUP은 범위에서 찾을 값에 해당하는 열을 찾은 후 열 번호에 해당하는 셀의 값을 구하며,
> HLOOKUP은 범위에서 찾을 값에 해당하는 행을 찾은 후 행 번호에 해당하는 셀의 값을 구한다.

12 다음 시트에서 면접전형 점수가 필기전형 점수보다 큰 경우에만 증가된 점수의 10%를 가산점으로 주려고 한다. 다음 중 [D2] 셀에 입력해야 할 수식으로 알맞은 것은?

	A	B	C	D
1	이름	필기전형	면접전형	가산점
2	정준우	70	90	2
3	이현수	80	80	
4	윤한나	60	50	
5	임채연	90	80	
6	김원수	80	90	
7	윤빛나	70	80	

① =IF(B2−C2〉0,(B2−C2)*0.1,0)

② =IF(B2〉C2,(C2−B2)*0.1,0)

③ =IF(C2−B2〉0,(C2−B2)*0.1,0)

④ =IF(C2−B2〉0,(B2−C2)*0.1,0)

> **TIP »** IF(logical_test, value_if_true, value_if_false) 함수에서 logical_test는 조건식이 들어간다.
> 이 조건식은 true 또는 false로 결정되어야 한다. value_if_true는 조건식에서 결과값이 true
> 일 때 반환되는 값이며 value_if_false는 조건식에서 결과값이 false일 때 반환되는 값이다.
> 조건식은 C2가 B2보다 커야하므로 C2−B2〉0 또는 C2〉B2가 들어가야 하며 value_if_true에는
> (C2−B2)*0.1 또는 (C2−B2)*10%가 들어가야 한다. value_if_false에는 0이 들어가야 한다.

13 다음은 선택정렬에 관한 설명과 예시이다. 〈보기〉의 수를 선택정렬을 이용하여 오름차순으로 정렬하려고 할 때, 2회전의 결과는?

선택정렬(Selection sort)는 주어진 데이터 중 최솟값을 찾고 최솟값을 정렬되지 않은 데이터 중 맨 앞에 위치한 값과 교환한다. 교환은 두 개의 숫자가 서로 자리를 맞바꾸는 것을 말한다. 정렬된 데이터를 제외한 나머지 데이터를 같은 방법으로 교환하여 반복하면 정렬이 완료된다.

〈예시〉

68, 11, 3, 82, 7을 정렬하려고 한다.
• 1회전 (최솟값 3을 찾아 맨 앞에 위치한 68과 교환)

68	11	3	82	7

3	11	68	82	7

• 2회전 (정렬이 된 3을 제외한 데이터 중 최솟값 7을 찾아 11과 교환)

3	11	68	82	7

3	7	68	82	11

• 3회전 (정렬이 된 3, 7을 제외한 데이터 중 최솟값 11을 찾아 68과 교환)

3	7	68	82	11

3	7	11	82	68

• 4회전 (정렬이 된 3, 7, 11을 제외한 데이터 중 최솟값 68을 찾아 82와 교환)

3	7	11	82	68

3	7	11	68	82

〈보기〉

5, 3, 8, 1, 2

① 1, 2, 8, 5, 3   ② 1, 2, 5, 3, 8

③ 1, 2, 3, 5, 8   ④ 1, 2, 3, 8, 5

TIP ≫ ㉠ 1회전

| 5 | 3 | 8 | 1 | 2 |

| 1 | 3 | 8 | 5 | 2 |

㉡ 2회전

| 1 | 3 | 8 | 5 | 2 |

| 1 | 2 | 8 | 5 | 3 |

14 다음은 시트 탭에서 원하는 시트를 선택하는 방법에 관한 설명이다. ㉠, ㉡에 들어갈 알맞은 키는?

> 연속적인 여러 개의 시트를 선택할 경우에는 첫 번째 시트를 클릭하고, (㉠) 키를 누른 채 마지막 시트를 클릭한다. 서로 떨어져 있는 여러 개의 시트를 선택할 경우에는 첫 번째 시트를 클릭하고, (㉡) 키를 누른 채 원하는 시트를 차례로 클릭한다.

	㉠	㉡
①	〈Ctrl〉	〈Alt〉
②	〈Shift〉	〈Ctrl〉
③	〈Tab〉	〈Ctrl〉
④	〈Shift〉	〈Alt〉

TIP ≫ 연속적인 여러 개의 시트를 선택할 경우에는 첫 번째 시트를 클릭하고 〈Shift〉 키를 누른 채 마지막 시트를 클릭하고 서로 떨어져 있는 여러 개의 시트를 선택할 경우에는 첫 번째 시트를 클릭하고 〈Ctrl〉 키를 누른 채 원하는 시트를 차례로 클릭한다.

ANSWER 〉 13.① 14.②

15 다음 워크시트에서처럼 주민등록번호가 입력되어 있을 때, 이 셀의 값을 이용하여 [C1] 셀에 성별을 '남' 또는 '여'로 표시하고자 한다. [C1] 셀에 입력해야 하는 수식은? (단, 주민등록번호의 8번째 글자가 1이면 남자, 2이면 여자이다)

	A	B	C
1	임나라	870808-2235672	
2	정현수	850909-1358527	
3	김동하	841010-1010101	
4	노승진	900202-1369752	
5	은봉미	890303-2251547	

① =CHOOSE(MID(B1,8,1), "여", "남")

② =CHOOSE(MID(B1,8,2), "남", "여")

③ =CHOOSE(MID(B1,8,1), "남", "여")

④ =IF(RIGHT(B1,8)="1", "남", "여")

TIP 》 MID(text, start_num, num_chars)는 텍스트에서 원하는 문자를 추출하는 함수이다. 주민등록번호가 입력된 [B1] 셀에서 8번째부터 1개의 문자를 추출하여 1이면 남자, 2면 여자라고 하였으므로 답이 ③이 된다.

16 다음 중 아래의 〈수정 전〉 차트를 〈수정 후〉 차트와 같이 변경하려고 할 때 사용해야 할 서식은?

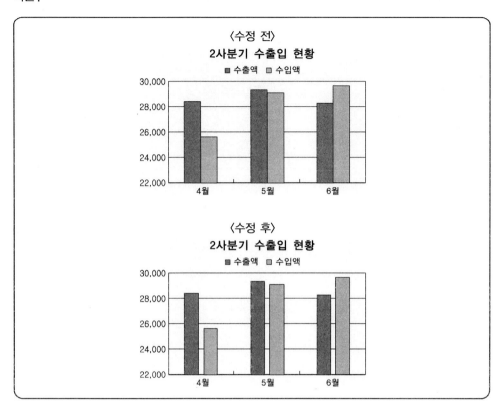

① 차트 영역 서식   ② 그림 영역 서식

③ 데이터 계열 서식   ④ 축 서식

> **TIP 》** [계열 옵션] 탭에서 '계열 겹치기' 값을 입력하거나 막대 바를 이동시키면 된다.

17 다음의 알고리즘에서 인쇄되는 A는?

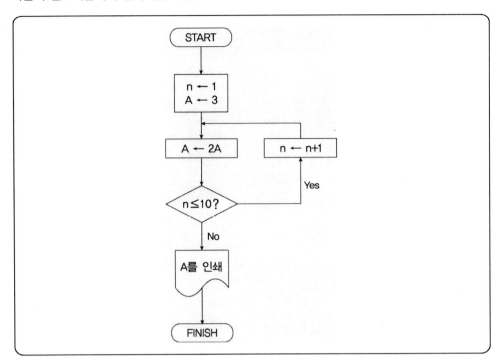

① $2^8 \cdot 3$

② $2^9 \cdot 3$

③ $2^{10} \cdot 3$

④ $2^{11} \cdot 3$

TIP 》 $n=1, \ A=3$

$n=1, \ A=2 \cdot 3$

$n=2, \ A=2^2 \cdot 3$

$n=3, \ A=2^3 \cdot 3$

…

$n=11, \ A=2^{11} \cdot 3$

∴ 출력되는 A의 값은 $2^{11} \cdot 3$이다.

18 다음 시트에서 수식 '=LARGE(B2:B10,5)'의 결과 값은?

	A	B
1	이름	NCS 성적
2	윤별이	93
3	은보미	98
4	윤민성	90
5	이준영	94
6	박해영	85
7	이수미	89
8	강민	75
9	김하나	80
10	김희정	91

① 93   ② 98

③ 85   ④ 90

> **TIP 》** '=LARGE(B2:B10,5)'는 범위 안에 있는 값들 중에서 5번째로 큰 값을 찾으라는 수식이므로 90이 답이다.

▎19~23 ▎ 다음은 어느 우유회사에서 상품번호를 붙이는 규정이라 할 때 다음을 보고 물음에 답하시오.

<번호 규칙>

제조년월일	제품라인				제품종류				유통기한
	제품코드		코드명		분류코드		용량번호		
	1	계열사 P	A	플레인	01	흰우유	001	200ml	
			B	저지방			002	500ml	
			C	무지방			003	1000ml	
			D	고칼슘	02	딸기 우유	004	200ml	
			E	멸균			005	500ml	제조일로부터
2014년 11월 11일 제조 → 141111	2	계열사 Q	F	플레인			006	1000ml	7일을 더하여
2015년 3월 20일 제조 → 150320			G	저지방	03	초코 우유	007	200ml	매겨짐.
			H	무지방			008	500ml	2014년 11월
			I	고칼슘			009	1000ml	11일 제조
			J	멸균	04	바나나 우유	010	200ml	→ 141118
	3	계열사 R	K	플레인			011	500ml	
			L	저지방			012	1000ml	
			M	무지방	05	블루베리 우유	013	200ml	
			N	고칼슘			014	500ml	
			Z	멸균			015	1000ml	

19 2015년 2월 20일에 제조된 계열사Q의 저지방 흰우유 1000ml 제품의 상품번호로 알맞은 것은?

① 1502213G01003150226

② 1502202G01003150227

③ 1502203G01004150227

④ 1502212G01003150226

　　　TIP 》 2015년 2월 20일 제조 : 150220
　　　　　　계열사 Q의 저지방 : 2G
　　　　　　흰우유 1000ml : 01003
　　　　　　유통기한 : 150227

20 2015년 1월 7일에 제조된 계열사 R의 멸균 초코우유 200ml 제품의 상품번호로 알맞은 것은?

① 1501073Z01007150114

② 1501073M03008150114

③ 1501072J03008150113

④ 1501073Z03007150114

> **TIP 》** 2015년 1월 7일 제조 : 150107
> 계열사 R의 멸균 : 3Z
> 초코우유 200ml : 03007
> 유통기한 : 150114

21 상품번호 1503211B04011150328에 대한 설명으로 옳지 않은 것은?

① 2015년 3월 21일에 제조되었다.

② 유통기한은 2015년 3월 28일이다.

③ 바나나우유이다.

④ 용량은 1000ml이다.

> **TIP 》** 150321 : 제조일자 2015년 3월 21일
> 1B : 계열사 P의 저지방
> 04011 : 바나나우유 500ml
> 150328 : 유통기한

22 상품번호 1504022F050141504409에 대한 설명으로 옳은 것은?

① 유통기한은 2015년 4월 8일이다.

② 2015년 4월 1일에 제조되었다.

③ 블루베리우유이다.

④ 용량은 1000ml이다.

> **TIP 》** 150402 : 제조일자 2015년 4월 2일
> 2F : 계열사 Q의 플레인
> 05014 : 블루베리우유 500ml
> 150409 : 유통기한

ANSWER 〉 19.② 20.④ 21.④ 22.③

23 사원Y의 실수로 상품번호가 잘못 찍혔다. 올바르게 수정한 것은?

> 2015년 1월 15에 제조된 계열사 R의 무지방 흰우유 500ml
> 1501143K01002150121

① 150114 → 150113

② 3K → 3M

③ 01002 → 01001

④ 150121 → 150223

> **TIP 》** 2015년 1월 15일 제조 : 150115
> 계열사 R의 무지방 : 3M
> 흰우유 500ml : 01002
> 유통기한 : 150122

24 다음은 스프레드시트로 작성한 워크시트이다. ㈎〜㈒에 대한 설명으로 옳지 않은 것은?

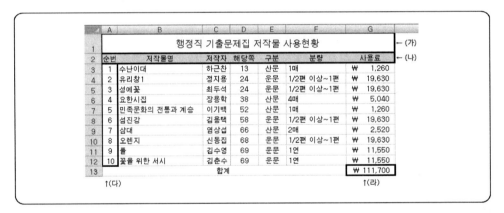

① ㈎는 '셀 병합' 기능을 이용하여 작성할 수 있다.

② ㈏는 '셀 서식'의 '채우기' 탭에서 색상을 변경할 수 있다.

③ ㈐는 A3 값을 입력 후 '자동 채우기' 기능을 사용할 수 있다.

④ ㈒의 값은 '=EVEN(G3:G12)'로 구할 수 있다.

> **TIP 》** ④ ㈒는 G3부터 G12 값의 합이다. 따라서 '=SUM(G3:G12)'로 구할 수 있다.

25 다음과 같은 시트에서 이름에 '철'이라는 글자가 포함된 셀의 서식을 채우기 색 '노랑', 글꼴 스타일 '굵은 기울임꼴'로 변경하고자 한다. 이를 위해 [A2:A7] 영역에 설정한 조건부 서식의 수식 규칙으로 옳은 것은?

	A	B	C	D
1	이름	편집부	영업부	관리부
2	박초롱	89	65	92
3	강원철	69	75	85
4	김수현	75	86	35
5	민수진	87	82	80
6	신해철	55	89	45
7	안진철	98	65	95

① =COUNT(A2, "*철*")

② =COUNT(A2:A7, "*철*")

③ =COUNTIF(A2, "*철*")

④ =COUNTIF(A2:A7, "*철*")

> **TIP** 》 =COUNTIF를 입력 후 범위를 지정하면 지정한 범위 내에서 중복값을 찾는다.
> ㉠ COUNT함수 : 숫자가 입력된 셀의 개수를 구하는 함수
> ㉡ COUNTIF함수 : 조건에 맞는 셀의 개수를 구하는 함수
> '철'을 포함한 셀을 구해야 하므로 조건을 구하는 COUNTIF함수를 사용하여야 한다.
> A2행으로부터 한 칸씩 내려가며 '철'을 포함한 셀을 찾아야 하므로 A2만 사용한다.

ANSWER 〉 23.② 24.④ 25.③

06 조직이해능력

1 조직과 개인

(1) 조직

① 조직과 기업
  - ㉠ 조직 : 두 사람 이상이 공동의 목표를 달성하기 위해 의식적으로 구성된 상호작용과 조정을 행하는 행동의 집합체
  - ㉡ 기업 : 노동, 자본, 물자, 기술 등을 투입하여 제품이나 서비스를 산출하는 기관

② 조직의 유형

기준	구분	예
공식성	공식조직	조직의 규모, 기능, 규정이 조직화된 조직
	비공식조직	인간관계에 따라 형성된 자발적 조직
영리성	영리조직	사기업
	비영리조직	정부조직, 병원, 대학, 시민단체
조직규모	소규모 조직	가족 소유의 상점
	대규모 조직	대기업

(2) 경영

① 경영의 의미 … 경영은 조직의 목적을 달성하기 위한 전략, 관리, 운영활동이다.

② 경영의 구성요소
  - ㉠ 경영목적 : 조직의 목적을 달성하기 위한 방법이나 과정
  - ㉡ 인적자원 : 조직의 구성원 · 인적자원의 배치와 활용
  - ㉢ 자금 : 경영활동에 요구되는 돈 · 경영의 방향과 범위 한정
  - ㉣ 경영전략 : 변화하는 환경에 적응하기 위한 경영활동 체계화

③ 경영자의 역할

대인적 역할	정보적 역할	의사결정적 역할
• 조직의 대표자 • 조직의 리더 • 상징자, 지도자	• 외부환경 모니터 • 변화전달 • 정보전달자	• 문제 조정 • 대외적 협상 주도 • 분쟁조정자, 자원배분자, 협상가

(3) 조직체제 구성요소

① **조직목표** … 전체 조직의 성과, 자원, 시장, 인력개발, 혁신과 변화, 생산성에 대한 목표

② **조직구조** … 조직 내의 부문 사이에 형성된 관계

③ **조직문화** … 조직구성원들 간에 공유하는 생활양식이나 가치

④ **규칙 및 규정** … 조직의 목표나 전략에 따라 수립되어 조직구성원들이 활동범위를 제약하고 일관성을 부여하는 기능

예제 1

주어진 글의 빈칸에 들어갈 말로 가장 적절한 것은?

> 조직이 지속되게 되면 조직구성원들 간 생활양식이나 가치를 공유하게 되는데 이를 조직의 (㉠)라고 한다. 이는 조직구성원들의 사고와 행동에 영향을 미치며 일체감과 정체성을 부여하고 조직이 (㉡)으로 유지되게 한다. 최근 이에 대한 중요성이 부각되면서 긍정적인 방향으로 조성하기 위한 경영층의 노력이 이루어지고 있다.

① ㉠ : 목표, ㉡ : 혁신적
② ㉠ : 구조, ㉡ : 단계적
③ ㉠ : 문화, ㉡ : 안정적
④ ㉠ : 규칙, ㉡ : 체계적

[출제의도]
본 문항은 조직체계의 구성요소들의 개념을 묻는 문제이다.
[해설]
조직문화란 조직구성원들 간에 공유하게 되는 생활양식이나 가치를 말한다. 이는 조직구성원들의 사고와 행동에 영향을 미치며 일체감과 정체성을 부여하고 조직이 안정적으로 유지되게 한다.

답 ③

---

(4) 조직변화의 과정

환경변화 인지 → 조직변화 방향 수립 → 조직변화 실행 → 변화결과 평가

(5) 조직과 개인

개인	지식, 기술, 경험 →	조직
	← 연봉, 성과급, 인정, 칭찬, 만족감	

2 조직이해능력을 구성하는 하위능력

(1) 경영이해능력

① 경영 … 경영은 조직의 목적을 달성하기 위한 전략, 관리, 운영활동이다.
   ㉠ 경영의 구성요소 : 경영목적, 인적자원, 자금, 전략
   ㉡ 경영의 과정

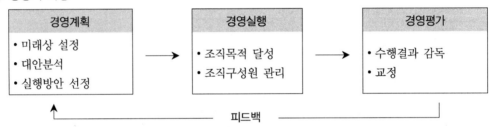

   ㉢ 경영활동 유형
    • 외부경영활동 : 조직외부에서 조직의 효과성을 높이기 위해 이루어지는 활동이다.
    • 내부경영활동 : 조직내부에서 인적, 물적 자원 및 생산기술을 관리하는 것이다.

② 의사결정과정
   ㉠ 의사결정의 과정
    • 확인 단계 : 의사결정이 필요한 문제를 인식한다.
    • 개발 단계 : 확인된 문제에 대하여 해결방안을 모색하는 단계이다.
    • 선택 단계 : 해결방안을 마련하며 실행가능한 해결안을 선택한다.
   ㉡ 집단의사결정의 특징
    • 지식과 정보가 더 많아 효과적인 결정을 할 수 있다.
    • 다양한 견해를 가지고 접근할 수 있다.
    • 결정된 사항에 대하여 의사결정에 참여한 사람들이 해결책을 수월하게 수용하고, 의사소통의 기회도 향상된다.
    • 의견이 불일치하는 경우 의사결정을 내리는데 시간이 많이 소요된다.

- 특정 구성원에 의해 의사결정이 독점될 가능성이 있다.

③ 경영전략

　㉠ 경영전략 추진과정

전략목표설정	환경분석	경영전략 도출	경영전략 실행	평가 및 피드백
• 비전 설정 • 미션 설정	• 내부환경 분석 • 외부환경 분석 (SWOT 등)	• 조직전략 • 사업전략 • 부문전략	• 경영목적 달성	• 경영전략 결과 평가 • 전략목표 및 경영전략 재조명

　㉡ 마이클 포터의 본원적 경쟁전략

		전략적 우위 요소	
		고객들이 인식하는 제품의 특성	원가우위
전략적 목표	산업전체	차별화	원가우위
	산업의 특정부문	집중화	
		(차별화 + 집중화)	(원가우위 + 집중화)

| 예제 2

다음은 경영전략을 세우는 방법 중 하나인 SWOT에 따른 어느 기업의 분석결과이다. 다음 중 주어진 기업 분석 결과에 대응하는 전략은?

강점(Strength)	• 차별화된 맛과 메뉴 • 폭넓은 네트워크
약점(Weakness)	• 매출의 계절적 변동폭이 큼 • 딱딱한 기업 이미지
기회(Opportunity)	• 소비자의 수요 트렌드 변화 • 가계의 외식 횟수 증가 • 경기회복 가능성
위협(Threat)	• 새로운 경쟁자의 진입 가능성 • 과도한 가계부채

내부환경 외부환경	강점(Strength)	약점(Weakness)
기회 (Opportunity)	① 계절 메뉴 개발을 통한 분기 매출 확보	② 고객의 소비패턴을 반영한 광고를 통한 이미지 쇄신
위협 (Threat)	③ 소비 트렌드 변화를 반영한 시장 세분화 정책	④ 고급화 전략을 통한 매출 확대

답 ②

④ 경영참가제도
　㉠ 목적
　　• 경영의 민주성을 제고할 수 있다.
　　• 공동으로 문제를 해결하고 노사 간의 세력 균형을 이룰 수 있다.
　　• 경영의 효율성을 제고할 수 있다.
　　• 노사 간 상호 신뢰를 증진시킬 수 있다.
　㉡ 유형
　　• 경영참가 : 경영자의 권한인 의사결정과정에 근로자 또는 노동조합이 참여하는 것
　　• 이윤참가 : 조직의 경영성과에 대하여 근로자에게 배분하는 것
　　• 자본참가 : 근로자가 조직 재산의 소유에 참여하는 것

| 예제 3

다음은 중국의 H사에서 시행하는 경영참가제도에 대한 기사이다. 밑줄 친 이 제도는 무엇인가?

> H사는 '사람' 중심의 수평적 기업문화가 발달했다. H사는 이 제도의 시행을 통해 직원들이 경영에 간접적으로 참여할 수 있게 하였는데 이에 따라 자연스레 기업에 대한 직원들의 책임 의식도 강화됐다. 참여주주는 8만 2471명이다. 모두 H사의 임직원이며, 이 중 창립자인 CEO R은 개인 주주로 총 주식의 1.18%의 지분과 퇴직연금으로 주식총액의 0.21%만을 보유하고 있다.

① 노사협의회제도　　　　　② 이윤분배제도
③ 종업원지주제도　　　　　④ 노동주제도

---

(2) 체제이해능력

① **조직목표** … 조직이 달성하려는 장래의 상태
　㉠ 조직목표의 기능
　　• 조직이 존재하는 정당성과 합법성 제공
　　• 조직이 나아갈 방향 제시
　　• 조직구성원 의사결정의 기준
　　• 조직구성원 행동수행의 동기유발
　　• 수행평가 기준
　　• 조직설계의 기준

ⓒ 조직목표의 특징

- 공식적 목표와 실제적 목표가 다를 수 있음
- 다수의 조직목표 추구 가능
- 조직목표 간 위계적 상호관계가 있음
- 가변적 속성
- 조직의 구성요소와 상호관계를 가짐

② 조직구조

ⓐ 조직구조의 결정요인 : 전략, 규모, 기술, 환경

ⓒ 조직구조의 유형과 특징

유형	특징
기계적 조직	• 구성원들의 업무가 분명하게 규정 • 엄격한 상하 간 위계질서 • 다수의 규칙과 규정 존재
유기적 조직	• 비공식적인 상호의사소통 • 급변하는 환경에 적합한 조직

③ 조직문화

ⓐ 조직문화 기능

- 조직구성원들에게 일체감, 정체성 부여
- 조직몰입 향상
- 조직구성원들의 행동지침 : 사회화 및 일탈행동 통제
- 조직의 안정성 유지

ⓒ 조직문화 구성요소(7S) : 공유가치(Shared Value), 리더십 스타일(Style), 구성원(Staff), 제도·절차(System), 구조(Structure), 전략(Strategy), 스킬(Skill)

④ 조직 내 집단

ⓐ 공식적 집단 : 조직에서 의식적으로 만든 집단으로 집단의 목표, 임무가 명확하게 규정되어 있다.

예 임시위원회, 작업팀 등

ⓒ 비공식적 집단 : 조직구성원들의 요구에 따라 자발적으로 형성된 집단이다.

예 스터디모임, 봉사활동 동아리, 각종 친목회 등

(3) 업무이해능력

① 업무 … 업무는 상품이나 서비스를 창출하기 위한 생산적인 활동이다.

　㉠ 업무의 종류

부서	업무(예)
총무부	주주총회 및 이사회개최 관련 업무, 의전 및 비서업무, 집기비품 및 소모품의 구입과 관리, 사무실 임차 및 관리, 차량 및 통신시설의 운영, 국내외 출장 업무 협조, 복리후생 업무, 법률자문과 소송관리, 사내외 홍보 광고업무
인사부	조직기구의 개편 및 조정, 업무분장 및 조정, 인력수급계획 및 관리, 직무 및 정원의 조정 종합, 노사관리, 평가관리, 상벌관리, 인사발령, 교육체계 수립 및 관리, 임금제도, 복리후생제도 및 지원업무, 복무관리, 퇴직관리
기획부	경영계획 및 전략 수립, 전사기획업무 종합 및 조정, 중장기 사업계획의 종합 및 조정, 경영정보 조사 및 기획보고, 경영진단업무, 종합예산수립 및 실적관리, 단기사업계획 종합 및 조정, 사업계획, 손익추정, 실적관리 및 분석
회계부	회계제도의 유지 및 관리, 재무상태 및 경영실적 보고, 결산 관련 업무, 재무제표 분석 및 보고, 법인세, 부가가치세, 국세 지방세 업무자문 및 지원, 보험가입 및 보상업무, 고정자산 관련 업무
영업부	판매 계획, 판매예산의 편성, 시장조사, 광고 선전, 견적 및 계약, 제조지시서의 발행, 외상매출금의 청구 및 회수, 제품의 재고 조절, 거래처로부터의 불만처리, 제품의 애프터서비스, 판매원가 및 판매가격의 조사 검토

예제 4

다음은 I기업의 조직도와 팀장님의 지시사항이다. H씨가 팀장님의 심부름을 수행하기 위해 연락해야 할 부서로 옳은 것은?

H씨! 내가 지금 너무 바빠서 그러는데 부탁 좀 들어줄래요? 다음 주 중에 사장님 모시고 클라이언트와 만나야 할 일이 있으니까 사장님 일정을 확인해주시구요. 이번 달에 신입사원 교육·훈련계획이 있었던 것 같은데 정확한 시간이랑 날짜를 확인해주세요.

① 총무부, 인사부

② 총무부, 홍보실

③ 기획부, 총무부

④ 영업부, 기획부

[출제의도]
조직도와 부서의 명칭을 보고 개략적인 부서의 소관 업무를 분별할 수 있는지를 묻는 문항이다.
[해설]
사장의 일정에 관한 사항은 비서실에서 관리하나 비서실이 없는 회사의 경우 총무부(또는 팀)에서 비서 업무를 담당하기도 한다. 또한 신입사원 관리 및 교육은 인사부에서 관리한다.

답 ①

    ⓛ 업무의 특성

- 공통된 조직의 목적 지향
- 요구되는 지식, 기술, 도구의 다양성
- 다른 업무와의 관계, 독립성
- 업무수행의 자율성, 재량권

② 업무수행 계획

    ㉠ 업무지침 확인 : 조직의 업무지침과 나의 업무지침을 확인한다.

    ㉡ 활용 자원 확인 : 시간, 예산, 기술, 인간관계

    ㉢ 업무수행 시트 작성

- 간트 차트 : 단계별로 업무의 시작과 끝 시간을 바 형식으로 표현
- 워크 플로 시트 : 일의 흐름을 동적으로 보여줌
- 체크리스트 : 수행수준 달성을 자가점검

Point 》 간트 차트와 플로 차트

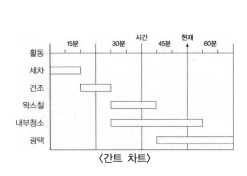
〈간트 차트〉

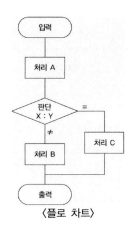
〈플로 차트〉

예제 5

다음 중 업무수행 시 단계별로 업무를 시작해서 끝나는 데까지 걸리는 시간을 바 형식으로 표시하여 전체 일정 및 단계별로 소요되는 시간과 각 업무활동 사이의 관계를 볼 수 있는 업무수행 시트는?

① 간트 차트
② 워크 플로 차트
③ 체크리스트
④ 퍼트 차트

---

③ 업무 방해요소

　㉠ 다른 사람의 방문, 인터넷, 전화, 메신저 등

　㉡ 갈등관리

　㉢ 스트레스

(4) 국제감각

① 세계화와 국제경영

    ㉠ 세계화 : 3Bs(국경 ; Border, 경계 ; Boundary, 장벽 ; Barrier)가 완화되면서 활동범위가 세계로 확대되는 현상이다.

    ㉡ 국제경영 : 다국적 내지 초국적 기업이 등장하여 범지구적 시스템과 네트워크 안에서 기업 활동이 이루어지는 것이다.

② 이문화 커뮤니케이션 … 서로 상이한 문화 간 커뮤니케이션으로 직업인이 자신의 일을 수행하는 가운데 문화배경을 달리하는 사람과 커뮤니케이션을 하는 것이 이에 해당한다. 이문화 커뮤니케이션은 언어적 커뮤니케이션과 비언어적 커뮤니케이션으로 구분된다.

③ 국제 동향 파악 방법

    ㉠ 관련 분야 해외사이트를 방문해 최신 이슈를 확인한다.

    ㉡ 매일 신문의 국제면을 읽는다.

    ㉢ 업무와 관련된 국제잡지를 정기구독 한다.

    ㉣ 고용노동부, 한국산업인력공단, 산업통상자원부, 중소기업청, 상공회의소, 산업별인적자원개발협의체 등의 사이트를 방문해 국제동향을 확인한다.

    ㉤ 국제학술대회에 참석한다.

    ㉥ 업무와 관련된 주요 용어의 외국어를 알아둔다.

    ㉦ 해외서점 사이트를 방문해 최신 서적 목록과 주요 내용을 파악한다.

    ㉧ 외국인 친구를 사귀고 대화를 자주 나눈다.

④ 대표적인 국제매너

    ㉠ 미국인과 인사할 때에는 눈이나 얼굴을 보는 것이 좋으며 오른손으로 상대방의 오른손을 힘주어 잡았다가 놓아야 한다.

    ㉡ 러시아와 라틴아메리카 사람들은 인사할 때에 포옹을 하는 경우가 있는데 이는 친밀함의 표현이므로 자연스럽게 받아주는 것이 좋다.

    ㉢ 명함은 받으면 꾸기거나 계속 만지지 않고 한 번 보고나서 탁자 위에 보이는 채로 대화하거나 명함집에 넣는다.

    ㉣ 미국인들은 시간 엄수를 중요하게 생각하므로 약속시간에 늦지 않도록 주의한다.

    ㉤ 스프를 먹을 때에는 몸쪽에서 바깥쪽으로 숟가락을 사용한다.

    ㉥ 생선요리는 뒤집어 먹지 않는다.

    ㉦ 빵은 스프를 먹고 난 후부터 디저트를 먹을 때까지 먹는다.

조직이해능력

1 다음 글에 나타난 집단에 관한 설명으로 옳지 않은 것은?

> • ○○ 집단은 정서적인 뜻에서의 친밀한 인간관계를 겨누어 사람들의 역할관계가 개인의 특성에 따라 자연적이고 비형식적으로 분화되어 있는 집단을 말한다.
> • ○○ 집단은 호손 실험에 의하여 '제1차 집단의 재발견'으로 평가되었으며, 그 특질은 자연발생적이며 심리집단적이고 결합 자체를 목적으로 하여 감정의 논리에 따라 유동적·비제도적으로 행동하는 데 있다.
> • 관료적인 거대조직에 있어서 인간회복의 수단으로 ○○ 집단을 유효하게 이용하여 관료제의 폐단을 완화하려는 발상이 생겨났는데, 이를 인간관계적 어프로치라고 한다.

① 조직에서 오는 소외감을 감소시켜 준다.
② 조직에서 의식적으로 만든 집단으로 집단의 목표, 임무가 명확하게 규정되어 있다.
③ 조직구성원들의 요구에 따라 자발적으로 형성된 집단이다.
④ 조직구성원들의 사기(morale)와 생산력을 높여 준다.

> **TIP** 》 제시된 글은 비공식 집단에 대한 설명이다.
> ②는 공식적 집단에 관한 설명이다.

2 다음 빈칸에 공통적으로 들어갈 개념은 무엇인가?

> _____은(는) 조직 구성원들로 하여금 다양한 상황에 대한 해석과 행위를 불러일으키는 조직 내에 공유된 정신적인 가치를 의미한다. _____은(는) 조직 구성원이 환경을 해석하는 방식을 학습하는 데 필요한 '렌즈'의 역할을 하며 조직 구성원들이 공유하고 있는 '세상에 대한 관점(view of the world)'을 제공한다. 또한 조직 구성원의 행동을 유도하여 구성원들이 서로를 대하는 방식, 의사결정의 질 그리고 궁극적으로는 조직의 성공 여부에도 영향을 준다.

① 조직목표 ② 조직구조

③ 조직문화 ④ 규정

> **TIP »** ① 전체 조직의 성과, 자원, 시장, 인력개발, 혁신과 변화, 생산성에 대한 목표
> ② 조직 내의 부문 사이에 형성된 관계
> ④ 조직의 목표나 전략에 따라 수립되어 조직구성원들이 활동범위를 제약하고 일관성을 부여하는 기능

3 다음에서 설명하고 있는 개념은 무엇인가?

> 조직이 당면한 문제에 대한 해결방안을 개인이 아닌 집단에 의하여 이루어지는 의사결정. 집단의사결정에 의하면 개인적 의사결정에 비하여 문제 분석을 보다 광범위한 관점에서 할 수 있고, 보다 많은 지식·사실·대안을 활용할 수 있다. 또 집단구성원 사이의 의사전달을 용이하게 하며, 참여를 통해 구성원의 만족과 결정에 대한 지지를 확보할 수 있다.

① 집단의사결정 ② 개인의사결정

③ 내부경영활동 ④ 외부경영활동

> **TIP »** 집단의사결정의 특징
> • 지식과 정보가 더 많아 효과적인 결정을 할 수 있다.
> • 다양한 견해를 가지고 접근할 수 있다.
> • 결정된 사항에 대하여 의사결정에 참여한 사람들이 해결책을 수월하게 수용하고, 의사소통의 기회도 향상된다.
> • 의견이 불일치하는 경우 의사결정을 내리는데 시간이 많이 소요된다.
> • 특정 구성원에 의해 의사결정이 독점될 가능성이 있다.

ANSWER 〉 1.② 2.③ 3.①

4 다음 조직도에서 전략기획처의 규모가 커져서 몇 개의 팀으로 나누려고 한다. 전략기획처에 속하게 될 팀으로 옳지 않은 것은?

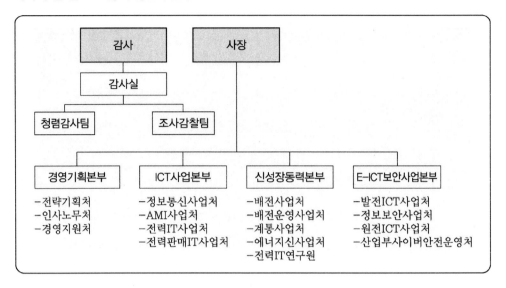

① 성과관리팀

② 창의전략팀

③ 상생협력팀

④ 급여복지팀

TIP 》 급여복지팀은 전략기획처가 아니라 인사노무처에 속하는 것이 더 적절하다.

5 다음 조직도에 대한 설명으로 옳은 것을 모두 고르면?

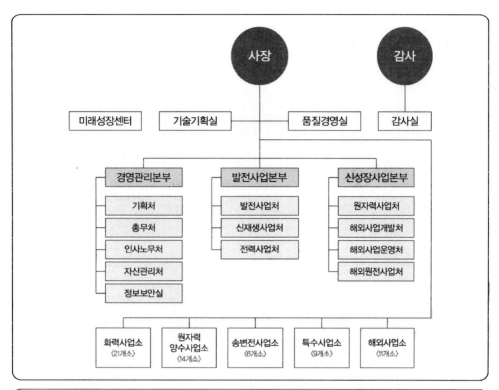

> ㉠ 기술기획실, 품질경영실, 감사실은 사장 직속으로 되어 있다.
> ㉡ 이 회사의 사업소는 총 61개이다.
> ㉢ 경영관리본부는 4처 1실을 이끌고 있다.
> ㉣ 미래성장센터는 신성장사업본부에 속해 있다.

① ㉠㉡   ② ㉡㉢
③ ㉡㉣   ④ ㉢㉣

  TIP 》 ㉠ 감사실은 사장 직속이 아니라 독립되어 있다.
           ㉣ 미래성장센터는 본부에 속해 있는 것이 아니라 독립되어 있다.

▌6~7▐ 다음은 어느 회사의 전화 사용 요령이다. 다음을 읽고 물음에 답하시오.

1. 일반 전화 걸기
회사 외부에 전화를 걸어야 하는 경우
→수화기를 들고 9번을 누른 후 (지역번호)+전화번호를 누른다.

2. 전화 당겨 받기
다른 직원에게 전화가 왔으나, 사정상 내가 받아야 하는 경우
→수화기를 들고 *(별표)를 두 번 누른다.
※ 다른 팀에게 걸려온 전화도 당겨 받을 수 있다.

3. 회사 내 직원과 전화하기
→수화기를 들고 내선번호를 누르면 통화가 가능하다.

4. 전화 넘겨주기
외부 전화를 받았는데 내가 담당자가 아니라서 다른 담당자에게 넘겨 줄 경우
→통화 중 상대방에게 양해를 구한 뒤 통화 종료 버튼을 짧게 누른 뒤 내선번호를 누른다. 다른 직원
이 내선 전화를 받으면 어떤 용건인지 간략하게 얘기 한 뒤 수화기를 내려놓으면 자동적으로 전화
가 넘겨진다.

5. 회사 전화를 내 핸드폰으로 받기
외근 나가 있는 상황에서 중요한 전화가 올 예정인 경우
→ 내 핸드폰으로 착신을 돌리기 위해서는 사무실 수화기를 들고 *(별표)를 누르고 88번을 누른다. 그
리고 내 핸드폰 번호를 입력한다.
→착신을 풀기 위해서는 #(샵)을 누르고 88번을 누른 다음 *(별)을 누르면 된다.
※ 회사 전화를 내 핸드폰으로 받는 기능은 팀장급 이상의 자리에 있는 대표 전화기로만 가능하며, 그 이하의 직
급 자리에 있는 일반 전화기로는 이 기능을 사용할 수 없다.

6 인사팀에 근무하고 있는 사원S는 신입사원들을 위해 전화기 사용 요령에 대해 교육을 진행하려고 한다. 신입사원들에게 교육하지 않아도 되는 항목은?

① 일반 전화 걸기   ② 전화 당겨 받기

③ 전화 넘겨 주기   ④ 회사 전화를 내 핸드폰으로 받기

    TIP 》 회사 전화를 내 핸드폰으로 받는 기능은 팀장급 이상의 자리에 있는 대표 전화기로만 가능하기 때문에 신입사원에게 교육하지 않아도 되는 항목이다.

7 사원S는 전화 관련 정보들을 신입사원이 이해하기 쉽도록 표로 정리하였다. 정리한 내용으로 옳지 않은 내용이 포함된 항목은?

상황	항목	눌러야 하는 번호
회사 외부로 전화 걸 때	일반 전화 걸기	9+(지역번호)+(전화번호)
다른 직원에게 걸려온 전화를 내가 받아야 할 때	전화 당겨 받기	*(별표) 한 번
회사 내 다른 직원과 전화할 때	회사 내 직원과 전화하기	내선번호
내가 먼저 전화를 받은 경우 다른 직원에게 넘겨줄 때	전화 넘겨주기	종료버튼(짧게)+내선번호

① 일반 전화 걸기

② 전화 당겨 받기

③ 회사 내 직원과 전화하기

④ 전화 넘겨주기

    TIP 》 ② 전화를 당겨 받는 경우에는 *(별표)를 두 번 누른다.

ANSWER 〉 6.④ 7.②

┃8~9┃ 다음은 어느 회사의 사내 복지 제도와 지원내역에 관한 자료이다. 물음에 답하시오.

<2017년 사내 복지 제도>

주택 지원
주택구입자금 대출
전보자 및 독신자를 위한 합숙소 운영

자녀학자금 지원
중고생 전액지원, 대학생 무이자융자

경조사 지원
사내근로복지기금을 운영하여 각종 경조금 지원

기타
사내 동호회 활동비 지원
상병 휴가, 휴직, 4대보험 지원
생일 축하금(상품권 지급)

<2017년 1/4분기 지원 내역>

이름	부서	직위	내역	금액(만원)
엄영식	총무팀	차장	주택구입자금 대출	−
이수연	전산팀	사원	본인 결혼	10
임효진	인사팀	대리	독신자 합숙소 지원	−
김영태	영업팀	과장	휴직(병가)	−
김원식	편집팀	부장	대학생 학자금 무이자융자	−
심민지	홍보팀	대리	부친상	10
이영호	행정팀	대리	사내 동호회 활동비 지원	10
류민호	자원팀	사원	생일(상품권 지급)	5
백성미	디자인팀	과장	중학생 학자금 전액지원	100
채준민	재무팀	인턴	사내 동호회 활동비 지원	10

8 인사팀에 근무하고 있는 사원 B씨는 2017년 1분기에 지원을 받은 사원들을 정리했다. 다음 중 분류가 잘못된 사원은?

구분	이름
주택 지원	엄영식, 임효진
자녀학자금 지원	김원식, 백성미
경조사 지원	이수연, 심민지, 김영태
기타	이영호, 류민호, 채준민

① 엄영식

② 김원식

③ 심민지

④ 김영태

　　TIP》 ④ 김영태는 병가로 인한 휴직이므로 '기타'에 속해야 한다.

9 사원 B씨는 위의 복지제도와 지원 내역을 바탕으로 2분기에도 사원들을 지원하려고 한다. 지원한 내용으로 옳지 않은 것은?

① 엄영식 차장이 장모상을 당하셔서 경조금 10만원을 지원하였다.

② 심민지 대리가 동호회에 참여하게 되어서 활동비 10만원을 지원하였다.

③ 이수연 사원의 생일이라서 현금 5만원을 지원하였다.

④ 류민호 사원이 결혼을 해서 10만원을 지원하였다.

　　TIP》 ③ 생일인 경우에는 상품권 5만원을 지원한다.

┃10~11 ┃ 다음 결재규정을 보고 물음에 답하시오.

〈결재규정〉

- 결재를 받으려는 업무에 대해서는 대표이사를 포함한 이하 직책자의 결재를 받아야 한다.
- '전결'은 회사의 경영·관리 활동에 있어서 대표이사의 결재를 생략하고, 자신의 책임 하에 최종적으로 결정하는 행위를 말한다.
- 전결사항에 대해서도 위임 받은 자를 포함한 이하 직책자의 결재를 받아야 한다.
- 표시내용 : 결재를 올리는 자는 대표이사로부터 전결 사항을 위임 받은 자가 있는 경우 결재란에 전결이라고 표시하고 최종결재란에 위임받은 자를 표시한다. 다만, 결재가 불필요한 직책자의 결재란은 상향대각선으로 표시한다.
- 대표이사의 결재사항 및 대표이사로부터 위임된 전결사항은 아래의 표에 따른다.

구분	내용	금액기준	결재서류	팀상	부장	대표이사
접대비	거래처 식대, 경조사비 등	20만 원 이하	접대비지출품의서 지출결의서	● ■		
		30만 원 이하			● ■	
		30만 원 초과				● ■
교통비	국내 출장비	30만 원 이하	출장계획서 출장비신청서	● ■		
		50만 원 이하		●	■	
		50만 원 초과		●		■
	해외 출장비			●		■
소모품비	사무용품		지출결의서	■		
	문서, 전산소모품					■
	잡비	10만 원 이하		■		
		30만 원 이하			■	
		30만 원 초과				■
교육비	사내·외 교육		기안서 지출결의서	●		■
법인카드	법인카드 사용	50만 원 이하	법인카드 신청서	■		
		100만 원 이하			■	
		100만 원 초과				■

※ ● : 기안서, 출장계획서, 접대비지출품의서
※ ■ : 지출결의서, 각종신청서

10 영업부 사원 甲씨는 부산출장으로 450,000원을 지출했다. 甲씨가 작성한 결재 양식으로 옳은 것은?

①

결재	출장계획서			
	담당	팀장	부장	최종결재
	甲			팀장

②

결재	출장계획서			
	담당	팀장	부장	최종결재
	甲		전결	부장

③

결재	출장비신청서			
	담당	팀장	부장	최종결재
	甲			팀장

④

결재	출장비신청서			
	담당	팀장	부장	최종결재
	甲		전결	부장

TIP 》 국내 출장비 50만 원 이하인 경우 출장계획서는 팀장 전결, 출장비신청서는 부장 전결이므로 사원 甲씨가 작성해야 하는 결재 양식은 다음과 같다.

결재	출장계획서			
	담당	팀장	부장	최종결재
	甲	전결		팀장

결재	출장비신청서			
	담당	팀장	부장	최종결재
	甲		전결	부장

11 기획팀 사원 乙씨는 같은 팀 사원 丙씨의 부친상 부의금 500,000원을 회사 명의로 지급하기로 했다. 乙씨가 작성한 결재 양식으로 옳은 것은?

①

결재	접대비지출품의서			
	담당	팀장	부장	최종결재
	乙		전결	부장

②

결재	접대비지출품의서			
	담당	팀장	부장	최종결재
	乙			대표이사

③

결재	지출결의서			
	담당	팀장	부장	최종결재
	乙	전결		팀장

④

결재	지출결의서			
	담당	팀장	부장	최종결재
	乙		전결	부장

TIP 》 부의금은 접대비에 해당하는 경조사비이다. 30만 원이 초과되는 접대비는 접대비지출품의서, 지출결의서 모두 대표이사 결재사항이다. 따라서 사원 乙씨가 작성해야 하는 결재 양식은 다음과 같다.

결재	접대비지출품의서			
	담당	팀장	부장	최종결재
	乙			대표이사

결재	지출결의서			
	담당	팀장	부장	최종결재
	乙			대표이사

ANSWER 〉 10.④ 11.②

    SWOT전략은 강점(Strength), 약점(Weakness), 기회(Opportunity), 위협(Threat)의 머리글자를 모아 만든 단어로 경영전략을 수립하기 위한 분석도구이다. SWOT 분석을 통해 도출된 조직의 내부, 외부 환경을 분석 결과를 통해 대응하는 전략을 도출하게 된다.
    SO전략은 기회를 활용하면서 강점을 더욱 강화하는 공격적인 전략이고, WO전략은 외부환경의 기회를 활용하면서 자신의 약점을 보완하는 전략으로 이를 통해 기업이 처한 국면의 전환을 가능하게 할 수 있다. ST전략은 외부환경의 위험요소를 회피하면서 강점을 활용하는 것이며, WT전략은 외부환경의 위험요소를 회피하고 자사의 약점을 보완하는 전략으로 방어적 성격을 갖는다.

내부환경 외부환경	강점	약점
기회	강점-기회 전략	약점-기회 전략
위협	강점-위협 전략	약점-위협 전략

12 다음 환경 분석결과에 대응하는 가장 적절한 전략은?

강점	• 탁월한 수준의 영어 실력 • 탁월한 수준의 인터넷 실력
약점	• 비명문대 출신 • 대학원 진학에 대한 부모의 경제적 후원 어려움
기회	• 외국 기업의 국내 진출 활성화 • 능력 위주의 인사
위협	• 국내 대기업의 신입사원 채용 기피 • 명문대 출신 우대 및 사내 파벌화

내부환경 외부환경	강점	약점
기회	① 국내 기업에 입사	② 명문대 대우해주는 대기업에 입사
위협	③ 대기업 포기, 영어와 인터넷 실력 원하는 중소기업 입사	④ 명문대 출신이 많은 기업에 입사

TIP 》 ① SO전략 : 외국 기업에 입사
② WO전략 : 비명문대 출신도 능력만 있으면 대우해주는 대기업에 입사
③ ST전략 : 대기업 포기, 영어와 인터넷 실력 원하는 중소기업 입사, 진학하여 MBA 획득
④ WT전략 : 선배가 경영주인 기업 또는 선배가 많은 기업에 입사, 대학원은 명문대에 장학생으로 진학 후 2년 후 국내경기가 활성화되면 취업

13 다음 환경 분석결과는 ○○학회의 문제를 제시한 것이다. 조직성과를 올리기 위한 전략을 도출하려고 할 때 이에 대응하는 가장 적절한 전략은?

강점	마케팅 수업과 스터디, 교수님과의 연계로 타 학회보다 높은 퀄리티를 가지고 있다.
약점	• 정해진 커리큘럼 없이 조직원들의 혼란이 있다. • 결속력이 약하고 조직원 간 커뮤니케이션의 부재와 조직 사기 저하가 일어났다.
기회	• 공모전이 취업에 높은 비중을 차지한다. • 공모전 증가로 참여 기회가 많아졌다.
위협	• 외부 동아리, 연합 동아리 등이 증가하고 있다. • 학생들의 가입과 참여가 줄어들고 있다.

내부환경 외부환경	강점	약점
기회	① 지도 교수의 지도로 최신 이론을 통해 수준 높은 퀄리티로 공모전에 참여한다.	② 목표를 설정하고 세분화하여 경쟁자를 줄인다.
위협	③ 결속력을 강화하기 위한 프로그램을 만들어 학생들의 가입을 유도한다.	④ 공모전을 목표로 학회의 방향을 명확히 한다.

TIP 》 ① SO전략 : 지도 교수의 지도로 최신 이론을 통해 수준 높은 퀄리티로 공모전에 참여한다.
② WO전략 : 공모전을 위한 커리큘럼을 구성하고 실천한다.
③ ST전략 : 지도교수 체제 하에 전문성을 특화로 타 동아리와 차별성을 갖는다.
④ WT전략 : 차별화된 커리큘럼이나 프로세스를 구성하여 차별성을 갖는다.

ANSWER 〉 12.③ 13.①

08. 조직이해능력 》 193

14 다음은 화장품 회사의 SWOT분석이다. 환경 분석결과에 대응하는 가장 적절한 전략은?

강점	• 화장품과 관련된 높은 기술력 보유 • 기초화장품 전문 브랜드라는 소비자인식과 높은 신뢰도
약점	• 남성전용 화장품 라인의 후발주자 • 용량 대비 높은 가격
기회	• 남성들의 화장품에 대한 인식변화와 화장품 시장의 지속적인 성장 • 화장품 분야에 대한 정부의 지원
위협	• 경쟁업체들의 남성화장품 시장 공략 • 내수경기 침체로 인한 소비심리 위축

내부환경 외부환경	강점	약점
기회	① 기초화장품 기술력을 통한 경쟁적 남성 기초화장품 개발	② 남성화장품 이외의 라인에 주력하여 경쟁력 강화
위협	③ 유통비 조정을 통한 제품의 가격 조정	④ 정부의 지원을 통한 제품의 가격 조정

TIP 》 ② 위협을 회피하고 약점을 최소화하는 WT전략에 해당한다.
③ 가격을 낮추어 기타 업체들과 경쟁하는 전략으로 WO전략에 해당한다.
④ 정부의 지원이라는 기회를 활용하여 약점을 극복하는 WO전략에 해당한다.

15 다음은 어느 회사의 전략목표에 따른 전략과제를 나타낸 것이다. ㉠~㉣ 중 분류가 잘못된 것은?

고부가가치 항만 구현	• ㉠항만 인프라 경쟁력 제고 • 항만 효율성 극대화 • 배후단지 운영 활성화
미래 성장동력 확보	• 오일허브 구축 • 오일허브 연관산업 활성화 기반 구축 • ㉡미래대비 신사업 발굴 • ㉢맞춤형 서비스 확대
고객중심 항만 구현	• 친환경·안전항만 구축 • 전사적 창의혁신 실천 • ㉣사회적 책임활동 강화

① ㉠   ② ㉡

③ ㉢   ④ ㉣

TIP 》 ③ 맞춤형 서비스 확대는 고객중심 항만 구현에 따른 전략과제이다.

16 다음 중 아래 조직도를 보고 잘못 이해한 것은?

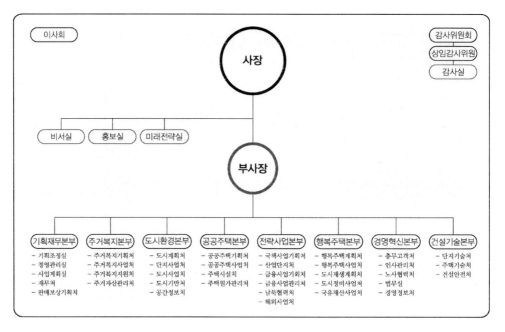

① 비서실, 홍보실, 미래전략실은 사장 직속으로 되어 있다.

② 감사실은 사장 직속이 아니라 독립성을 위해 감사위원회 산하에 소속되어 있다.

③ 부사장 직속으로 8개 본부, 5개 실, 30개 처로 구성되어 있다.

④ 부사장은 따로 비서실을 두고 있지 않다.

    TIP 》 ③ 부사장 직속으로 8개 본부, 4개 실, 33개 처로 구성되어 있다.

17 다음은 L씨가 경영하는 스위치 생산 공장의 문제점과 대안을 나타낸 것이다. 이에 대한 설명으로 옳지 않은 것은?

- 문제점 : 불량률의 증가
- 해결방법 : 신기술의 도입
- 가능한 대안
  - 신기술의 도입
  - 업무시간의 단축
  - 생산라인의 변경

① 신기술을 도입할 경우 신제품의 출시가 가능하다.

② 업무시간을 단축할 경우 직원 채용에 대한 시간이 감소한다.

③ 생산라인을 변경하면 새로운 라인에 익숙해지는데 시간이 소요된다.

④ 업무시간을 단축하면 구성원들의 직무만족도를 증가시킬 수 있다.

> **TIP 》** 업무시간을 단축하게 되면 직원 채용에 대한 시간, 비용이 증가하게 된다.

18 다음은 의료기기 영업부 신입사원 J씨가 H대리와 함께 일본 거래처 A기업의 "사토 쇼헤이" 부장에게 신제품을 알리기 위해 일본 출장에 가서 생긴 일이다. 다음 밑줄 친 행동 중 "사토 쇼헤이" 부장의 표정이 좋지 않았던 이유가 될 만한 것은?

> J씨는 출장 ①<u>2주 전에 메일로 사토 쇼헤이 부장에게 출장의 일시와 약속장소 등을 확인</u>한 후 하루 일찍 일본으로 출발했다. 약속 당일 A기업의 사옥 프론트에 도착한 두 사람은 소속과 이름을 밝히고 사토 쇼헤이 부장과 약속이 있다고 전했다. 안내된 회의실에서 사토 쇼헤이 부장을 만난 두 사람은 서로 명함을 교환한 후 ②<u>신제품 카탈로그와 함께 선물로 준비한 한국의 김과 차를 전달</u>하고 프레젠테이션을 시작했고, J씨는 H대리와 사토 상의 대화에서 중요한 부분들을 잊지 않기 위해 ③<u>그 자리에서 명함 뒤에 작게 메모를 해두었다.</u> 상담이 끝난 후 ④<u>엘리베이터에서 사토 상이 먼저 탈 때까지 기다렸다가 탑승</u>하였다. 사옥 입구에서 좋은 답변을 기다리겠노라고 인사하는데 어쩐지 사토 상의 표정이 좋지 않았다.

> **TIP 》** 일본에서 명함은 그 사람 그 자체, 얼굴이라는 인식이 있어 받은 명함은 정중히 취급해야 한다. 받자마자 주머니나 명함케이스에 넣으면 안 되며, 상담 중에는 책상 위 눈앞에 정중하게 두고, 상담 종료 후에 정중하게 명함케이스에 넣어야 한다. 또한 명함에 상대방 이름의 읽는 방법이나 미팅 날짜 등을 적고 싶은 경우에도 상담 후 방문 기업을 나온 뒤에 행하는 것이 좋다.

ANSWER 〉 16.③ 17.② 18.③

▌19~20 ▌ 다음은 어느 회사의 기존 조직도와 조직 개편 기준이다. 다음을 보고 물음에 답하시오

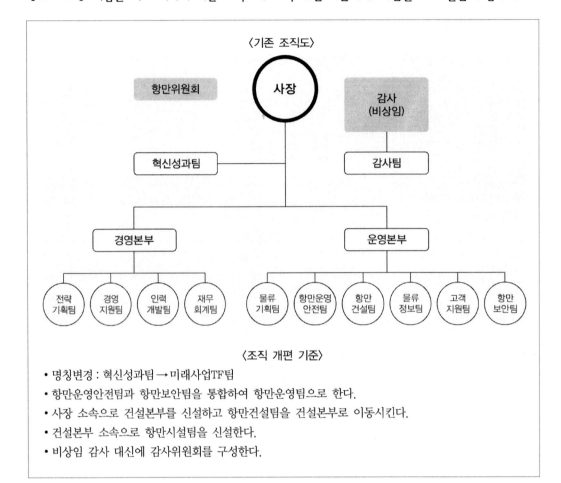

〈기존 조직도〉

〈조직 개편 기준〉

- 명칭변경 : 혁신성과팀 → 미래사업TF팀
- 항만운영안전팀과 항만보안팀을 통합하여 항만운영팀으로 한다.
- 사장 소속으로 건설본부를 신설하고 항만건설팀을 건설본부로 이동시킨다.
- 건설본부 소속으로 항만시설팀을 신설한다.
- 비상임 감사 대신에 감사위원회를 구성한다.

19 사원A씨는 새로운 조직 개편 기준에 맞게 조직도를 다시 만들려고 한다. 다음 조직도의 ㉠~㉣에 들어갈 내용으로 옳지 않은 것은?

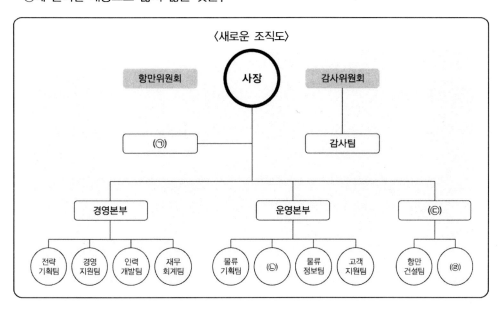

① ㉠ : 미래사업TF팀

② ㉡ : 항만운영팀

③ ㉢ : 건설본부

④ ㉣ : 건설기획팀

　　TIP 》 ㉣에는 항만시설팀이 들어가야 한다.

20 기존 조직도 하에서 조직과 업무가 옳지 않게 짝지어진 것은?

① 전략기획팀 – 중장기계획, 전략, 국회

② 고객지원팀 – 홍보관 운영, 서무, CS

③ 재무회계팀 – 인사관리, 역량평가

④ 항만건설팀 – 오일허브 개발, 개발계획

　　TIP 》 ③ 인사관리, 역량평가는 인력개발팀의 업무이다. 재무회계팀은 재무관리, 회계, 결산, 자산관리, 계약 등의 업무를 수행한다.

07 직업윤리

1 윤리와 직업

(1) 윤리의 의미

① 윤리적 인간… 공동의 이익을 추구하고 도덕적 가치 신념을 기반으로 형성된다.

② 윤리규범의 형성… 공동생활과 협력을 필요로 하는 인간생활에서 형성되는 공동행동의 룰을 기반으로 형성된다.

③ 윤리의 의미… 인간과 인간 사이에서 지켜야 할 도리를 바르게 하는 것으로 인간 사회에 필요한 올바른 질서라고 할 수 있다.

예제 1

윤리에 대한 설명으로 옳지 않은 것은?

① 윤리는 인간과 인간 사이에서 지켜져야 할 도리를 바르게 하는 것으로 볼 수 있다.

② 동양적 사고에서 윤리는 인륜과 동일한 의미이며, 엄격한 규율이나 규범의 의미가 배어 있다.

③ 인간은 윤리를 존중하며 살아야 사회가 질서와 평화를 얻게 되고, 모든 사람이 안심하고 개인적 행복을 얻게 된다.

④ 윤리는 세상에 두 사람 이상이 있으면 존재하며, 반대로 혼자 있을 때도 지켜져야 한다.

[출제의도]
윤리의 의미와 윤리적 인간, 윤리규범의 형성 등에 대한 기본적인 이해를 평가하는 문제이다.
[해설]
윤리는 인간과 인간 사이에서 지켜져야 할 도리를 바르게 하는 것으로서 이 세상에 두 사람 이상이 있으면 존재하고 반대로 혼자 있을 때에는 의미가 없는 말이 되기도 한다.

 답 ④

---

(2) 직업의 의미

① 직업은 본인의 자발적 의사에 의한 장기적으로 지속하는 일로, 경제적 보상이 따라야 한다.

② **입신출세론** … 입신양명(立身揚名)이 입신출세(立身出世)로 바뀌면서 현대에 와서는 직업 활동의 결과를 출세에 비중을 두는 경향이 짙어졌다.

③ 3D 기피현상 ··· 힘들고(Difficult), 더럽고(Dirty), 위험한(Dangerous) 일은 하지 않으려고 하는 현상

(3) 직업윤리

① 직업윤리란 직업인이라면 반드시 지켜야 할 공통적인 윤리규범으로 어느 직장에 다니느냐를 구분하지 않는다.

② 직업윤리와 개인윤리의 조화
- ㉠ 업무상 행해지는 개인의 판단과 행동이 사회적 파급력이 큰 기업시스템을 통하여 다수의 이해관계자와 관련된다.
- ㉡ 많은 사람의 고도화 된 협력을 요구하므로 맡은 역할에 대한 책임완수와 투명한 일 처리가 필요하다.
- ㉢ 규모가 큰 공동 재산·정보 등을 개인이 관리하므로 높은 윤리의식이 요구된다.
- ㉣ 직장이라는 특수 상황에서 갖는 집단적 인간관계는 가족관계, 친분관계와는 다른 배려가 요구된다.
- ㉤ 기업은 경쟁을 통하여 사회적 책임을 다하고, 보다 강한 경쟁력을 키우기 위하여 조직원인의 역할과 능력을 꾸준히 향상시켜야 한다.
- ㉥ 직무에 따른 특수한 상황에서는 개인 차원의 일반 상식과 기준으로는 규제할 수 없는 경우가 많다.

예제 2

직업윤리에 대한 설명으로 옳지 않은 것은?

① 개인윤리를 바탕으로 각자가 직업에 종사하는 과정에서 요구되는 특수한 윤리규범이다.
② 직업에 종사하는 현대인으로서 누구나 공통적으로 지켜야 할 윤리기준을 직업윤리라 한다.
③ 개인윤리의 기본 덕목인 사랑, 자비 등과 공동발전의 추구, 장기적 상호이익 등의 기본은 직업윤리도 동일하다.
④ 직업을 가진 사람이라면 반드시 지켜야 할 윤리규범이며, 중소기업 이상의 직장에 다니느냐에 따라 구분된다.

[출제의도]
직업윤리의 정의와 내용에 대한 올바른 이해를 요구하는 문제이다.
[해설]
직업윤리란 직업을 가진 사람이라면 반드시 지켜야 할 공통적인 윤리규범을 말하는 것으로 어느 직장에 다니느냐를 구분하지 않는다.

 ④

2　직업윤리를 구성하는 하위능력

(1) 근로윤리

① 근면한 태도
　㉠ 근면이란 게으르지 않고 부지런한 것으로 근면하기 위해서는 일에 임할 때 적극적이고 능동적인 자세가 필요하다.
　㉡ 근면의 종류
　　• 외부로부터 강요당한 근면
　　• 스스로 자진해서 하는 근면

② 정직한 행동
　㉠ 정직은 신뢰를 형성하고 유지하는 데 기본적이고 필수적인 규범이다.
　㉡ 정직과 신용을 구축하기 위한 지침
　　• 정직과 신뢰의 자산을 매일 조금씩 쌓아가자.
　　• 잘못된 것도 정직하게 밝히자.
　　• 타협하거나 부정직을 눈감아 주지 말자.
　　• 부정직한 관행은 인정하지 말자.

③ 성실한 자세 … 성실은 일관하는 마음과 정성의 덕으로 자신의 일에 최선을 다하고자 하는 마음자세를 가지고 업무에 임하는 것이다.

예제 3

우리 사회에서 정직과 신용을 구축하기 위한 지침으로 볼 수 없는 것은?

① 정직과 신뢰의 자산을 매일 조금씩 쌓아가도록 한다.
② 잘못된 것도 정직하게 밝혀야 한다.
③ 작은 실수는 눈감아 주고 때론 타협을 하여야 한다.
④ 부정직한 관행은 인정하지 말아야 한다.

[출제의도]
근로윤리 중에서도 정직한 행동과 성실한 자세에 대해 올바르게 이해하고 있는지 평가하는 문제이다.
[해설]
타협하거나 부정직한 일에 대해서는 눈감아주지 말아야 한다.

답 ③

---

(2) 공동체윤리

① 봉사(서비스)의 의미
　㉠ 직업인에게 봉사란 자신보다 고객의 가치를 최우선으로 하는 서비스 개념이다.

ⓛ SERVICE의 7가지 의미
- S(Smile & Speed) : 서비스는 미소와 함께 신속하게 하는 것
- E(Emotion) : 서비스는 감동을 주는 것
- R(Respect) : 서비스는 고객을 존중하는 것
- V(Value) : 서비스는 고객에게 가치를 제공하는 것
- I(Image) : 서비스는 고객에게 좋은 이미지를 심어 주는 것
- C(Courtesy) : 서비스는 예의를 갖추고 정중하게 하는 것
- E(Excellence) : 서비스는 고객에게 탁월하게 제공되어져야 하는 것

ⓒ 고객접점서비스 : 고객과 서비스 요원 사이에서 15초 동안의 짧은 순간에 이루어지는 서비스로, 이 순간을 진실의 순간(MOT ; Moment of Truth) 또는 결정적 순간이라고 한다.

② **책임의 의미** ⋯ 책임은 모든 결과는 나의 선택으로 인한 결과임을 인식하는 태도로, 상황을 회피하지 않고 맞닥뜨려 해결하는 자세가 필요하다.

③ **준법의 의미** ⋯ 준법은 민주 시민으로서 기본적으로 지켜야 하는 의무이며 생활 자세이다.

④ **예절의 의미** ⋯ 예절은 일정한 생활문화권에서 오랜 생활습관을 통해 하나의 공통된 생활방법으로 정립되어 관습적으로 행해지는 사회계약적 생활규범으로, 언어문화권에 따라 다르고 같은 언어문화권이라도 지방에 따라 다를 수 있다.

⑤ **직장에서의 예절**
  ㉠ **직장에서의 인사예절**
  - 악수
  - 악수를 하는 동안에는 상대에게 집중하는 의미로 반드시 눈을 맞추고 미소를 짓는다.
  - 악수를 할 때는 오른손을 사용하고, 너무 강하게 쥐어짜듯이 잡지 않는다.
  - 악수는 힘 있게 해야 하지만 상대의 뼈를 부수듯이 손을 잡지 말아야 한다.
  - 악수는 서로의 이름을 말하고 간단한 인사 몇 마디를 주고받는 정도의 시간 안에 끝내야 한다.
  - 소개
  - 나이 어린 사람을 연장자에게 소개한다.
  - 내가 속해 있는 회사의 관계자를 타 회사의 관계자에게 소개한다.
  - 신참자를 고참자에게 소개한다.
  - 동료임원을 고객, 손님에게 소개한다.
  - 비임원을 임원에게 소개한다.
  - 소개받는 사람의 별칭은 그 이름이 비즈니스에서 사용되는 것이 아니라면 사용하지 않는다.
  - 반드시 성과 이름을 함께 말한다.
  - 상대방이 항상 사용하는 경우라면, Dr. 또는 Ph.D. 등의 칭호를 함께 언급한다.

−정부 고관의 직급명은 퇴직한 경우라도 항상 사용한다.

−천천히 그리고 명확하게 말한다.

−각각의 관심사와 최근의 성과에 대하여 간단한 언급을 한다.

• 명함 교환

−명함은 반드시 명함 지갑에서 꺼내고 상대방에게 받은 명함도 명함 지갑에 넣는다.

−상대방에게서 명함을 받으면 받은 즉시 호주머니에 넣지 않는다.

−명함은 하위에 있는 사람이 먼저 꺼내는데 상위자에 대해서는 왼손으로 가볍게 받쳐 내는 것이 예의이며, 동위자, 하위자에게는 오른손으로만 쥐고 건넨다.

−명함을 받으면 그대로 집어넣지 말고 명함에 관해서 한두 마디 대화를 건네 본다.

−쌍방이 동시에 명함을 꺼낼 때는 왼손으로 서로 교환하고 오른손으로 옮겨진다.

ⓒ 직장에서의 전화예절

• 전화걸기

−전화를 걸기 전에 먼저 준비를 한다. 정보를 얻기 위해 전화를 하는 경우라면 얻고자 하는 내용을 미리 메모하도록 한다.

−전화를 건 이유를 숙지하고 이와 관련하여 대화를 나눌 수 있도록 준비한다.

−전화는 정상적인 업무가 이루어지고 있는 근무 시간에 걸도록 한다.

−당신이 통화를 원하는 상대와 통화할 수 없을 경우에 대비하여 비서나 다른 사람에게 메시지를 남길 수 있도록 준비한다.

−전화는 직접 걸도록 한다.

−전화를 해달라는 메시지를 받았다면 가능한 한 48시간 안에 답해주도록 한다.

• 전화받기

−전화벨이 3~4번 울리기 전에 받는다.

−당신이 누구인지를 즉시 말한다.

−천천히, 명확하게 예의를 갖추고 말한다.

−밝은 목소리로 말한다.

−말을 할 때 상대방의 이름을 함께 사용한다.

−메시지를 받아 적을 수 있도록 펜과 메모지를 곁에 둔다.

−주위의 소음을 최소화한다.

−긍정적인 말로서 전화 통화를 마치고 전화를 건 상대방에게 감사를 표시한다.

• 휴대전화

−당신이 어디에서 휴대전화로 전화를 하든지 간에 상대방에게 통화를 강요하지 않는다.

−상대방이 장거리 요금을 지불하게 되는 휴대전화의 사용은 피한다.

−운전하면서 휴대전화를 하지 않는다.

−친구의 휴대전화를 빌려 달라고 부탁하지 않는다.

－비상시에만 휴대전화를 사용하는 친구에게는 휴대전화로 전화하지 않는다.

ⓒ 직장에서의 E-mail 예절

• E-mail 보내기

－상단에 보내는 사람의 이름을 적는다.

－메시지에는 언제나 제목을 넣도록 한다.

－메시지는 간략하게 만든다.

－요점을 빗나가지 않는 제목을 잡도록 한다.

－올바른 철자와 문법을 사용한다.

• E-mail 답하기

－원래 이-메일의 내용과 관련된 일관성 있는 답을 하도록 한다.

－다른 비즈니스 서신에서와 마찬가지로 화가 난 감정의 표현을 보내는 것은 피한다.

－답장이 어디로, 누구에게로 보내는지 주의한다.

⑥ 성예절을 지키기 위한 자세 … 직장에서 여성의 특징을 살린 한정된 업무를 담당하던 과거와는 달리 여성과 남성이 대등한 동반자 관계로 동등한 역할과 능력발휘를 한다는 인식을 가질 필요가 있다.

ⓐ 직장 내에서 여성이 남성과 동등한 지위를 보장 받기 위해서 그만한 책임과 역할을 다해야 하며, 조직은 그에 상응하는 여건을 조성해야 한다.

ⓑ 성희롱 문제를 사전에 예방하고 효과적으로 처리하는 방안이 필요한 것이다.

ⓒ 남성 위주의 가부장적 문화와 성 역할에 대한 과거의 잘못된 인식을 타파하고 남녀공존의 직장문화를 정착하는 노력이 필요하다.

예제 4

예절에 대한 설명으로 옳지 않은 것은?

① 예절은 일정한 생활문화권에서 오랜 생활습관을 통해 하나의 공통된 생활방식으로 정립되어 관습적으로 행해지는 사회계약적인 생활규범이라 할 수 있다.

② 예절은 언어문화권에 따라 다르나 동일한 언어문화권일 경우에는 모두 동일하다.

③ 무리를 지어 하나의 문화를 형성하여 사는 일정한 지역을 생활문화권이라 하며, 이 문화권에 사는 사람들이 가장 편리하고 바람직한 방법이라고 여겨 그렇게 행하는 생활방법이 예절이다.

④ 예절은 한 나라에서 통일되어야 국민들이 생활하기가 수월하며, 올바른 예절을 지키는 것이 바른 삶을 사는 것이라 할 수 있다.

[출제의도]

공동체윤리에 속하는 여러 항목 중 예절의 의미와 특성에 대한 이해능력을 평가하는 문제이다.

[해설]

예절은 언어문화권에 따라 다르고, 동일한 언어문화권이라도 지방에 따라 다를 수 있다. 예를 들면 우리나라의 경우 서울과 지방에 따라 예절이 조금씩 다르다.

답 ②

07 직업윤리

1 다음 빈칸에 들어갈 용어로 올바른 것은?

> • 1980년대 이후 소득수준과 생활수준이 급격히 향상되면서 근로자들이 일하기를 꺼리는 업종을 지칭하는 신조어를 말한다.
>
> • 더러움을 의미하는 dirty, 힘듦을 의미하는 difficult, ___㉠___ 을 의미하는 dangerous 의 앞 글자를 따 만들었다.
>
> • 본래는 제조업, 광업, 건축업 등 더럽고 어려우며 위험한 분야의 산업을 일컬었으나 최근에는 주로 젊은층을 위주로 한 노동인력의 취업경향을 설명하는 데 사용된다.

① 위험함 ② 연관성

③ 어두움 ④ 이질감

> **TIP** 》 3D 기피현상 : 힘들고(Difficult), 더럽고(Dirty), 위험한(Dangerous) 일은 하지 않으려고 하는 현상

2 다음 중 공동체 윤리에 해당하는 것이 아닌 것은?

① 봉사 ② 책임

③ 준법 ④ 근면

> **TIP** 》 ④는 근로윤리에 해당한다.

3 다음 중 악수 예절로 적절한 것은?

① 악수를 하는 동안에 상대의 눈을 쳐다보지 않는다.

② 악수를 할 때는 왼손을 사용한다.

③ 악수는 인사 몇 마디를 주고받는 정도의 시간 안에 끝내야 한다.

④ 악수는 상대보다 더 힘 있게 해야 한다.

> **TIP** 》 악수 예절
> • 악수를 하는 동안에는 상대에게 집중하는 의미로 반드시 눈을 맞추고 미소를 짓는다.
> • 악수를 할 때는 오른손을 사용하고, 너무 강하게 쥐어짜듯이 잡지 않는다.
> • 악수는 힘 있게 해야 하지만 상대의 뼈를 부수듯이 손을 잡지 말아야 한다.
> • 악수는 서로의 이름을 말하고 간단한 인사 몇 마디를 주고받는 정도의 시간 안에 끝내야 한다.

4 다음 중 직장에서의 소개 예절로 옳지 않은 것은?

① 나이 어린 사람을 연장자에게 소개한다.

② 신참자를 고참자에게 소개한다.

③ 반드시 성과 이름을 함께 말한다.

④ 빠르게 그리고 명확하게 말한다.

> **TIP** 》 소개
> • 나이 어린 사람을 연장자에게 소개한다.
> • 내가 속해 있는 회사의 관계자를 타 회사의 관계자에게 소개한다.
> • 신참자를 고참자에게 소개한다.
> • 동료임원을 고객, 손님에게 소개한다.
> • 비임원을 임원에게 소개한다.
> • 소개받는 사람의 별칭은 그 이름이 비즈니스에서 사용되는 것이 아니라면 사용하지 않는다.
> • 반드시 성과 이름을 함께 말한다.
> • 상대방이 항상 사용하는 경우라면, Dr. 또는 Ph.D. 등의 칭호를 함께 언급한다.
> • 정부 고관의 직급명은 퇴직한 경우라도 항상 사용한다.
> • 천천히 그리고 명확하게 말한다.
> • 각각의 관심사와 최근의 성과에 대하여 간단한 언급을 한다.

ANSWER 〉 1.① 2.④ 3.③ 4.④

5 다음 중 직장에서의 명함교환 예절로 옳지 않은 것은?

① 상대방에게서 명함을 받으면 받은 즉시 호주머니에 넣는다.

② 명함은 하위에 있는 사람이 먼저 꺼낸다.

③ 명함을 받으면 그대로 집어넣지 말고 명함에 관해서 한두 마디 대화를 건네 본다.

④ 쌍방이 동시에 명함을 꺼낼 때는 왼손으로 서로 교환하고 오른손으로 옮겨진다.

> **TIP** 》 명함 교환
> - 명함은 반드시 명함 지갑에서 꺼내고 상대방에게 받은 명함도 명함 지갑에 넣는다.
> - 상대방에게서 명함을 받으면 받은 즉시 호주머니에 넣지 않는다.
> - 명함은 하위에 있는 사람이 먼저 꺼내는데 상위자에 대해서는 왼손으로 가볍게 받쳐 내는 것이 예의이며, 동위자, 하위자에게는 오른손으로만 쥐고 건넨다.
> - 명함을 받으면 그대로 집어넣지 말고 명함에 관해서 한두 마디 대화를 건네 본다.
> - 쌍방이 동시에 명함을 꺼낼 때는 왼손으로 서로 교환하고 오른손으로 옮겨진다.

6 다음 중 직장에서의 E-mail 예절로 옳지 않은 것은?

① 올바른 철자와 문법을 사용한다.

② 메시지는 간략하게 만든다.

③ 단문의 메시지인 경우 제목은 생략한다.

④ 답장이 어디로, 누구에게로 보내는지 주의한다.

> **TIP** 》 직장에서의 E-mail 예절
> ㉠ E-mail 보내기
> - 상단에 보내는 사람의 이름을 적는다.
> - 메시지에는 언제나 제목을 넣도록 한다.
> - 메시지는 간략하게 만든다.
> - 요점을 빗나가지 않는 제목을 잡도록 한다.
> - 올바른 철자와 문법을 사용한다.
> ㉡ E-mail 답하기
> - 원래 이-메일의 내용과 관련된 일관성 있는 답을 하도록 한다.
> - 다른 비즈니스 서신에서와 마찬가지로 화가 난 감정의 표현을 보내는 것은 피한다.
> - 답장이 어디로, 누구에게로 보내는지 주의한다.

7 다음 중 성 예절을 지키기 위한 노력으로 옳은 것은?

① 성희롱 문제는 사전에 예방할 수 없기 때문에 국가와 타협을 해야한다.

② 여성은 남성보다 높은 지위를 보장 받기 위해서 그에 상응하는 여건을 조성해야 한다.

③ 직장 내에서 여성의 지위를 인정받기 위해 남성의 지위를 없애야 한다.

④ 성 역할에 대한 과거의 잘못된 인식을 타파하고 남녀공존의 직장문화를 정착하는 노력이 필요하다.

> **TIP》** 성 예절을 지키기 위한 자세 : 직장에서 여성의 특징을 살린 한정된 업무를 담당하던 과거와는 달리 여성과 남성이 대등한 동반자 관계로 동등한 역할과 능력발휘를 한다는 인식을 가질 필요가 있다.

8 다음 중 휴대전화 예절로 옳지 않은 것은?

① 당신이 어디에서 휴대전화로 전화를 하든지 간에 상대방에게 통화를 강요하지 않는다.

② 상대방이 장거리 요금을 지불하게 되는 휴대전화의 사용은 피한다.

③ 비상시에만 휴대전화를 사용하는 친구에게는 휴대전화로 전화하지 않는다.

④ 운전하면서 휴대전화를 사용 할 수 있다.

> **TIP》** 휴대전화 예절
> • 당신이 어디에서 휴대전화로 전화를 하든지 간에 상대방에게 통화를 강요하지 않는다.
> • 상대방이 장거리 요금을 지불하게 되는 휴대전화의 사용은 피한다.
> • 운전하면서 휴대전화를 사용 하지 않는다.
> • 친구의 휴대전화를 빌려 달라고 부탁하지 않는다.
> • 비상시에만 휴대전화를 사용하는 친구에게는 휴대전화로 전화하지 않는다.

9 다음 중 근로윤리에 관한 설명으로 옳지 않은 것은?

① 정직은 신뢰를 형성하는 데 기본적인 규범이다.

② 정직은 부정직한 관행을 인정하지 않는다.

③ 신용을 위해 동료와 타협하여 부정직을 눈감아준다.

④ 신용을 위해 잘못된 것도 정직하게 밝혀야 한다.

> **TIP》** ③ 타협하거나 부정직을 눈감아 주지 말아야 한다.

ANSWER 〉 5.① 6.③ 7.④ 8.④ 9.③

10 다음 중 소개에 대한 내용으로 잘못된 것은?

① 나이 어린 사람을 연장자에게 소개한다.

② 동료임원을 고객 또는 손님에게 소개한다.

③ 퇴직한 정부 고관 직급명은 사용하지 않아도 된다.

④ 반드시 성과 이름을 함께 말한다.

>   **TIP》** ③ 정부 고관의 직급명은 퇴직한 경우라도 항상 사용한다.

11 일반적인 직업의 의미가 아닌 것은?

① 직업은 경제적 보상을 받는 일이다.

② 직업은 계속적으로 수행하는 일이다.

③ 직업은 자기의 의사와 관계없이 해야 하는 일이다.

④ 직업은 노력이 소용되는 일이다.

>   **TIP》** 직업의 일반적 의미
>   ㉠ 직업은 경제적 보상을 받는 일이다.
>   ㉡ 직업은 계속적으로 수행하는 일이다.
>   ㉢ 직업은 사회적 효용이 있는 일이다.
>   ㉣ 직업은 성인이 하는 일이다.
>   ㉤ 직업은 자기의 의사에 따라 하는 일이다.
>   ㉥ 직업은 노력이 소용되는 일이다.

12 개인윤리와 직업윤리의 조화에 대한 설명으로 옳지 않은 것은?

① 업무상 개인의 판단과 행동이 사회적 영향력이 큰 기업시스템을 통하여 다수의 이해 관계자와 관련된다.

② 수많은 사람이 관련되어 고도화 된 공동의 협력을 요구하므로 맡은 역할에 대한 책임완수가 필요하다.

③ 직장이라는 집단적 인간관계에서도 가족관계, 개인적 선호에 의한 친분 관계와 유사한 측면의 배려가 필요하다.

④ 각각의 직무에서 오는 특수한 상황에서는 개인적 덕목차원의 일반적인 상식과 기준으로 규제할 수 없는 경우가 많다.

>   **TIP》** ③ 직장이라는 특수 상황에서 갖는 집단적 인간관계는 가족관계, 개인적 선호에 의한 친분 관계와는 다른 측면의 배려가 필요하다.

13 다음에서 설명하고 있는 직업윤리의 덕목은?

> 자신의 일이 자신의 능력과 적성에 꼭 맞는다고 여기고 그 일에 열성을 가지고 성실히 임하는 태도

① 소명의식　　　　　　　　　② 천직의식

③ 직분의식　　　　　　　　　④ 책임의식

> TIP 》　① **소명의식** : 자신이 맡은 일은 하늘에 의해 맡겨진 일이라고 생각하는 태도
> 　　　　 ③ **직분의식** : 자신이 하고 있는 일이 사회나 기업을 위해 중요한 역할을 하고 있다고 믿고
> 　　　　　　자신의 활동을 수행하는 태도
> 　　　　 ④ **책임의식** : 직업에 대한 사회적 역할과 책무를 충실히 수행하고 책임을 다하는 태도

14 정직과 신용을 구축하기 위한 4가지 지침으로 옳지 않은 것은?

① 정직과 신뢰는 한 번에 높게 쌓아야 한다.
② 잘못된 것도 정직하게 밝혀야 한다.
③ 정직하지 못한 것을 눈감아 주지 않아야 한다.
④ 부정직한 관행은 인정하지 않아야 한다.

> TIP 》　① 정직과 신뢰는 매사에 조금씩 차곡차곡 축적해 나가는 것이다.

15 다음 중 성실함과 가장 거리가 먼 사람은?

① 미술 과제를 완성하기 위해 밤을 새워 색을 칠하는 민석
② 갑자기 주어진 업무에도 짜증을 내지 않고 차근차근 일을 해나가는 수호
③ 중간고사에 대비해 족집게 과외를 받는 지호
④ 취미활동을 위해 여가시간을 쪼개 악기를 연주하는 지훈

> TIP 》　③ 좋은 결과를 위해 들이는 단기간의 노력은 성실함과는 거리가 멀다.

ANSWER 》 10.③　11.③　12.③　13.②　14.①　15.③

16 SERVICE의 7가지 의미에 대한 설명으로 옳은 것은?

① S : 서비스는 감동을 주는 것

② V : 서비스는 고객에게 좋은 이미지를 심어주는 것

③ C : 서비스는 미소와 함께 신속하게 하는 것

④ E : 서비스는 감동을 주는 것

> **TIP** 》 SERVICE의 7가지 의미
> ㉠ S(smile & speed) : 서비스는 미소와 함께 신속하게 하는 것
> ㉡ E(emotion) : 서비스는 감동을 주는 것
> ㉢ R(respect) : 서비스는 고객을 존중하는 것
> ㉣ V(value) : 서비스는 고객에게 가치를 제공하는 것
> ㉤ I(image) : 서비스는 고객에게 좋은 이미지를 신어 주는 것
> ㉥ C(courtesy) : 서비스는 예의를 갖추고 정중하게 하는 것
> ㉦ E(excellence) : 서비스는 고객에게 탁월하게 제공되어져야 하는 것

17 서비스업무자가 고객 앞에서 해서는 안될 행동이 아닌 것은?

① 고객을 방치한 채 업무자끼리 대화하는 행위

② 시끄럽게 구두소리를 내며 걷는 행위

③ 업무상 전화를 받는 행위

④ 화장을 하거나 고치는 행위

> **TIP** 》 ③ 고객 앞에서 개인 용무의 전화 통화는 금지해야 하지만 업무상 전화를 받는 행위는 그렇지 않다.

18 다음 중 인사 예절에 어긋난 행동은?

① 윗사람에게는 먼저 목례를 한 후 악수를 한다.

② 상대의 눈을 보며 밝은 표정을 짓는다.

③ 손끝만 잡는 행위는 금한다.

④ 주머니에 손을 넣고 악수를 한다.

> **TIP** 》 ④ 주머니에 손을 넣고 악수를 하지 않는다.

19 전화예절로 바르지 않은 것은?

① 전화벨이 3~4번 울리기 전에 받는다.

② 자신이 누구인지를 즉시 말한다.

③ 말을 할 때 상대방의 이름을 사용하지 않는다.

④ 주위의 소음을 최소화한다.

> **TIP》** ③ 말을 할 때는 상대방의 이름을 함께 사용한다.

20 직장 내에서 성희롱을 당한 경우 대처방법으로 바르지 못한 것은?

① 직접적으로 거부의사를 밝히고 중지할 것을 항의한다.

② 증거자료를 수거하고 공식적 처리를 준비한다.

③ 공정한 처리를 위해 개인 정보를 공개한다.

④ 가해자에 대해 납득할 정도의 조치를 취하고 결과를 피해자에게 통지한다.

> **TIP》** ③ 직장은 성예절에 어긋나는 행동에 대해 도움을 요청 받았을 시 개인 정보의 유출을 철저히 방지해야 한다.
> ①② 개인적 대응
> ④ 직장의 대응

PART

III

인성검사

01 인성검사의 개요

1 인성(성격)검사의 개념과 목적

인성(성격)이란 개인을 특징짓는 평범하고 일상적인 사회적 이미지, 즉 지속적이고 일관된 공적 성격(Public – personality)이며, 환경에 대응함으로써 선천적·후천적 요소의 상호작용으로 결정화된 심리적·사회적 특성 및 경향을 의미한다.

인성검사는 직무적성검사를 실시하는 대부분의 기업체에서 병행하여 실시하고 있으며, 인성검사만 독자적으로 실시하는 기업도 있다.

기업체에서는 인성검사를 통하여 각 개인이 어떠한 성격 특성이 발달되어 있고, 어떤 특성이 얼마나 부족한지, 그것이 해당 직무의 특성 및 조직문화와 얼마나 맞는지를 알아보고 이에 적합한 인재를 선발하고자 한다. 또한 개인에게 적합한 직무 배분과 부족한 부분을 교육을 통해 보완하도록 할 수 있다.

인성검사의 측정요소는 검사방법에 따라 차이가 있다. 또한 각 기업체들이 사용하고 있는 인성검사는 기존에 개발된 인성검사방법에 각 기업체의 인재상을 적용하여 자신들에게 적합하게 재개발하여 사용하는 경우가 많다. 그러므로 기업체에서 요구하는 인재상을 파악하여 그에 따른 대비책을 준비하는 것이 바람직하다. 본서에서 제시된 인성검사는 크게 '특성'과 '유형'의 측면에서 측정하게 된다.

(1) 정서적 측면

정서적 측면은 평소 마음의 당연시하는 자세나 정신상태가 얼마나 안정하고 있는지 또는 불안정한지를 측정한다.

정서의 상태는 직무수행이나 대인관계와 관련하여 태도나 행동으로 드러난다. 그러므로 정서적 측면을 측정하는 것에 의해, 장래 조직 내의 인간관계에 어느 정도 잘 적응할 수 있을까(또는 적응하지 못할까)를 예측하는 것이 가능하다.

그렇기 때문에, 정서적 측면의 결과는 채용 시에 상당히 중시된다. 아무리 능력이 좋아도 장기적으로 조직 내의 인간관계에 잘 적응할 수 없다고 판단되는 인재는 기본적으로는 채용되지 않는다.

일반적으로 인성(성격)검사는 채용과는 관계없다고 생각하나 정서적으로 조직에 적응하지 못하는 인재는 채용단계에서 가려내지는 것을 유의하여야 한다.

① 민감성(신경도) … 꼼꼼함, 섬세함, 성실함 등의 요소를 통해 일반적으로 신경질적인지 또는 자신의 존재를 위협받는다는 불안을 갖기 쉬운지를 측정한다.

질문	그렇다	약간 그렇다	그저 그렇다	별로 그렇지 않다	그렇지 않다
• 남을 잘 배려한다고 생각한다. • 어질러진 방에 있으면 불안하다. • 실패 후에는 불안하다. • 세세한 것까지 신경 쓴다. • 이유 없이 불안할 때가 있다.					

▶측정결과

㉠ '그렇다'가 많은 경우(상처받기 쉬운 유형) : 사소한 일에 신경 쓰고 다른 사람의 사소한 한마디 말에 상처를 받기 쉽다.

• 면접관의 심리 : '동료들과 잘 지낼 수 있을까?', '실패할 때마다 위축되지 않을까?'

• 면접대책 : 다소 신경질적이라도 능력을 발휘할 수 있다는 평가를 얻도록 한다. 주변과 충분한 의사소통이 가능하고, 결정한 것을 실행할 수 있다는 것을 보여주어야 한다.

㉡ '그렇지 않다'가 많은 경우(정신적으로 안정적인 유형) : 사소한 일에 신경 쓰지 않고 금방 해결하며, 주위 사람의 말에 과민하게 반응하지 않는다.

• 면접관의 심리 : '계약할 때 필요한 유형이고, 사고 발생에도 유연하게 대처할 수 있다.'

• 면접대책 : 일반적으로 '민감성'의 측정치가 낮으면 플러스 평가를 받으므로 더욱 자신감 있는 모습을 보여준다.

② **자책성(과민도)** … 자신을 비난하거나 책망하는 정도를 측정한다.

질문	그렇다	약간 그렇다	그저 그렇다	별로 그렇지 않다	그렇지 않다
• 후회하는 일이 많다. • 자신이 하찮은 존재라 생각된다. • 문제가 발생하면 자기의 탓이라고 생각한다. • 무슨 일이든지 끙끙대며 진행하는 경향이 있다. • 온순한 편이다.					

▶측정결과

㉠ '그렇다'가 많은 경우(자책하는 유형) : 비관적이고 후회하는 유형이다.
 • 면접관의 심리 : '끙끙대며 괴로워하고, 일을 진행하지 못할 것 같다.'
 • 면접대책 : 기분이 저조해도 항상 의욕을 가지고 생활하는 것과 책임감이 강하다는 것을 보여준다.

㉡ '그렇지 않다'가 많은 경우(낙천적인 유형) : 기분이 항상 밝은 편이다.
 • 면접관의 심리 : '안정된 대인관계를 맺을 수 있고, 외부의 압력에도 흔들리지 않는다.'
 • 면접대책 : 일반적으로 '자책성'의 측정치가 낮아야 좋은 평가를 받는다.

③ **기분성(불안도)** … 기분의 굴곡이나 감정적인 면의 미숙함이 어느 정도인지를 측정하는 것이다.

질문	그렇다	약간 그렇다	그저 그렇다	별로 그렇지 않다	그렇지 않다
• 다른 사람의 의견에 자신의 결정이 흔들리는 경우가 많다. • 기분이 쉽게 변한다. • 종종 후회한다. • 다른 사람보다 의지가 약한 편이라고 생각한다. • 금방 싫증을 내는 성격이라는 말을 자주 듣는다.					

▶측정결과

㉠ '그렇다'가 많은 경우(감정의 기복이 많은 유형) : 의지력보다 기분에 따라 행동하기 쉽다.
- 면접관의 심리 : '감정적인 것에 약하며, 상황에 따라 생산성이 떨어지지 않을까?'
- 면접대책 : 주변 사람들과 항상 협조한다는 것을 강조하고 한결같은 상태로 일할 수 있다는 평가를 받도록 한다.

㉡ '그렇지 않다'가 많은 경우(감정의 기복이 적은 유형) : 감정의 기복이 없고, 안정적이다.
- 면접관의 심리 : '안정적으로 업무에 임할 수 있다.'
- 면접대책 : 기분성의 측정치가 낮으면 플러스 평가를 받으므로 자신감을 가지고 면접에 임한다.

④ 독자성(개인도) … 주변에 대한 견해나 관심, 자신의 견해나 생각에 어느 정도의 속박감을 가지고 있는지를 측정한다.

질문	그렇다	약간 그렇다	그저 그렇다	별로 그렇지 않다	그렇지 않다
• 창의적 사고방식을 가지고 있다.					
• 융통성이 있는 편이다.					
• 혼자 있는 편이 많은 사람과 있는 것보다 편하다.					
• 개성적이라는 말을 듣는다.					
• 교제는 번거로운 것이라고 생각하는 경우가 많다.					

▶측정결과

㉠ '그렇다'가 많은 경우 : 자기의 관점을 중요하게 생각하는 유형으로, 주위의 상황보다 자신의 느낌과 생각을 중시한다.
- 면접관의 심리 : '제멋대로 행동하지 않을까?'
- 면접대책 : 주위 사람과 협조하여 일을 진행할 수 있다는 것과 상식에 얽매이지 않는다는 인상을 심어준다.

㉡ '그렇지 않다'가 많은 경우 : 상식적으로 행동하고 주변 사람의 시선에 신경을 쓴다.
- 면접관의 심리 : '다른 직원들과 협조하여 업무를 진행할 수 있겠다.'
- 면접대책 : 협조성이 요구되는 기업체에서는 플러스 평가를 받을 수 있다.

⑤ **자신감(자존심도)** … 자기 자신에 대해 얼마나 긍정적으로 평가하는지를 측정한다.

질문	그렇다	약간 그렇다	그저 그렇다	별로 그렇지 않다	그렇지 않다
• 다른 사람보다 능력이 뛰어나다고 생각한다. • 다소 반대의견이 있어도 나만의 생각으로 행동할 수 있다. • 나는 다른 사람보다 기가 센 편이다. • 동료가 나를 모욕해도 무시할 수 있다. • 대개의 일을 목적한 대로 헤쳐나갈 수 있다고 생각한다.					

▶측정결과

㉠ '그렇다'가 많은 경우 : 자기 능력이나 외모 등에 자신감이 있고, 비판당하는 것을 좋아하지 않는다.

• 면접관의 심리 : '자만하여 지시에 잘 따를 수 있을까?'

• 면접대책 : 다른 사람의 조언을 잘 받아들이고, 겸허하게 반성하는 면이 있다는 것을 보여주고, 동료들과 잘 지내며 리더의 자질이 있다는 것을 강조한다.

㉡ '그렇지 않다'가 많은 경우 : 자신감이 없고 다른 사람의 비판에 약하다.

• 면접관의 심리 : '패기가 부족하지 않을까?', '쉽게 좌절하지 않을까?'

• 면접대책 : 극도의 자신감 부족으로 평가되지는 않는다. 그러나 마음이 약한 면은 있지만 의욕적으로 일을 하겠다는 마음가짐을 보여준다.

⑥ **고양성(분위기에 들뜨는 정도)** … 자유분방함, 명랑함과 같이 감정(기분)의 높고 낮음의 정도를 측정한다.

질문	그렇다	약간 그렇다	그저 그렇다	별로 그렇지 않다	그렇지 않다
• 침착하지 못한 편이다. • 다른 사람보다 쉽게 우쭐해진다. • 모든 사람이 아는 유명인사가 되고 싶다. • 모임이나 집단에서 분위기를 이끄는 편이다. • 취미 등이 오랫동안 지속되지 않는 편이다.					

▶측정결과

㉠ '그렇다'가 많은 경우 : 자극이나 변화가 있는 일상을 원하고 기분을 들뜨게 하는 사람과 친밀하게 지내는 경향이 강하다.
- 면접관의 심리 : '일을 진행하는 데 변덕스럽지 않을까?'
- 면접대책 : 밝은 태도는 플러스 평가를 받을 수 있지만, 착실한 업무능력이 요구되는 직종에서는 마이너스 평가가 될 수 있다. 따라서 자기조절이 가능하다는 것을 보여준다.

㉡ '그렇지 않다'가 많은 경우 : 감정이 항상 일정하고, 속을 드러내 보이지 않는다.
- 면접관의 심리 : '안정적인 업무 태도를 기대할 수 있겠다.'
- 면접대책 : '고양성'의 낮음은 대체로 플러스 평가를 받을 수 있다. 그러나 '무엇을 생각하고 있는지 모르겠다' 등의 평을 듣지 않도록 주의한다.

⑦ 허위성(진위성) … 필요 이상으로 자기를 좋게 보이려 하거나 기업체가 원하는 '이상형'에 맞춘 대답을 하고 있는지, 없는지를 측정한다.

질문	그렇다	약간 그렇다	그저 그렇다	별로 그렇지 않다	그렇지 않다
• 약속을 깨뜨린 적이 한 번도 없다. • 다른 사람을 부럽다고 생각해 본 적이 없다. • 꾸지람을 들은 적이 없다. • 사람을 미워한 적이 없다. • 화를 낸 적이 한 번도 없다.					

▶측정결과

㉠ '그렇다'가 많은 경우 : 실제의 자기와는 다른, 말하자면 원칙으로 해답할 가능성이 있다.
- 면접관의 심리 : '거짓을 말하고 있다.'
- 면접대책 : 조금이라도 좋게 보이려고 하는 '거짓말쟁이'로 평가될 수 있다. '거짓을 말하고 있다.'는 마음 따위가 전혀 없다 해도 결과적으로는 정직하게 답하지 않는다는 것이 되어 버린다. '허위성'의 측정 질문은 구분되지 않고 다른 질문 중에 섞여 있다. 그러므로 모든 질문에 솔직하게 답하여야 한다. 또한 자기 자신과 너무 동떨어진 이미지로 답하면 좋은 결과를 얻지 못한다. 그리고 면접에서 '허위성'을 기본으로 한 질문을 받게 되므로 당황하거나 또 다른 모순된 답변을 하게 된다. 겉치레를 하거나 무리한 욕심을 부리지 말고 '이런 사회인이 되고 싶다.'는 현재의 자신보다, 조금 성장한 자신을 표현하는 정도가 적당하다.

㉡ '그렇지 않다'가 많은 경우 : 냉정하고 정직하며, 외부의 압력과 스트레스에 강한 유형이다. '대쪽 같음'의 이미지가 굳어지지 않도록 주의한다.

(2) 행동적인 측면

행동적 측면은 인격 중에 특히 행동으로 드러나기 쉬운 측면을 측정한다. 사람의 행동 특징 자체에는 선도 악도 없으나, 일반적으로는 일의 내용에 의해 원하는 행동이 있다. 때문에 행동적 측면은 주로 직종과 깊은 관계가 있는데 자신의 행동 특성을 살려 적합한 직종을 선택한다면 플러스가 될 수 있다.

행동 특성에서 보여 지는 특징은 면접장면에서도 드러나기 쉬운데 본서의 모의 TEST의 결과를 참고하여 자신의 태도, 행동이 면접관의 시선에 어떻게 비치는지를 점검하도록 한다.

① **사회적 내향성** … 대인관계에서 나타나는 행동경향으로 '낯가림'을 측정한다.

질문	선택
A : 파티에서는 사람을 소개받는 편이다. B : 파티에서는 사람을 소개하는 편이다.	
A : 처음 보는 사람과는 어색하게 시간을 보내는 편이다. B : 처음 보는 사람과는 즐거운 시간을 보내는 편이다.	
A : 친구가 적은 편이다. B : 친구가 많은 편이다.	
A : 자신의 의견을 말하는 경우가 적다. B : 자신의 의견을 말하는 경우가 많다.	
A : 사교적인 모임에 참석하는 것을 좋아하지 않는다. B : 사교적인 모임에 항상 참석한다.	

▶측정결과

㉠ 'A'가 많은 경우 : 내성적이고 사람들과 접하는 것에 소극적이다. 자신의 의견을 말하지 않고 조심스러운 편이다.
- 면접관의 심리 : '소극적인데 동료와 잘 지낼 수 있을까?'
- 면접대책 : 대인관계를 맺는 것을 싫어하지 않고 의욕적으로 일을 할 수 있다는 것을 보여준다.

㉡ 'B'가 많은 경우 : 사교적이고 자기의 생각을 명확하게 전달할 수 있다.
- 면접관의 심리 : '사교적이고 활동적인 것은 좋지만, 자기주장이 너무 강하지 않을까?'
- 면접대책 : 협조성을 보여주고, 자기주장이 너무 강하다는 인상을 주지 않도록 주의한다.

② 내성성(침착도) ··· 자신의 행동과 일에 대해 침착하게 생각하는 정도를 측정한다.

질문	선택
A : 시간이 걸려도 침착하게 생각하는 경우가 많다. B : 짧은 시간에 결정을 하는 경우가 많다.	
A : 실패의 원인을 찾고 반성하는 편이다. B : 실패를 해도 그다지(별로) 개의치 않는다.	
A : 결론이 도출되어도 몇 번 정도 생각을 바꾼다. B : 결론이 도출되면 신속하게 행동으로 옮긴다.	
A : 여러 가지 생각하는 것이 능숙하다. B : 여러 가지 일을 재빨리 능숙하게 처리하는 데 익숙하다.	
A : 여러 가지 측면에서 사물을 검토한다. B : 행동한 후 생각을 한다.	

▶측정결과

㉠ 'A'가 많은 경우 : 행동하기 보다는 생각하는 것을 좋아하고 신중하게 계획을 세워 실행한다.
• 면접관의 심리 : '행동으로 실천하지 못하고, 대응이 늦은 경향이 있지 않을까?'
• 면접대책 : 발로 뛰는 것을 좋아하고, 일을 더디게 한다는 인상을 주지 않도록 한다.

㉡ 'B'가 많은 경우 : 차분하게 생각하는 것보다 우선 행동하는 유형이다.
• 면접관의 심리 : '생각하는 것을 싫어하고 경솔한 행동을 하지 않을까?'
• 면접대책 : 계획을 세우고 행동할 수 있는 것을 보여주고 '사려 깊다'라는 인상을 남기도록 한다.

③ **신체활동성** … 몸을 움직이는 것을 좋아하는가를 측정한다.

질문	선택
A : 민첩하게 활동하는 편이다. B : 준비행동이 없는 편이다.	
A : 일을 척척 해치우는 편이다. B : 일을 더디게 처리하는 편이다.	
A : 활발하다는 말을 듣는다. B : 얌전하다는 말을 듣는다.	
A : 몸을 움직이는 것을 좋아한다. B : 가만히 있는 것을 좋아한다.	
A : 스포츠를 하는 것을 즐긴다. B : 스포츠를 보는 것을 좋아한다.	

▶측정결과

㉠ 'A'가 많은 경우 : 활동적이고, 몸을 움직이게 하는 것이 컨디션이 좋다.
• 면접관의 심리 : '활동적으로 활동력이 좋아 보인다.'
• 면접대책 : 활동하고 얻은 성과 등과 주어진 상황의 대응능력을 보여준다.
㉡ 'B'가 많은 경우 : 침착한 인상으로, 차분하게 있는 타입이다.
• 면접관의 심리 : '좀처럼 행동하려 하지 않아 보이고, 일을 빠르게 처리할 수 있을까?'

④ **지속성(노력성)** … 무슨 일이든 포기하지 않고 끈기 있게 하려는 정도를 측정한다.

질문	선택
A : 일단 시작한 일은 시간이 걸려도 끝까지 마무리한다. B : 일을 하다 어려움에 부딪히면 단념한다.	
A : 끈질긴 편이다. B : 바로 단념하는 편이다.	
A : 인내가 강하다는 말을 듣는다. B : 금방 싫증을 낸다는 말을 듣는다.	
A : 집념이 깊은 편이다. B : 담백한 편이다.	
A : 한 가지 일에 구애되는 것이 좋다고 생각한다. B : 간단하게 체념하는 것이 좋다고 생각한다.	

▶측정결과

㉠ 'A'가 많은 경우 : 시작한 것은 어려움이 있어도 포기하지 않고 인내심이 높다.
- 면접관의 심리 : '한 가지의 일에 너무 구애되고, 업무의 진행이 원활할까?'
- 면접대책 : 인내력이 있는 것은 플러스 평가를 받을 수 있지만 집착이 강해 보이기도 한다.

㉡ 'B'가 많은 경우 : 뒤끝이 없고 조그만 실패로 일을 포기하기 쉽다.
- 면접관의 심리 : '질리는 경향이 있고, 일을 정확히 끝낼 수 있을까?'
- 면접대책 : 지속적인 노력으로 성공했던 사례를 준비하도록 한다.

⑤ 신중성(주의성) … 자신이 처한 주변상황을 즉시 파악하고 자신의 행동이 어떤 영향을 미치는지를 측정한다.

질문	선택
A : 여러 가지로 생각하면서 완벽하게 준비하는 편이다. B : 행동할 때부터 임기응변적인 대응을 하는 편이다.	
A : 신중해서 타이밍을 놓치는 편이다. B : 준비 부족으로 실패하는 편이다.	
A : 자신은 어떤 일에도 신중히 대응하는 편이다. B : 순간적인 충동으로 활동하는 편이다.	
A : 시험을 볼 때 끝날 때까지 재검토하는 편이다. B : 시험을 볼 때 한 번에 모든 것을 마치는 편이다.	
A : 일에 대해 계획표를 만들어 실행한다. B : 일에 대한 계획표 없이 진행한다.	

▶측정결과

㉠ 'A'가 많은 경우 : 주변 상황에 민감하고, 예측하여 계획 있게 일을 진행한다.
- 면접관의 심리 : '너무 신중해서 적절한 판단을 할 수 있을까?', '앞으로의 상황에 불안을 느끼지 않을까?'
- 면접대책 : 예측을 하고 실행을 하는 것은 플러스 평가가 되지만, 너무 신중하면 일의 진행이 정체될 가능성을 보이므로 추진력이 있다는 강한 의욕을 보여준다.

㉡ 'B'가 많은 경우 : 주변 상황을 살펴보지 않고 착실한 계획 없이 일을 진행시킨다.
- 면접관의 심리 : '사려 깊지 않고, 실패하는 일이 많지 않을까?', '판단이 빠르고 유연한 사고를 할 수 있을까?'
- 면접대책 : 사전준비를 중요하게 생각하고 있다는 것 등을 보여주고, 경솔한 인상을 주지 않도록 한다. 또한 판단력이 빠르거나 유연한 사고 덕분에 일 처리를 잘 할 수 있다는 것을 강조한다.

(3) 의욕적인 측면

의욕적인 측면은 의욕의 정도, 활동력의 유무 등을 측정한다. 여기서의 의욕이란 우리들이 보통 말하고 사용하는 '하려는 의지'와는 조금 뉘앙스가 다르다. '하려는 의지'란 그 때의 환경이나 기분에 따라 변화하는 것이지만, 여기에서는 조금 더 변화하기 어려운 특징, 말하자면 정신적 에너지의 양으로 측정하는 것이다.

의욕적 측면은 행동적 측면과는 다르고, 전반적으로 어느 정도 점수가 높은 쪽을 선호한다. 모의검사의 의욕적 측면의 결과가 낮다면, 평소 일에 몰두할 때 조금 의욕 있는 자세를 가지고 서서히 개선하도록 노력해야 한다.

① 달성의욕 … 목적의식을 가지고 높은 이상을 가지고 있는지를 측정한다.

질문	선택
A : 경쟁심이 강한 편이다. B : 경쟁심이 약한 편이다.	
A : 어떤 한 분야에서 제1인자가 되고 싶다고 생각한다. B : 어느 분야에서든 성실하게 임무를 진행하고 싶다고 생각한다.	
A : 규모가 큰일을 해보고 싶다. B : 맡은 일에 충실히 임하고 싶다.	
A : 아무리 노력해도 실패한 것은 아무런 도움이 되지 않는다. B : 가령 실패했을 지라도 나름대로의 노력이 있었으므로 괜찮다.	
A : 높은 목표를 설정하여 수행하는 것이 의욕적이다. B : 실현 가능한 정도의 목표를 설정하는 것이 의욕적이다.	

▶측정결과
㉠ 'A'가 많은 경우 : 큰 목표와 높은 이상을 가지고 승부욕이 강한 편이다.
• 면접관의 심리 : '열심히 일을 해줄 것 같은 유형이다.'
• 면접대책 : 달성의욕이 높다는 것은 어떤 직종이라도 플러스 평가가 된다.
㉡ 'B'가 많은 경우 : 현재의 생활을 소중하게 여기고 비약적인 발전을 위하여 기를 쓰지 않는다.
• 면접관의 심리 : '외부의 압력에 약하고, 기획입안 등을 하기 어려울 것이다.'
• 면접대책 : 일을 통하여 하고 싶은 것들을 구체적으로 어필한다.

② **활동의욕** … 자신에게 잠재된 에너지의 크기로, 정신적인 측면의 활동력이라 할 수 있다.

질문	선택
A : 하고 싶은 일을 실행으로 옮기는 편이다. B : 하고 싶은 일을 좀처럼 실행할 수 없는 편이다.	
A : 어려운 문제를 해결해 가는 것이 좋다. B : 어려운 문제를 해결하는 것을 잘하지 못한다.	
A : 일반적으로 결단이 **빠른** 편이다. B : 일반적으로 결단이 느린 편이다.	
A : 곤란한 상황에도 도전하는 편이다. B : 사물의 본질을 깊게 관찰하는 편이다.	
A : 시원시원하다는 말을 잘 듣는다. B : 꼼꼼하다는 말을 잘 듣는다.	

▶측정결과

㉠ 'A'가 많은 경우 : 꾸물거리는 것을 싫어하고 재빠르게 결단해서 행동하는 타입이다.
 • 면접관의 심리 : '일을 처리하는 솜씨가 좋고, 일을 척척 진행할 수 있을 것 같다.'
 • 면접대책 : 활동의욕이 높은 것은 플러스 평가가 된다. 사교성이나 활동성이 강하다는 인상을 준다.

㉡ 'B'가 많은 경우 : 안전하고 확실한 방법을 모색하고 차분하게 시간을 아껴서 일에 임하는 타입이다.
 • 면접관의 심리 : '재빨리 행동을 못하고, 일의 처리속도가 느린 것이 아닐까?'
 • 면접대책 : 활동성이 있는 것을 좋아하고 움직임이 더디다는 인상을 주지 않도록 한다.

3 성격의 유형

(1) 인성검사유형의 4가지 척도

정서적인 측면, 행동적인 측면, 의욕적인 측면의 요소들은 성격 특성이라는 관점에서 제시된 것들로 각 개인의 장·단점을 파악하는 데 유용하다. 그러나 전체적인 개인의 인성을 이해하는 데는 한계가 있다.

성격의 유형은 개인의 '성격적인 특색'을 가리키는 것으로, 사회인으로서 적합한지, 아닌지를 말하는 관점과는 관계가 없다. 따라서 채용의 합격 여부에는 사용되지 않는 경우가 많으며, 입사 후의 적정 부서 배치의 자료가 되는 편이라 생각하면 된다. 그러나 채용과 관계가 없다고 해서 아무런 준비도 필요없는 것은 아니다. 자신을 아는 것은 면접 대책의 밑거름이 되므로 모의검사 결과를 충분히 활용하도록 하여야 한다.

본서에서는 4개의 척도를 사용하여 기본적으로 16개의 패턴으로 성격의 유형을 분류하고 있다. 각 개인의 성격이 어떤 유형인지 재빨리 파악하기 위해 사용되며, '적성'에 맞는지, 맞지 않는지의 관점에 활용된다.

- 흥미·관심의 방향 : 내향형 ←————→ 외향형
- 사물에 대한 견해 : 직관형 ←————→ 감각형
- 판단하는 방법 : 감정형 ←————→ 사고형
- 환경에 대한 접근방법 : 지각형 ←————→ 판단형

(2) 성격유형

① 흥미·관심의 방향(내향⇆외향) … 흥미·관심의 방향이 자신의 내면에 있는지, 주위환경 등 외면에 향하는 지를 가리키는 척도이다.

질문	선택
A : 내성적인 성격인 편이다. B : 개방적인 성격인 편이다.	
A : 항상 신중하게 생각을 하는 편이다. B : 바로 행동에 착수하는 편이다.	
A : 수수하고 조심스러운 편이다. B : 자기 표현력이 강한 편이다.	
A : 다른 사람과 함께 있으면 침착하지 않다. B : 혼자서 있으면 침착하지 않다.	

▶측정결과

㉠ 'A'가 많은 경우(내향) : 관심의 방향이 자기 내면에 있으며, 조용하고 낯을 가리는 유형이다. 행동력은 부족하나 집중력이 뛰어나고 신중하고 꼼꼼하다.

㉡ 'B'가 많은 경우(외향) : 관심의 방향이 외부환경에 있으며, 사교적이고 활동적인 유형이다. 꼼꼼함이 부족하여 대충하는 경향이 있으나 행동력이 있다.

② 일(사물)을 보는 방법(직감⇆감각) … 일(사물)을 보는 법이 직감적으로 형식에 얽매이는지, 감각적으로 상식적인지를 가리키는 척도이다.

질문	선택
A : 현실주의적인 편이다. B : 상상력이 풍부한 편이다.	
A : 정형적인 방법으로 일을 처리하는 것을 좋아한다. B : 만들어진 방법에 변화가 있는 것을 좋아한다.	
A : 경험에서 가장 적합한 방법으로 선택한다. B : 지금까지 없었던 새로운 방법을 개척하는 것을 좋아한다.	
A : 성실하다는 말을 듣는다. B : 호기심이 강하다는 말을 듣는다.	

▶측정결과

㉠ 'A'가 많은 경우(감각) : 현실적이고 경험주의적이며 보수적인 유형이다.

㉡ 'B'가 많은 경우(직관) : 새로운 주제를 좋아하며, 독자적인 시각을 가진 유형이다.

③ 판단하는 방법(감정⇆사고) … 일을 감정적으로 판단하는지, 논리적으로 판단하는지를 가리키는 척도이다.

질문	선택
A : 인간관계를 중시하는 편이다. B : 일의 내용을 중시하는 편이다. A : 결론을 자기의 신념과 감정에서 이끌어내는 편이다. B : 결론을 논리적 사고에 의거하여 내리는 편이다. A : 다른 사람보다 동정적이고 눈물이 많은 편이다. B : 다른 사람보다 이성적이고 냉정하게 대응하는 편이다.	

▶측정결과
㉠ 'A'가 많은 경우(감정) : 일을 판단할 때 마음·감정을 중요하게 여기는 유형이다. 감정이 풍부하고 친절하나 엄격함이 부족하고 우유부단하며, 합리성이 부족하다.
㉡ 'B'가 많은 경우(사고) : 일을 판단할 때 논리성을 중요하게 여기는 유형이다. 이성적이고 합리적이나 타인에 대한 배려가 부족하다.

④ 환경에 대한 접근방법 … 주변상황에 어떻게 접근하는지, 그 판단기준을 어디에 두는지를 측정한다.

질문	선택
A : 사전에 계획을 세우지 않고 행동한다. B : 반드시 계획을 세우고 그것에 의거해서 행동한다. A : 자유롭게 행동하는 것을 좋아한다. B : 조직적으로 행동하는 것을 좋아한다. A : 조직성이나 관습에 속박당하지 않는다. B : 조직성이나 관습을 중요하게 여긴다. A : 계획 없이 낭비가 심한 편이다. B : 예산을 세워 물건을 구입하는 편이다.	

▶측정결과
㉠ 'A'가 많은 경우(지각) : 일의 변화에 융통성을 가지고 유연하게 대응하는 유형이다. 낙관적이며 질서보다는 자유를 좋아하나 임기응변식의 대응으로 무계획적인 인상을 줄 수 있다.
㉡ 'B'가 많은 경우(판단) : 일의 진행시 계획을 세워서 실행하는 유형이다. 순차적으로 진행하는 일을 좋아하고 끈기가 있으나 변화에 대해 적절하게 대응하지 못하는 경향이 있다.

(3) 성격유형의 판정

성격유형은 합격 여부의 판정보다는 배치를 위한 자료로써 이용된다. 즉, 기업은 입사시험단계에서 입사 후에도 사용할 수 있는 정보를 입수하고 있다는 것이다. 성격검사에서는 어느 척도가 얼마나 고득점이었는지에 주시하고 각각의 측면에서 반드시 하나씩 고르고 편성한다. 편성은 모두 16가지가 되나 각각의 측면을 더 세분하면 200가지 이상의 유형이 나온다.

여기에서는 16가지 편성을 제시한다. 성격검사에 어떤 정보가 게재되어 있는지를 이해하면서 자기의 성격유형을 파악하기 위한 실마리로 활용하도록 한다.

① 내향 – 직관 – 감정 – 지각(TYPE A)

관심이 내면에 향하고 조용하고 소극적이다. 사물에 대한 견해는 새로운 것에 대해 호기심이 강하고, 독창적이다. 감정은 좋아하는 것과 싫어하는 것의 판단이 확실하고, 감정이 풍부하고 따뜻한 느낌이 있는 반면, 합리성이 부족한 경향이 있다. 환경에 접근하는 방법은 순응적이고 상황의 변화에 대해 유연하게 대응하는 것을 잘한다.

② 내향 – 직관 – 감정 – 사고(TYPE B)

관심이 내면으로 향하고 조용하고 쑥스러움을 잘 타는 편이다. 사물을 보는 관점은 독창적이며, 자기 나름대로 궁리하며 생각하는 일이 많다. 좋고 싫음으로 판단하는 경향이 강하고 타인에게는 친절한 반면, 우유부단하기 쉬운 편이다. 환경 변화에 대해 유연하게 대응하는 것을 잘한다.

③ 내향 – 직관 – 사고 – 지각(TYPE C)

관심이 내면으로 향하고 얌전하고 교제범위가 좁다. 사물을 보는 관점은 독창적이며, 현실에서 먼 추상적인 것을 생각하기를 좋아한다. 논리적으로 생각하고 판단하는 경향이 강하고 이성적이지만, 남의 감정에 대해서는 무반응인 경향이 있다. 환경의 변화에 순응적이고 융통성 있게 임기응변으로 대응할 수가 있다.

④ 내향 – 직관 – 사고 – 판단(TYPE D)

관심이 내면으로 향하고 주의 깊고 신중하게 행동을 한다. 사물을 보는 관점은 독창적이며 논리를 좋아해서 이치를 따지는 경향이 있다. 논리적으로 생각하고 판단하는 경향이 강하고, 객관적이지만 상대방의 마음에 대한 배려가 부족한 경향이 있다. 환경에 대해서는 순응하는 것보다 대응하며, 한 번 정한 것은 끈질기게 행동하려 한다.

⑤ 내향 – 감각 – 감정 – 지각(TYPE E)

관심이 내면으로 향하고 조용하며 소극적이다. 사물을 보는 관점은 상식적이고 그대로의 것을 좋아하는 경향이 있다. 좋음과 싫음으로 판단하는 경향이 강하고 타인에 대해서 동정심이 많은 반면, 엄격한 면이 부족한 경향이 있다. 환경에 대해서는 순응적이고, 예측할 수 없다 해도 태연하게 행동하는 경향이 있다.

⑥ 내향 – 감각 – 감정 – 판단(TYPE F)

관심이 내면으로 향하고 얌전하며 쑥스러움을 많이 탄다. 사물을 보는 관점은 상식적이고 논리적으로 생각하는 것보다도 경험을 중요시하는 경향이 있다. 좋고 싫음으로 판단하는 경향이 강하고 사람이 좋은 반면, 개인적 취향이나 소원에 영향을 받는 일이 많은 경향이 있다. 환경에 대해서는 영향을 받지 않고, 자기 페이스대로 꾸준히 성취하는 일을 잘한다.

⑦ 내향 – 감각 – 사고 – 지각(TYPE G)

관심이 내면으로 향하고 얌전하고 교제범위가 좁다. 사물을 보는 관점은 상식적인 동시에 실천적이며, 틀에 박힌 형식을 좋아한다. 논리적으로 판단하는 경향이 강하고 침착하지만 사람에 대해서는 엄격하여 차가운 인상을 주는 일이 많다. 환경에 대해서 순응적이고, 계획적으로 행동하지 않으며 자유로운 행동을 좋아하는 경향이 있다.

⑧ 내향 – 감각 – 사고 – 판단(TYPE H)

관심이 내면으로 향하고 주의 깊고 신중하게 행동을 한다. 사물을 보는 관점이 상식적이고 새롭고 경험하지 못한 일에 대응을 잘 하지 못한다. 논리적으로 생각하고 판단하는 경향이 강하고, 공평하지만 상대방의 감정에 대해 배려가 부족할 때가 있다. 환경에 대해서는 작용하는 편이고, 질서 있게 행동하는 것을 좋아한다.

⑨ 외향 – 직관 – 감정 – 지각(TYPE I)

관심이 외향으로 향하고 밝고 활동적이며 교제범위가 넓다. 사물을 보는 관점은 독창적이고 호기심이 강하며 새로운 것을 생각하는 것을 좋아한다. 좋음 싫음으로 판단하는 경향이 강하다. 사람은 좋은 반면 개인적 취향이나 소원에 영향을 받는 일이 많은 편이다.

⑩ 외향 – 직관 – 감정 – 판단(TYPE J)

관심이 외향으로 향하고 개방적이며 누구와도 쉽게 친해질 수 있다. 사물을 보는 관점은 독창적이고 자기 나름대로 궁리하고 생각하는 면이 많다. 좋음과 싫음으로 판단하는 경향이 강하고, 타인에 대해 동정적이기 쉽고 엄격함이 부족한 경향이 있다. 환경에 대해서는 작용하는 편이고 질서 있는 행동을 하는 것을 좋아한다.

⑪ 외향 – 직관 – 사고 – 지각(TYPE K)

관심이 외향으로 향하고 태도가 분명하며 활동적이다. 사물을 보는 관점은 독창적이고 현실과 거리가 있는 추상적인 것을 생각하는 것을 좋아한다. 논리적으로 생각하고 판단하는 경향이 강하고, 공평하지만 상대에 대한 배려가 부족할 때가 있다.

⑫ 외향 – 직관 – 사고 – 판단(TYPE L)

관심이 외향으로 향하고 밝고 명랑한 성격이며 사교적인 것을 좋아한다. 사물을 보는 관점은 독창적이고 논리적인 것을 좋아하기 때문에 이치를 따지는 경향이 있다. 논리적으로 생각하고 판단하는 경향이 강하고 침착성이 뛰어나지만 사람에 대해서 엄격하고 차가운 인상을 주는 경우가 많다. 환경에 대해 작용하는 편이고 계획을 세우고 착실하게 실행하는 것을 좋아한다.

⑬ 외향 – 감각 – 감정 – 지각(TYPE M)

관심이 외향으로 향하고 밝고 활동적이고 교제범위가 넓다. 사물을 보는 관점은 상식적이고 종래대로 있는 것을 좋아한다. 보수적인 경향이 있고 좋아함과 싫어함으로 판단하는 경향이 강하며 타인에게는 친절한 반면, 우유부단한 경우가 많다. 환경에 대해 순응적이고, 융통성이 있고 임기응변으로 대응할 가능성이 높다.

⑭ 외향 – 감각 – 감정 – 판단(TYPE N)

관심이 외향으로 향하고 개방적이며 누구와도 쉽게 대면할 수 있다. 사물을 보는 관점은 상식적이고 논리적으로 생각하기보다는 경험을 중시하는 편이다. 좋아함과 싫어함으로 판단하는 경향이 강하고 감정이 풍부하며 따뜻한 느낌이 있는 반면에 합리성이 부족한 경우가 많다. 환경에 대해서 작용하는 편이고, 한 번 결정한 것은 끈질기게 실행하려고 한다.

⑮ 외향 – 감각 – 사고 – 지각(TYPE O)

관심이 외향으로 향하고 시원한 태도이며 활동적이다. 사물을 보는 관점이 상식적이며 동시에 실천적이고 명백한 형식을 좋아하는 경향이 있다. 논리적으로 생각하고 판단하는 경향이 강하고, 객관적이지만 상대 마음에 대해 배려가 부족한 경향이 있다.

⑯ 외향 – 감각 – 사고 – 판단(TYPE P)

관심이 외향으로 향하고 밝고 명랑하며 사교적인 것을 좋아한다. 사물을 보는 관점은 상식적이고 경험하지 못한 새로운 것에 대응을 잘 하지 못한다. 논리적으로 생각하고 판단하는 경향이 강하고 이성적이지만 사람의 감정에 무심한 경향이 있다. 환경에 대해서는 작용하는 편이고, 자기 페이스대로 꾸준히 성취하는 것을 잘한다.

4 인성검사의 대책

(1) 미리 알아두어야 할 점

① 출제 문항 수 … 인성검사의 출제 문항 수는 특별히 정해진 것이 아니며 각 기업체의 기준에 따라 달라질 수 있다. 보통 100문항 이상에서 500문항까지 출제된다고 예상하면 된다.

② 출제형식

　　㉠ '예' 아니면 '아니오'의 형식

다음 문항을 읽고 자신에게 해당되는지 안 되는지를 판단하여 해당될 경우 '예'를, 해당되지 않을 경우 '아니오'를 고르시오.

질문	예	아니오
1. 자신의 생각이나 의견은 좀처럼 변하지 않는다.	○	
2. 구입한 후 끝까지 읽지 않은 책이 많다.		○

다음 문항에 대해서 평소에 자신이 생각하고 있는 것이나 행동하고 있는 것에 ○표를 하시오.

질문	그렇다	약간 그렇다	그저 그렇다	별로 그렇지 않다	그렇지 않다
1. 시간에 쫓기는 것이 싫다.		○			
2. 여행가기 전에 계획을 세운다.			○		

　　㉡ A와 B의 선택형식

A와 B에 주어진 문장을 읽고 자신에게 해당되는 것을 고르시오.

질문	선택
A : 걱정거리가 있어서 잠을 못 잘 때가 있다.	(○)
B : 걱정거리가 있어도 잠을 잘 잔다.	( )

(2) 임하는 자세

① **솔직하게 있는 그대로 표현한다** … 인성검사는 평범한 일상생활 내용들을 다룬 짧은 문장과 어떤 대상이나 일에 대한 선로를 선택하는 문장으로 구성되었으므로 평소에 자신이 생각한 바를 너무 골똘히 생각하지 말고 문제를 보는 순간 떠오른 것을 표현한다.

② **모든 문제를 신속하게 대답한다** … 인성검사는 시간제한이 없는 것이 원칙이지만 기업체들은 일정한 시간제한을 두고 있다. 인성검사는 개인의 성격과 자질을 알아보기 위한 검사이기 때문에 정답이 없다. 다만, 기업체에서 바람직하게 생각하거나 기대되는 결과가 있을 뿐이다. 따라서 시간에 쫓겨서 대충 대답을 하는 것은 바람직하지 못하다.

③ **일관성 있게 대답한다** … 간혹 반복되는 문제들이 출제되기 때문에 일관성 있게 답하지 않으면 감점될 수 있으므로 유의한다. 실제로 공기업 인사부 직원의 인터뷰에 따르면 일관성이 없게 대답한 응시자들이 감점을 받아 탈락했다고 한다. 거짓된 응답을 하다보면 일관성 없는 결과가 나타날 수 있으므로, 위에서 언급한 대로 신속하고 솔직하게 답해 일관성 있는 응답을 하는 것이 중요하다.

④ **마지막까지 집중해서 검사에 임한다** … 장시간 진행되는 검사에 지치지 않고 마지막까지 집중해서 정확히 답할 수 있도록 해야 한다.

1 복합 유형

▌1~50▐ 다음 질문에 대해서 평소 자신이 생각하고 있는 것이나 행동하고 있는 것에 대해 박스에 주어진 응답요령에 따라 답하시오.

응답요령
- 응답 Ⅰ : 제시된 문항들을 읽은 다음 각각의 문항에 대해 자신이 동의하는 정도를 ①(전혀 그렇지 않다)~⑤(매우 그렇다)으로 표시하면 된다.
- 응답 Ⅱ : 제시된 문항들을 비교하여 상대적으로 자신의 성격과 가장 가까운 문항(Most) 하나와 가장 거리가 먼 문항(Least) 하나를 선택하여야 한다(응답 Ⅱ의 응답은 Most 1개, Least 1개, 무응답 2개이어야 한다).

1

문항예시	응답 Ⅰ					응답 Ⅱ	
	①	②	③	④	⑤	Most	Least
A. 모임에서 리더에 어울리지 않는다고 생각한다.							
B. 착실한 노력으로 성공한 이야기를 좋아한다.							
C. 어떠한 일에도 의욕적으로 임하는 편이다.							
D. 학급에서는 존재가 두드러졌다.							

2

문항예시	응답 Ⅰ					응답 Ⅱ	
	①	②	③	④	⑤	Most	Least
A. 아무것도 생각하지 않을 때가 많다.							
B. 스포츠는 하는 것보다는 보는 것이 좋다.							
C. 게으른 편이라고 생각한다.							
D. 비가 오지 않으면 우산을 가지고 가지 않는다.							

3

문항예시	응답 I					응답 II	
	①	②	③	④	⑤	Most	Least
A. 1인자보다는 조력자의 역할을 좋아한다.							
B. 의리를 지키는 타입이다.							
C. 리드를 하는 편이다.							
D. 신중함이 부족해서 후회한 적이 많다.							

4

문항예시	응답 I					응답 II	
	①	②	③	④	⑤	Most	Least
A. 모든 일을 여유 있게 대비하는 타입이다.							
B. 업무가 진행 중이라도 야근은 하지 않는다.							
C. 타인에게 방문하는 경우 상대방이 부재중인 때가 많다.							
D. 노력하는 과정이 중요하고 결과는 중요하지 않다.							

5

문항예시	응답 I					응답 II	
	①	②	③	④	⑤	Most	Least
A. 무리해서 행동하지 않는다.							
B. 유행에 민감한 편이다.							
C. 정해진 대로 움직이는 것이 안심이 된다.							
D. 현실을 직시하는 편이다.							

6

문항예시	응답 I					응답 II	
	①	②	③	④	⑤	Most	Least
A. 자유보다는 질서를 중요시 한다.							
B. 잡담하는 것을 좋아한다.							
C. 경험에 비추어 판단하는 편이다.							
D. 영화나 드라마는 각본의 완성도나 화면구성에 주목한다.							

7

문항예시	응답 I					응답 II	
	①	②	③	④	⑤	Most	Least
A. 타인의 일에는 별로 관심이 없다.							
B. 다른 사람의 소문에 관심이 많다.							
C. 실용적인 일을 할 때가 많다.							
D. 정이 많은 편이다.							

8

문항예시	응답 I					응답 II	
	①	②	③	④	⑤	Most	Least
A. 협동은 중요하다고 생각한다.							
B. 친구의 휴대폰 번호는 모두 외운다.							
C. 정해진 틀은 깨라고 있는 것이다.							
D. 이성적인 사람이고 싶다.							

9

문항예시	응답 I					응답 II	
	①	②	③	④	⑤	Most	Least
A. 환경은 변하지 않는 것이 좋다고 생각한다.							
B. 성격이 밝다.							
C. 반성하는 편이 아니다.							
D. 활동범위가 좁은 편이다.							

10

문항예시	응답 I					응답 II	
	①	②	③	④	⑤	Most	Least
A. 시원시원한 성격을 가진 사람이다.							
B. 좋다고 생각하면 바로 행동한다.							
C. 좋은 사람으로 기억되고 싶다.							
D. 한 번에 많은 일을 떠맡는 것은 골칫거리이다.							

11

문항예시	응답 I					응답 II	
	①	②	③	④	⑤	Most	Least
A. 사람과 만날 약속은 늘 즐겁다.							
B. 질문을 받으면 그때의 느낌으로 대답한다.							
C. 땀을 흘리는 것보다 머리를 쓰는 일이 좋다.							
D. 이미 결정된 것이라면 다시 생각하지 않는다.							

12

문항예시	응답 I					응답 II	
	①	②	③	④	⑤	Most	Least
A. 외출 시 문을 잠갔는지 몇 번씩 확인한다.							
B. 지위가 사람을 만든다고 생각한다.							
C. 안전책을 고르는 타입이다.							
D. 사교적인 사람이다.							

13

문항예시	응답 I					응답 II	
	①	②	③	④	⑤	Most	Least
A. 사람은 도리를 지키는 것이 당연하다고 생각한다.							
B. 착하다는 소릴 자주 듣는다.							
C. 단념을 하는 것도 중요하다고 생각한다.							
D. 누구도 예상치 못한 일을 하고 싶다.							

14

문항예시	응답 I					응답 II	
	①	②	③	④	⑤	Most	Least
A. 평범하고 평온하게 행복한 인생을 살고 싶다.							
B. 움직이는 일을 좋아하지 않는다.							
C. 소극적인 사람이라고 생각한다.							
D. 이것저것 평가하는 것이 싫다.							

15

문항예시	응답 I					응답 II	
	①	②	③	④	⑤	Most	Least
A. 성격이 급하다.							
B. 꾸준히 노력하는 것을 잘 못한다.							
C. 내일의 계획은 미리 세운다.							
D. 혼자 일을 하는 것이 편하다.							

16

문항예시	응답 I					응답 II	
	①	②	③	④	⑤	Most	Least
A. 열정적인 사람이라고 생각하지 않는다.							
B. 다른 사람 앞에서 이야기를 잘한다.							
C. 행동력이 강한 사람이다.							
D. 엉덩이가 무거운 편이다.							

17

문항예시	응답 I					응답 II	
	①	②	③	④	⑤	Most	Least
A. 특별히 구애받는 것이 없다.							
B. 돌다리는 두들겨 보고 건너는 편이다.							
C. 나에게는 권력욕이 없는 것 같다.							
D. 업무를 할당받으면 부담스럽다.							

18

문항예시	응답 I					응답 II	
	①	②	③	④	⑤	Most	Least
A. 보수적인 편이다.							
B. 계산적인 사람이다.							
C. 규칙을 잘 지키는 타입이다.							
D. 무기력함을 많이 느낀다.							

19

문항예시	응답 I					응답 II	
	①	②	③	④	⑤	Most	Least
A. 사람을 사귀는 범위가 넓다.							
B. 상식적인 판단을 할 수 있는 편이라고 생각한다.							
C. 너무 객관적이어서 실패한 적이 많다.							
D. 보수보다는 진보라고 생각한다.							

20

문항예시	응답 I					응답 II	
	①	②	③	④	⑤	Most	Least
A. 내가 좋아하는 사람은 주변사람들이 모두 안다.							
B. 가능성보다 현실을 중요시한다.							
C. 상대에게 꼭 필요한 선물을 잘 알고 있다.							
D. 여행은 계획을 세워서 추진하는 편이다.							

21

문항예시	응답 Ⅰ					응답 Ⅱ	
	①	②	③	④	⑤	Most	Least
A. 무슨 일이든 구체적으로 파고드는 편이다.							
B. 일을 할 때는 착실한 편이다.							
C. 괴로워하는 사람을 보면 우선 이유부터 묻는다.							
D. 가치 기준이 확고하다.							

22

문항예시	응답 Ⅰ					응답 Ⅱ	
	①	②	③	④	⑤	Most	Least
A. 밝고 개방적인 편이다.							
B. 현실직시를 잘 하는 편이다.							
C. 공평하고 공정한 상사를 만나고 싶다.							
D. 시시해도 계획적인 인생이 좋다.							

23

문항예시	응답 Ⅰ					응답 Ⅱ	
	①	②	③	④	⑤	Most	Least
A. 분석력이 뛰어나다.							
B. 논리적인 편이다.							
C. 사물에 대해 가볍게 생각하는 경향이 강하다.							
D. 계획을 세워도 지키지 못한 경우가 많다.							

24

문항예시	응답 I					응답 II	
	①	②	③	④	⑤	Most	Least
A. 생각했다고 해서 반드시 행동으로 옮기지 않는다.							
B. 목표 달성에 별로 구애받지 않는다.							
C. 경쟁하는 것을 즐기는 편이다.							
D. 정해진 친구만 만나는 편이다.							

25

문항예시	응답 I					응답 II	
	①	②	③	④	⑤	Most	Least
A. 활발한 성격이라는 소릴 자주 듣는다.							
B. 기회를 놓치는 경우가 많다.							
C. 학창시절 체육수업을 싫어했다.							
D. 과정보다 결과를 중요시한다.							

26

문항예시	응답 I					응답 II	
	①	②	③	④	⑤	Most	Least
A. 내 능력 밖의 일은 하고 싶지 않다.							
B. 새로운 사람을 만나는 것은 두렵다.							
C. 차분하고 사려가 깊은 편이다.							
D. 주변의 일에 나서는 편이다.							

27

문항예시	응답 I					응답 II	
	①	②	③	④	⑤	Most	Least
A. 글을 쓸 때에는 미리 구상을 하고 나서 쓴다.							
B. 여러 가지 일을 경험하고 싶다.							
C. 스트레스를 해소하기 위해 집에서 조용히 지낸다.							
D. 기한 내에 일을 마무리 짓지 못한 적이 많다.							

28

문항예시	응답 I					응답 II	
	①	②	③	④	⑤	Most	Least
A. 무리한 도전은 할 필요가 없다고 생각한다.							
B. 남의 앞에 나서는 것을 좋아하지 않는다.							
C. 납득이 안 되면 행동이 안 된다.							
D. 약속시간에 여유 있게 도착하는 편이다.							

29

문항예시	응답 I					응답 II	
	①	②	③	④	⑤	Most	Least
A. 매사 유연하게 대처하는 편이다.							
B. 휴일에는 집에 있는 것이 좋다.							
C. 위험을 무릅쓰고 까지 성공하고 싶지는 않다.							
D. 누군가가 도와주기를 하며 기다린 적이 많다.							

30

문항예시	응답 I					응답 II	
	①	②	③	④	⑤	Most	Least
A. 친구가 적은 편이다.							
B. 결론이 나도 여러 번 다시 생각하는 편이다.							
C. 미래가 걱정이 되어 잠을 설친 적이 있다.							
D. 같은 일을 반복하는 것은 지겹다.							

31

문항예시	응답 I					응답 II	
	①	②	③	④	⑤	Most	Least
A. 움직이지 않고 생각만 하는 것이 좋다.							
B. 하루종일 잠만 잘 수 있다.							
C. 오늘 하지 않아도 되는 일은 하지 않는다.							
D. 목숨을 걸 수 있는 친구가 있다.							

32

문항예시	응답 I					응답 II	
	①	②	③	④	⑤	Most	Least
A. 체험을 중요하게 생각한다.							
B. 도리를 지키는 사람이 좋다.							
C. 갑작스런 상황에 부딪혀도 유연하게 대처한다.							
D. 쉬는 날은 반드시 외출해야 한다.							

33

문항예시	응답 I					응답 II	
	①	②	③	④	⑤	Most	Least
A. 쇼핑을 좋아하는 편이다.							
B. 불필요한 물건을 마구 사드리는 편이다.							
C. 이성적인 사람을 보면 동경의 대상이 된다.							
D. 초면인 사람과는 대화를 잘 하지 못한다.							

34

문항예시	응답 I					응답 II	
	①	②	③	④	⑤	Most	Least
A. 재미있는 일을 추구하는 편이다.							
B. 어려움에 처한 사람을 보면 도와주어야 한다.							
C. 돈이 없으면 외출을 하지 않는다.							
D. 한 가지 일에 몰두하는 타입이다.							

35

문항예시	응답 I					응답 II	
	①	②	③	④	⑤	Most	Least
A. 손재주가 뛰어난 편이다.							
B. 규칙을 벗어나는 일은 하고 싶지 않다.							
C. 위험을 무릅쓰고 도전하고 싶은 일이 있다.							
D. 남의 주목을 받는 것을 즐긴다.							

36

문항예시	응답 I					응답 II	
	①	②	③	④	⑤	Most	Least
A. 조금이라도 나쁜 소식을 들으면 절망에 빠진다.							
B. 다수결의 의견에 따르는 편이다.							
C. 혼자 식당에서 밥을 먹는 일은 어렵지 않다.							
D. 하루하루 걱정이 늘어가는 타입이다.							

37

문항예시	응답 I					응답 II	
	①	②	③	④	⑤	Most	Least
A. 승부근성이 매우 강하다.							
B. 흥분을 자주하며 흥분하면 목소리가 커진다.							
C. 지금까지 한 번도 타인에게 폐를 끼친 적이 없다.							
D. 남의 험담을 해 본 적이 없다.							

38

문항예시	응답 I					응답 II	
	①	②	③	④	⑤	Most	Least
A. 남들이 내 험담을 할까봐 걱정된다.							
B. 내 자신을 책망하는 경우가 많다.							
C. 변덕스런 사람이라는 소릴 자주 듣는다.							
D. 자존심이 강한 편이다.							

39

문항예시	응답 I					응답 II	
	①	②	③	④	⑤	Most	Least
A. 고독을 즐기는 편이다.							
B. 착한 거짓말은 필요하다고 생각한다.							
C. 신경질적인 날이 많다.							
D. 고민이 생기면 혼자서 끙끙 앓는 편이다.							

40

문항예시	응답 I					응답 II	
	①	②	③	④	⑤	Most	Least
A. 나를 싫어하는 사람은 없다.							
B. 과감하게 행동하는 편이다.							
C. 쓸데없이 고생을 사서 할 필요는 없다.							
D. 기계를 잘 다루는 편이다.							

41

문항예시	응답 I					응답 II	
	①	②	③	④	⑤	Most	Least
A. 문제점을 해결하기 위해 많은 사람과 상의하는 편이다.							
B. 내 방식대로 일을 처리하는 편이다.							
C. 영화를 보면서 눈물을 흘린 적이 많다.							
D. 타인에게 화를 낸 적이 없다.							

42

문항예시	응답 I					응답 II	
	①	②	③	④	⑤	Most	Least
A. 타인의 사소한 충고에도 걱정을 많이 한다.							
B. 타인에게 도움이 안 되는 사람이라고 생각한다.							
C. 싫증을 잘 내는 편이다.							
D. 개성이 강하는 소릴 자주 듣는다.							

43

문항예시	응답 I					응답 II	
	①	②	③	④	⑤	Most	Least
A. 주장이 강한 편이다.							
B. 고집이 센 사람을 보면 짜증이 난다.							
C. 예의 없는 사람하고는 말을 섞지 않는다.							
D. 학창시절 결석을 한 적이 한 번도 없다.							

44

문항예시	응답 I					응답 II	
	①	②	③	④	⑤	Most	Least
A. 잘 안 되는 일도 될 때까지 계속 추진하는 편이다.							
B. 남에 대한 배려심이 강하다.							
C. 끈기가 약하다.							
D. 인생의 목표는 클수록 좋다고 생각한다.							

45

문항예시	응답 I					응답 II	
	①	②	③	④	⑤	Most	Least
A. 무슨 일이든 바로 시작하는 타입이다.							
B. 복잡한 문제가 발생하면 포기하는 편이다.							
C. 생각하고 행동하는 편이다.							
D. 야망이 있는 사람이라고 생각한다.							

46

문항예시	응답 I					응답 II	
	①	②	③	④	⑤	Most	Least
A. 비판적인 성향이 강하다.							
B. 감수성이 풍부한 편이다.							
C. 남을 비판할 때는 무섭게 비판한다.							
D. 하나의 취미에 열중하는 편이다.							

47

문항예시	응답 I					응답 II	
	①	②	③	④	⑤	Most	Least
A. 성격이 매우 급하다.							
B. 입신출세의 이야기를 좋아한다.							
C. 잘하는 스포츠가 하나 이상은 있다.							
D. 다룰 수 있는 악기가 하나 이상은 있다.							

48

문항예시	응답 I					응답 II	
	①	②	③	④	⑤	Most	Least
A. 흐린 날은 반드시 우산을 챙긴다.							
B. 즉흥적으로 결정하는 경우가 많다.							
C. 공격적인 타입이다.							
D. 남에게 리드를 받으면 기분이 상한다.							

49

문항예시	응답 I					응답 II	
	①	②	③	④	⑤	Most	Least
A. 누군가를 방문할 때는 사전에 반드시 확인을 한다.							
B. 노력해도 결과가 따르지 않으면 의미가 없다.							
C. 유행에 크게 신경을 쓰지 않는다.							
D. 질서보다는 자유를 중요시 한다.							

50

문항예시	응답 I					응답 II	
	①	②	③	④	⑤	Most	Least
A. 영화나 드라마를 보면 주인공의 감정에 이입된다.							
B. 가십거리를 좋아한다.							
C. 창조적인 일을 하고 싶다.							
D. 눈물이 많은 편이다.							

2 Y or N 유형

┃1~375┃ 다음 (   ) 안에 진술이 자신에게 적합하면 YES, 그렇지 않다면 NO를 선택하시오.

(인성검사는 응시자의 인성을 파악하기 위한 시험이므로 정답이 존재하지 않습니다).

	YES	NO

1. 조금이라도 나쁜 소식은 절망의 시작이라고 생각해버린다. ················· (   )(   )

2. 언제나 실패가 걱정이 되어 어쩔 줄 모른다. ····························· (   )(   )

3. 다수결의 의견에 따르는 편이다. ···································· (   )(   )

4. 혼자서 커피숍에 들어가는 것은 전혀 두려운 일이 아니다. ··············· (   )(   )

5. 승부근성이 강하다. ·· (   )(   )

6. 자주 흥분해서 침착하지 못하다. ····································· (   )(   )

7. 지금까지 살면서 타인에게 폐를 끼친 적이 없다. ····················· (   )(   )

8. 소곤소곤 이야기하는 것을 보면 자기에 대해 험담하고 있는 것으로 생각된다. (   )(   )

9. 무엇이든지 자기가 나쁘다고 생각하는 편이다. ····················· (   )(   )

10. 자신을 변덕스러운 사람이라고 생각한다. ·························· (   )(   )

11. 고독을 즐기는 편이다. ·· (   )(   )

12. 자존심이 강하다고 생각한다. ·· (   )(   )

13. 금방 흥분하는 성격이다. ·· (   )(   )

14. 거짓말을 한 적이 없다. ··· (   )(   )

15. 신경질적인 편이다. ··· (   )(   )

16. 끙끙대며 고민하는 타입이다. ·· (   )(   )

17. 감정적인 사람이라고 생각한다. ······································ (   )(   )

18. 자신만의 신념을 가지고 있다. ······································· (   )(   )

19. 다른 사람을 바보 같다고 생각한 적이 있다. ························ (   )(   )

20. 금방 말해버리는 편이다. ·· (   )(   )

21. 싫어하는 사람이 없다. ·· (   )(   )

22. 대재앙이 오지 않을까 항상 걱정을 한다. ···························· (   )(   )

23. 쓸데없는 고생을 하는 일이 많다. ···································· (   )(   )

24. 자주 생각이 바뀌는 편이다. ·· ( )( )

25. 문제점을 해결하기 위해 여러 사람과 상의한다. ················· ( )( )

26. 내 방식대로 일을 한다. ·· ( )( )

27. 영화를 보고 운 적이 많다. ·· ( )( )

28. 어떤 것에 대해서도 화낸 적이 없다. ······························ ( )( )

29. 사소한 충고에도 걱정을 한다. ······································ ( )( )

30. 자신은 도움이 안 되는 사람이라고 생각한다. ··················· ( )( )

31. 금방 싫증을 내는 편이다. ·· ( )( )

32. 개성적인 사람이라고 생각한다. ····································· ( )( )

33. 자기주장이 강한 편이다. ·· ( )( )

34. 뒤숭숭하다는 말을 들은 적이 있다. ································ ( )( )

35. 학교를 쉬고 싶다고 생각한 적이 한 번도 없다. ················· ( )( )

36. 사람들과 관계 맺는 것을 잘하지 못한다. ························· ( )( )

37. 사려 깊은 편이다. ··· ( )( )

38. 몸을 움직이는 것을 좋아한다. ······································ ( )( )

39. 끈기가 있는 편이다. ··· ( )( )

40. 신중한 편이라고 생각한다. ·· ( )( )

41. 인생의 목표는 큰 것이 좋다. ······································· ( )( )

42. 어떤 일이라도 바로 시작하는 타입이다. ·························· ( )( )

43. 낯가림을 하는 편이다. ·· ( )( )

44. 생각하고 나서 행동하는 편이다. ···································· ( )( )

45. 쉬는 날은 밖으로 나가는 경우가 많다. ··························· ( )( )

46. 시작한 일은 반드시 완성시킨다. ···································· ( )( )

47. 면밀한 계획을 세운 여행을 좋아한다. ····························· ( )( )

48. 야망이 있는 편이라고 생각한다. ···································· ( )( )

49. 활동력이 있는 편이다. ·· ( )( )

50. 많은 사람들과 와자지껄하게 식사하는 것을 좋아하지 않는다. ·························· (   )(   )

51. 돈을 허비한 적이 없다. ·· (   )(   )

52. 어릴적에 운동회를 아주 좋아하고 기대했다. ····························· (   )(   )

53. 하나의 취미에 열중하는 타입이다. ······································· (   )(   )

54. 모임에서 리더에 어울린다고 생각한다. ································· (   )(   )

55. 입신출세의 성공이야기를 좋아한다. ······································ (   )(   )

56. 어떠한 일도 의욕을 가지고 임하는 편이다. ··························· (   )(   )

57. 학급에서는 존재가 희미했다. ·· (   )(   )

58. 항상 무언가를 생각하고 있다. ·· (   )(   )

59. 스포츠는 보는 것보다 하는 게 좋다. ··································· (   )(   )

60. '참 잘했네요.'라는 말을 자주 듣는다. ································· (   )(   )

61. 흐린 날은 반드시 우산을 가지고 간다. ································ (   )(   )

62. 주연상을 받을 수 있는 배우를 좋아한다. ····························· (   )(   )

63. 공격하는 타입이라고 생각한다. ··· (   )(   )

64. 리드를 받는 편이다. ··· (   )(   )

65. 너무 신중해서 기회를 놓친 적이 있다. ································ (   )(   )

66. 시원시원하게 움직이는 타입이다. ·· (   )(   )

67. 야근을 해서라도 업무를 끝낸다. ··· (   )(   )

68. 누군가를 방문할 때는 반드시 사전에 확인한다. ····················· (   )(   )

69. 노력해도 결과가 따르지 않으면 의미가 없다. ······················· (   )(   )

70. 무조건 행동해야 한다. ··· (   )(   )

71. 유행에 둔감하다고 생각한다. ··· (   )(   )

72. 정해진 대로 움직이는 것은 시시하다. ································· (   )(   )

73. 꿈을 계속 가지고 있고 싶다. ··· (   )(   )

74. 질서보다 자유를 중요시하는 편이다. ··································· (   )(   )

75. 혼자서 취미에 몰두하는 것을 좋아한다. ······························ (   )(   )

                                                                        YES   NO
76. 직관적으로 판단하는 편이다. ·· (   )(   )

77. 영화나 드라마를 보면 등장인물의 감정에 이입된다. ················· (   )(   )

78. 시대의 흐름에 역행해서라도 자신을 관철하고 싶다. ··············· (   )(   )

79. 다른 사람의 소문에 관심이 없다. ································· (   )(   )

80. 창조적인 편이다. ··· (   )(   )

81. 비교적 눈물이 많은 편이다. ·· (   )(   )

82. 융통성이 있다고 생각한다. ··· (   )(   )

83. 친구의 휴대전화 번호를 잘 모른다. ································ (   )(   )

84. 스스로 고안하는 것을 좋아한다. ··································· (   )(   )

85. 정이 두터운 사람으로 남고 싶다. ·································· (   )(   )

86. 조직의 일원으로 별로 안 어울린다. ································ (   )(   )

87. 세상의 일에 별로 관심이 없다. ···································· (   )(   )

88. 변화를 추구하는 편이다. ··· (   )(   )

89. 업무는 인간관계로 선택한다. ······································ (   )(   )

90. 환경이 변하는 것에 구애되지 않는다. ······························ (   )(   )

91. 불안감이 강한 편이다. ··· (   )(   )

92. 인생은 살 가치가 없다고 생각한다. ································ (   )(   )

93. 의지가 약한 편이다. ··· (   )(   )

94. 다른 사람이 하는 일에 별로 관심이 없다. ·························· (   )(   )

95. 사람을 설득시키는 것은 어렵지 않다. ······························ (   )(   )

96. 심심한 것을 못 참는다. ·· (   )(   )

97. 다른 사람을 욕한 적이 한 번도 없다. ······························ (   )(   )

98. 다른 사람에게 어떻게 보일지 신경을 쓴다. ························· (   )(   )

99. 금방 낙심하는 편이다. ··· (   )(   )

100. 다른 사람에게 의존하는 경향이 있다. ······························ (   )(   )

101. 그다지 융통성이 있는 편이 아니다. ································· (   )(   )

102. 다른 사람이 내 의견에 간섭하는 것이 싫다. ………………………… (   )(   )

103. 낙천적인 편이다. ……………………………………………………… (   )(   )

104. 숙제를 잊어버린 적이 한 번도 없다. …………………………………… (   )(   )

105. 밤길에는 발소리가 들리기만 해도 불안하다. ………………………… (   )(   )

106. 상냥하다는 말을 들은 적이 있다. ………………………………………… (   )(   )

107. 자신은 유치한 사람이다. …………………………………………………… (   )(   )

108. 잡담을 하는 것보다 책을 읽는 것이 낫다. …………………………… (   )(   )

109. 나는 영업에 적합한 타입이라고 생각한다. …………………………… (   )(   )

110. 술자리에서 술을 마시지 않아도 흥을 돋울 수 있다. ………………… (   )(   )

111. 한 번도 병원에 간 적이 없다. …………………………………………… (   )(   )

112. 나쁜 일은 걱정이 되어서 어쩔 줄을 모른다. ………………………… (   )(   )

113. 금세 무기력해지는 편이다. ………………………………………………… (   )(   )

114. 비교적 고분고분한 편이라고 생각한다. ………………………………… (   )(   )

115. 독자적으로 행동하는 편이다. ……………………………………………… (   )(   )

116. 적극적으로 행동하는 편이다. ……………………………………………… (   )(   )

117. 금방 감격하는 편이다. ……………………………………………………… (   )(   )

118. 어떤 것에 대해서는 불만을 가진 적이 없다. ………………………… (   )(   )

119. 밤에 못 잘 때가 많다. ……………………………………………………… (   )(   )

120. 자주 후회하는 편이다. ……………………………………………………… (   )(   )

121. 뜨거워지기 쉽고 식기 쉽다. ……………………………………………… (   )(   )

122. 자신만의 세계를 가지고 있다. …………………………………………… (   )(   )

123. 많은 사람 앞에서도 긴장하는 일은 없다. …………………………… (   )(   )

124. 말하는 것을 아주 좋아한다. ……………………………………………… (   )(   )

125. 인생을 포기하는 마음을 가진 적이 한 번도 없다. ………………… (   )(   )

126. 어두운 성격이다. …………………………………………………………… (   )(   )

127. 금방 반성한다. ……………………………………………………………… (   )(   )

	YES	NO

128. 활동범위가 넓은 편이다. ………………………………………………… (　　)(　　)

129. 자신을 끈기 있는 사람이라고 생각한다. …………………………… (　　)(　　)

130. 좋다고 생각하더라도 좀 더 검토하고 나서 실행한다. ………………… (　　)(　　)

131. 위대한 인물이 되고 싶다. ………………………………………………… (　　)(　　)

132. 한 번에 많은 일을 떠맡아도 힘들지 않다. ……………………………… (　　)(　　)

133. 사람과 만날 약속은 부담스럽다. ………………………………………… (　　)(　　)

134. 질문을 받으면 충분히 생각하고 나서 대답하는 편이다. ……………… (　　)(　　)

135. 머리를 쓰는 것보다 땀을 흘리는 일이 좋다. …………………………… (　　)(　　)

136. 결정한 것에는 철저히 구속받는다. ……………………………………… (　　)(　　)

137. 외출 시 문을 잠갔는지 몇 번을 확인한다. ……………………………… (　　)(　　)

138. 이왕 할 거라면 일등이 되고 싶다. ……………………………………… (　　)(　　)

139. 과감하게 도전하는 타입이다. …………………………………………… (　　)(　　)

140. 자신은 사교적이 아니라고 생각한다. …………………………………… (　　)(　　)

141. 무심코 도리에 대해서 말하고 싶어진다. ………………………………… (　　)(　　)

142. '항상 건강하네요.'라는 말을 듣는다. …………………………………… (　　)(　　)

143. 단념하면 끝이라고 생각한다. …………………………………………… (　　)(　　)

144. 예상하지 못한 일은 하고 싶지 않다. …………………………………… (　　)(　　)

145. 파란만장하더라도 성공하는 인생을 걷고 싶다. ………………………… (　　)(　　)

146. 활기찬 편이라고 생각한다. ……………………………………………… (　　)(　　)

147. 소극적인 편이라고 생각한다. …………………………………………… (　　)(　　)

148. 무심코 평론가가 되어 버린다. …………………………………………… (　　)(　　)

149. 자신은 성급하다고 생각한다. …………………………………………… (　　)(　　)

150. 꾸준히 노력하는 타입이라고 생각한다. ………………………………… (　　)(　　)

151. 내일의 계획이라도 메모한다. …………………………………………… (　　)(　　)

152. 리더십이 있는 사람이 되고 싶다. ………………………………………… (　　)(　　)

153. 열정적인 사람이라고 생각한다. ………………………………………… (　　)(　　)

                                                    YES   NO

154. 다른 사람 앞에서 이야기를 잘 하지 못한다. ················· (   )(   )

155. 통찰력이 있는 편이다. ································· (   )(   )

156. 엉덩이가 가벼운 편이다. ····························· (   )(   )

157. 여러 가지로 구애됨이 있다. ························· (   )(   )

158. 돌다리도 두들겨 보고 건너는 쪽이 좋다. ············· (   )(   )

159. 자신에게는 권력욕이 있다. ························· (   )(   )

160. 업무를 할당받으면 기쁘다. ························· (   )(   )

161. 사색적인 사람이라고 생각한다. ····················· (   )(   )

162. 비교적 개혁적이다. ······························· (   )(   )

163. 좋고 싫음으로 정할 때가 많다. ····················· (   )(   )

164. 전통에 구애되는 것은 버리는 것이 적절하다. ········· (   )(   )

165. 교제 범위가 좁은 편이다. ··························· (   )(   )

166. 발상의 전환을 할 수 있는 타입이라고 생각한다. ······· (   )(   )

167. 너무 주관적이어서 실패한다. ······················· (   )(   )

168. 현실적이고 실용적인 면을 추구한다. ················· (   )(   )

169. 내가 어떤 배우의 팬인지 아무도 모른다. ············· (   )(   )

170. 현실보다 가능성이다. ····························· (   )(   )

171. 마음이 담겨 있으면 선물은 아무 것이나 좋다. ········· (   )(   )

172. 여행은 마음대로 하는 것이 좋다. ··················· (   )(   )

173. 추상적인 일에 관심이 있는 편이다. ················· (   )(   )

174. 일은 대담히 하는 편이다. ··························· (   )(   )

175. 괴로워하는 사람을 보면 우선 동정한다. ··············· (   )(   )

176. 가치기준은 자신의 안에 있다고 생각한다. ············· (   )(   )

177. 조용하고 조심스러운 편이다. ······················· (   )(   )

178. 상상력이 풍부한 편이라고 생각한다. ················· (   )(   )

179. 의리, 인정이 두터운 상사를 만나고 싶다. ············· (   )(   )

180. 인생의 앞날을 알 수 없어 재미있다. ··· ( )( )

181. 밝은 성격이다. ·· ( )( )

182. 별로 반성하지 않는다. ·· ( )( )

183. 활동범위가 좁은 편이다. ·· ( )( )

184. 자신을 시원시원한 사람이라고 생각한다. ····································· ( )( )

185. 좋다고 생각하면 바로 행동한다. ··· ( )( )

186. 좋은 사람이 되고 싶다. ·· ( )( )

187. 한 번에 많은 일을 떠맡는 것은 골칫거리라고 생각한다. ················ ( )( )

188. 사람과 만날 약속은 즐겁다. ·· ( )( )

189. 질문을 받으면 그때의 느낌으로 대답하는 편이다. ························· ( )( )

190. 땀을 흘리는 것보다 머리를 쓰는 일이 좋다. ································ ( )( )

191. 결정한 것이라도 그다지 구속받지 않는다. ···································· ( )( )

192. 외출 시 문을 잠갔는지 별로 확인하지 않는다. ····························· ( )( )

193. 지위에 어울리면 된다. ·· ( )( )

194. 안전책을 고르는 타입이다. ·· ( )( )

195. 자신은 사교적이라고 생각한다. ·· ( )( )

196. 도리는 상관없다. ·· ( )( )

197. '침착하시네요.'라는 말을 자주 듣는다. ·· ( )( )

198. 단념이 중요하다고 생각한다. ··· ( )( )

199. 예상하지 못한 일도 해보고 싶다. ··· ( )( )

200. 평범하고 평온하게 행복한 인생을 살고 싶다. ······························· ( )( )

201. 모임에서 늘 리더의 역할만을 해왔다. ·· ( )( )

202. 착실한 노력으로 성공한 이야기를 좋아한다. ································· ( )( )

203. 어떠한 일에도 의욕적으로 임하는 편이다. ···································· ( )( )

204. 학급에서는 존재가 두드러졌다. ·· ( )( )

205. 피곤한 날에는 무엇이든지 귀찮아 하는 편이다. ···························· ( )( )

206. 나는 소극적인 사람이 아니다. ┄┄┄┄┄┄┄┄┄┄┄ (   )(   )

207. 이것저것 남들의 이야기를 평가하는 것이 싫다. ┄┄┄┄┄┄ (   )(   )

208. 나는 성급한 편이다. ┄┄┄┄┄┄┄┄┄┄┄┄┄┄┄┄ (   )(   )

209. 꾸준히 노력하는 스타일이다. ┄┄┄┄┄┄┄┄┄┄┄┄ (   )(   )

210. 내일의 계획은 늘 머릿속에 존재한다. ┄┄┄┄┄┄┄┄ (   )(   )

211. 협동심이 강한 사람이 되고 싶다. ┄┄┄┄┄┄┄┄┄┄ (   )(   )

212. 나는 열정적인 사람이 아니다. ┄┄┄┄┄┄┄┄┄┄┄ (   )(   )

213. 다른 사람들 앞에서 이야기를 잘한다. ┄┄┄┄┄┄┄┄ (   )(   )

214. 말보다 행동력이 강한 타입이다. ┄┄┄┄┄┄┄┄┄┄ (   )(   )

215. 엉덩이가 무겁다는 소릴 자주 듣는다. ┄┄┄┄┄┄┄┄ (   )(   )

216. 특별히 가리는 음식이 없다. ┄┄┄┄┄┄┄┄┄┄┄┄ (   )(   )

217. 돌다리도 두들겨 보고 건너는 타입이 아니다. ┄┄┄┄┄ (   )(   )

218. 나에게는 권력에 대한 욕구는 없는 것 같다. ┄┄┄┄┄ (   )(   )

219. 업무를 할당받으면 늘 먼저 불안감이 앞선다. ┄┄┄┄┄ (   )(   )

220. 나는 진보보다는 보수이다. ┄┄┄┄┄┄┄┄┄┄┄┄ (   )(   )

221. 나는 매우 활동적인 사람이다. ┄┄┄┄┄┄┄┄┄┄┄ (   )(   )

222. 무슨 일이든 손해인지 이득인지를 먼저 생각하고 결정한다. ┄┄ (   )(   )

223. 전통을 고수하는 것은 어리석은 짓이다. ┄┄┄┄┄┄┄ (   )(   )

224. 나는 교제의 범위가 넓은 편이다. ┄┄┄┄┄┄┄┄┄┄ (   )(   )

225. 나는 상식적인 판단을 할 수 있는 사람이다. ┄┄┄┄┄ (   )(   )

226. 객관적인 판단을 거부하는 편이다. ┄┄┄┄┄┄┄┄┄ (   )(   )

227. 나는 연예인을 매우 좋아한다. ┄┄┄┄┄┄┄┄┄┄┄ (   )(   )

228. 가능성보는 현실을 직시하는 편이다. ┄┄┄┄┄┄┄┄ (   )(   )

229. 나는 상대방에게 무엇이 필요한지 알 수 있다. ┄┄┄┄┄ (   )(   )

230. 여행을 할 때는 마음이 가는 대로 행동한다. ┄┄┄┄┄ (   )(   )

231. 구체적인 일에 관심이 없다. ┄┄┄┄┄┄┄┄┄┄┄┄ (   )(   )

		YES	NO
232. 모든 일을 착실하게 하는 편이다.		( )	( )
233. 괴로워하는 사람을 보면 그냥 모른 척 한다.		( )	( )
234. 매사 나를 기준으로 일을 처리한다.		( )	( )
235. 나의 성격을 밝고 개방적이다.		( )	( )
236. 나는 이성적으로 판단을 잘한다.		( )	( )
237. 공평하고 정직한 상사를 만나고 싶다.		( )	( )
238. 일 잘하고 능력이 강한 상사를 만나고 싶다.		( )	( )
239. 사람들과 적극적으로 유대관계를 유지한다.		( )	( )
240. 몸을 움직이는 일을 별로 즐기지 않는다.		( )	( )
241. 모든 일에 쉽게 질리는 편이다.		( )	( )
242. 경솔하게 판단하여 후회를 하는 경우가 많다.		( )	( )
243. 인생의 목표를 크게 잡는 편이다.		( )	( )
244. 무슨 일도 좀처럼 시작하지 못한다.		( )	( )
245. 초면인 사람과도 바로 친해질 수 있다.		( )	( )
246. 행동을 하고 나서 생각을 하는 편이다.		( )	( )
247. 쉬는 날에는 늘 집에 있는 편이다.		( )	( )
248. 일을 마무리 짓기 전에 포기하는 경우가 많다.		( )	( )
249. 나는 욕심이 없다.		( )	( )
250. 많은 사람들과 왁자지껄하게 있는 것이 싫다.		( )	( )
251. 아무 이유 없이 불안할 때가 많다.		( )	( )
252. 주변 사람들의 의견을 무시하는 경우가 많다.		( )	( )
253. 자존심이 매우 강하다.		( )	( )
254. 내가 지금 잘하고 있는지 생각할 때가 많다.		( )	( )
255. 생각없이 함부로 말하는 경우가 많다.		( )	( )
256. 정리가 되지 않은 방 안에 있어도 불안하지 않다.		( )	( )
257. 태어나서 지금까지 거짓말을 한 적이 없다.		( )	( )

258. 슬픈 영화나 드라마를 보면서 눈물을 흘린 적이 있다. ……………… ( )( )

259. 나는 나 자신을 충분히 신뢰할 수 있다고 생각한다. ……………… ( )( )

260. 노래를 흥얼거리는 것을 좋아한다. ……………………………… ( )( )

261. 나만이 할 수 있는 일을 찾고 싶다. …………………………… ( )( )

262. 나는 내 자신을 과소평가하는 버릇이 있다. ………………… ( )( )

263. 나의 책상이나 서랍은 늘 잘 정리가 되어 있다. …………… ( )( )

264. 건성으로 대답을 할 때가 많다. ……………………………… ( )( )

265. 남의 험담을 해 본적이 없다. ………………………………… ( )( )

266. 쉽게 화를 내는 편이다. ………………………………………… ( )( )

267. 초조하면 손을 떨고 심장박동이 빨라지는 편이다. ………… ( )( )

268. 다른 사람과 말싸움으로 져 본 적이 없다. ………………… ( )( )

269. 다른 사람의 아부에 쉽게 넘어가는 편이다. ………………… ( )( )

270. 주변 사람이 나의 험담을 하고 다닌다고 생각이 든다. …… ( )( )

271. 남들보다 못하다는 생각이 자주 든다. ……………………… ( )( )

272. 이론만 내세우는 사람을 보면 짜증이 난다. ………………… ( )( )

273. 다른 사람과 대화를 하다가도 금방 싸움이 되는 경우가 많다. ……… ( )( )

274. 내 맘대로 안 되면 소리를 지르는 경우가 많다. …………… ( )( )

275. 상처를 주는 일도 받는 일도 싫다. …………………………… ( )( )

276. 매일 매일 하루를 반성하는 편이다. ………………………… ( )( )

277. 매사 메모를 잘 하는 편이다. ………………………………… ( )( )

278. 사람들이 나 때문에 즐거워하는 것을 즐긴다. ……………… ( )( )

279. 아무것도 하지 않고 하루 종일을 보낼 수 있다. …………… ( )( )

280. 지각을 하느니 차라리 결석을 하는 것이 낫다고 생각한다. …… ( )( )

281. 이 세상에 보이지 않는 세계가 존재한다고 믿는다. ………… ( )( )

282. 하기 싫은 일은 죽어도 하기 싫다. …………………………… ( )( )

283. 남에게 안좋게 보일까봐 일부러 열심히 하는 척 행동한 적이 있다. ……… ( )( )

                                                                    YES   NO

284. 쉽게 뜨거워지고 쉽게 식는 편이다. ……………………………… (   )(   )

285. 세상에는 못 해낼 일이 없다고 생각한다. ……………………………… (   )(   )

286. 착한 사람이라는 소릴 자주 듣는다. ……………………………… (   )(   )

287. 나는 다른 사람들보다 뛰어난 사람이다. ……………………………… (   )(   )

288. 나는 개성적인 스타일을 추구한다. ……………………………… (   )(   )

289. 동호회 활동을 한다. ……………………………………………… (   )(   )

290. 나는 갖고 싶은 물건이 생기면 반드시 손에 넣어야 한다. ………… (   )(   )

291. 세상의 모든 사람들이 다 나를 좋아한다. ……………………………… (   )(   )

292. 스트레스를 해소하는 나만의 방법을 가지고 있다. ………………… (   )(   )

293. 모든 일에 계획을 세워 생활한다. ……………………………… (   )(   )

294. 나의 계획에 맞게 진행되지 않으면 화가 난다. ……………………… (   )(   )

295. 남의 일에 잘 나서는 편이다. ……………………………………… (   )(   )

296. 이성적인 사람이 되고 싶다. ……………………………………… (   )(   )

297. 생각했던 일이 뜻대로 되지 않으면 불안해진다. ……………………… (   )(   )

298. 생각한 일을 반드시 행동으로 옮기지는 않는다. ……………………… (   )(   )

299. 친구가 적으나 깊게 사귀는 편이다. ……………………………… (   )(   )

300. 남과의 경쟁에서는 절대 지는 꼴을 못 본다. ……………………… (   )(   )

301. 내일해도 되는 일도 오늘 끝내는 편이다. ……………………………… (   )(   )

302. 머릿속의 모든 생각을 글로 표현할 수 있다. ……………………… (   )(   )

303. 말보다는 글로 나의 의견을 전달하는 것이 편하다. ………………… (   )(   )

304. 배려가 깊다는 소릴 자주 듣는다. ……………………………… (   )(   )

305. 게으른 사람이라는 소릴 들어본 적이 있다. ……………………… (   )(   )

306. 나에게 주어진 기회는 반드시 얻는다. ……………………………… (   )(   )

307. 외출을 할 때 옷차림에 신경을 쓰는 편이다. ……………………… (   )(   )

308. 약속시간이 다가와도 머리나 옷이 맘에 안 들면 늦더라도 반드시 고쳐야 한다. (   )(   )

309. 모임이나 동호회에서 바로 친구를 사귈 수 있다. ……………………… (   )(   )

310. 쉽게 단념을 하는 편이다. ···································· (   )(   )

311. 위험을 무릅쓰고 성공을 해야 한다고 생각한다. ············· (   )(   )

312. 학창시절 체육시간이 가장 즐거웠다. ······················ (   )(   )

313. 휴일에는 어디든 나가야 직성이 풀린다. ·················· (   )(   )

314. 작은 일에도 쉽게 몸이 지친다. ·························· (   )(   )

315. 매사 유연하게 대처하는 편이다. ························· (   )(   )

316. 나의 능력이 어느 정도인지 확인해 보고 싶을 때가 많다. ······· (   )(   )

317. 나는 나의 능력이 어느 정도 인지 확실하게 알고 있다. ·········· (   )(   )

318. 새로운 사람을 만날 때는 늘 가슴이 두근거린다. ············· (   )(   )

319. 어려운 상황에 처하면 늘 누군가가 도와 줄거란 희망을 가지고 있다. ······· (   )(   )

320. 내가 저지른 일을 나 혼자 해결하지 못한 경우가 많다. ········ (   )(   )

321. 친구가 거의 없다. ···································· (   )(   )

322. 건강하고 활발한 사람을 보면 부럽다. ···················· (   )(   )

323. 세상의 모든 일을 경험해 보고 싶다. ····················· (   )(   )

324. 스트레스를 해소하기 위해 운동을 하는 편이다. ············· (   )(   )

325. 기한이 정해진 일은 반드시 기한 내에 끝낸다. ·············· (   )(   )

326. 결론이 나더라도 계속을 생각을 하는 편이다. ·············· (   )(   )

327. 내가 하고 싶은 대로 이루어지지 않으면 화가 난다. ·········· (   )(   )

328. 말과 행동이 일치하지 않을 때가 많다. ··················· (   )(   )

329. 항상 내 기분대로 행동을 한다. ·························· (   )(   )

330. 무슨 일이든 도전하는 것을 좋아한다. ··················· (   )(   )

321. 쉬는 날은 어디에도 나가고 싶지 않다. ·················· (   )(   )

322. 남의 앞에 나서서 무언가를 하는 것이 쑥스럽다. ············ (   )(   )

323. 모르는 것은 모른다고 말한다. ·························· (   )(   )

324. 나 스스로 이해가 되지 않는 일을 하지 않는다. ············· (   )(   )

325. 이상적이지 못하고 현실적이다. ························· (   )(   )

YES NO

326. 운동을 하는 것보다 보는 것이 더 좋다. ······························· ( )( )

329. 내가 안 해도 누군가는 할 것이라는 생각을 한다. ···················· ( )( )

330. 한 가지 일에 전념하여 그 분야의 최고가 되고 싶다. ················ ( )( )

331. 세상을 알기 위해 여행을 필수라고 생각한다. ······················ ( )( )

332. 자동차에 대해 관심이 많다. ··· ( )( )

333. 월 초가 되면 늘 달력을 놓고 이번 달의 스케줄을 체크한다. ········ ( )( )

334. 사물에 대해 가볍게 생각하는 편이다. ······························· ( )( )

335. 나는 사교성이 거의 없다. ··· ( )( )

336. 등산을 하려면 먼저 완벽한 장비를 갖추어야 한다. ················· ( )( )

337. 잘 모르는 분야도 아는 척을 하는 편이다. ························· ( )( )

338. 한 번 시작한 일은 절대 도중에 포기하지 않는다. ················· ( )( )

339. 나만의 특별한 취미를 하나 정도는 가지고 있다. ··················· ( )( )

340. 잘 다룰 수 있는 악기가 하나 정도는 있다. ······················· ( )( )

341. 학창시절 짝꿍과 떠들다가 혼난 적이 있다. ······················· ( )( )

342. 좋고 싫음이 얼굴에 표정으로 나타난다. ··························· ( )( )

343. 나보다 못한 사람이 있을 때는 무시하는 편이다. ················· ( )( )

344. 음주가무에 능하다. ·· ( )( )

345. 술 마시는 사람을 이해할 수 없다. ································· ( )( )

346. 태어나서 한 번도 담배를 펴 본적 없다. ··························· ( )( )

347. 나는 나의 건강에 신경을 많이 쓰는 편이다. ······················ ( )( )

348. 현실적이고 실용적인 면을 추구한다. ······························· ( )( )

349. 선물은 가격보다는 주는 사람의 정성만 담겨 있으면 된다. ·········· ( )( )

350. 의리를 중요시한다. ·· ( )( )

351. 사람을 평가할 때 그 사람의 성격을 본다. ························· ( )( )

352. 사람을 평가할 때 그 사람의 경제력을 먼저 본다. ················· ( )( )

353. 사람을 만나는 일은 항상 즐겁다. ··································· ( )( )

354. 나는 육체적인 일을 하는 것이 편하다. ································· (   )(   )

355. 나는 머리를 쓰는 일을 하는 것이 편하다. ····························· (   )(   )

356. 한 번 결정한 일을 절대 번복하지 않는다. ····························· (   )(   )

357. 사람의 성향은 절대 바뀌지 않는다고 생각한다. ····················· (   )(   )

358. 사람의 성격은 그 사람의 부모를 보면 알 수 있다고 생각한다. ········· (   )(   )

359. 상사는 지위에 어울리는 행동을 해야 한다고 생각한다. ··············· (   )(   )

360. 사람은 아무리 배우지 못했어도 할 도리를 하면 된다고 생각한다. ······· (   )(   )

361. 무식한 사람은 꼭 무식한 티를 낸다고 생각한다. ····················· (   )(   )

362. 예상하지 못한 일이 생겨도 절대 당황한 적이 없다. ················· (   )(   )

363. 남들의 주목을 끄는 것이 싫다. ···································· (   )(   )

364. 잠을 자도 개운하다는 생각이 든 적이 한 번도 없다. ················· (   )(   )

365. 악몽을 꾸는 경우가 많다. ··· (   )(   )

366. 저축을 잘 하는 편이다. ··· (   )(   )

367. 경제력 보다는 체력이 우선이라고 생각한다. ························· (   )(   )

368. 성격이 어두운 편이라고 생각한다. ································· (   )(   )

369. 한 번에 많은 일을 떠맡아도 힘들다고 생각하지 않는다. ··············· (   )(   )

370. 태어나서 지금까지 병원에 가 본 적이 없다. ························· (   )(   )

371. 술을 마시기 시작하면 끝을 봐야 한다. ····························· (   )(   )

372. 몸이 쉽게 무기력해 지는 편이다. ································· (   )(   )

373. 나는 상대방의 의견에 고분고분한 편이다. ··························· (   )(   )

374. 작은 일에도 쉽게 감격을 하는 편이다. ····························· (   )(   )

375. 나만의 세계에 살고 있다는 말을 들어 본 적이 있다. ················· (   )(   )

3 부합도 평가 유형

┃1~104┃ 다음 상황을 읽고 제시된 질문에 답하시오. (인성검사는 응시자의 인성을 파악하기 위한 자료이므로 정답이 존재하지 않습니다.)

① 전혀 그렇지 않다   ② 그렇지 않다   ③ 그렇다   ④ 매우 그렇다

1. 움직이는 것을 몹시 귀찮아하는 편이라고 생각한다. ·················· ① ② ③ ④

2. 특별히 소극적이라고 생각하지 않는다. ·················· ① ② ③ ④

3. 이것저것 평하는 것이 싫다. ·················· ① ② ③ ④

4. 자신은 성급하지 않다고 생각한다. ·················· ① ② ③ ④

5. 꾸준히 노력하는 것을 잘 하지 못한다. ·················· ① ② ③ ④

6. 내일의 계획은 머릿속에 기억한다. ·················· ① ② ③ ④

7. 협동성이 있는 사람이 되고 싶다. ·················· ① ② ③ ④

8. 열정적인 사람이라고 생각하지 않는다. ·················· ① ② ③ ④

9. 다른 사람 앞에서 이야기를 잘한다. ·················· ① ② ③ ④

10. 행동력이 있는 편이다. ·················· ① ② ③ ④

11. 엉덩이가 무거운 편이다. ·················· ① ② ③ ④

12. 특별히 구애받는 것이 없다. ·················· ① ② ③ ④

13. 돌다리는 두들겨 보지 않고 건너도 된다. ·················· ① ② ③ ④

14. 자신에게는 권력욕이 없다. ·················· ① ② ③ ④

15. 업무를 할당받으면 부담스럽다. ·················· ① ② ③ ④

16. 활동적인 사람이라고 생각한다. ·················· ① ② ③ ④

17. 비교적 보수적이다. ·················· ① ② ③ ④

18. 어떤 일을 결정할 때 나에게 손해인지 이익인지로 정할 때가 많다. ········· ① ② ③ ④

19. 전통을 견실히 지키는 것이 적절하다. ·················· ① ② ③ ④

20. 교제 범위가 넓은 편이다. ·················· ① ② ③ ④

21. 상식적인 판단을 할 수 있는 타입이라고 생각한다. ·················· ① ② ③ ④

22. 너무 객관적이어서 실패한다. ·················· ① ② ③ ④

23. 보수적인 면을 추구한다. ·················· ① ② ③ ④

24. 내가 누구의 팬인지 주변의 사람들이 안다. ································· ① ② ③ ④

25. 가능성보다 현실이다. ·· ① ② ③ ④

26. 그 사람이 필요한 것을 선물하고 싶다. ·································· ① ② ③ ④

27. 여행은 계획적으로 하는 것이 좋다. ······································ ① ② ③ ④

28. 구체적인 일에 관심이 있는 편이다. ······································ ① ② ③ ④

29. 일은 착실히 하는 편이다. ·· ① ② ③ ④

30. 괴로워하는 사람을 보면 우선 이유를 생각한다. ··················· ① ② ③ ④

31. 가치기준은 자신의 밖에 있다고 생각한다. ·························· ① ② ③ ④

32. 밝고 개방적인 편이다. ·· ① ② ③ ④

33. 현실 인식을 잘하는 편이라고 생각한다. ······························ ① ② ③ ④

34. 공평하고 공적인 상사를 만나고 싶다. ·································· ① ② ③ ④

35. 시시해도 계획적인 인생이 좋다. ··· ① ② ③ ④

36. 적극적으로 사람들과 관계를 맺는 편이다. ·························· ① ② ③ ④

37. 활동적인 편이다. ··· ① ② ③ ④

38. 몸을 움직이는 것을 좋아하지 않는다. ·································· ① ② ③ ④

39. 쉽게 질리는 편이다. ·· ① ② ③ ④

40. 경솔한 편이라고 생각한다. ·· ① ② ③ ④

41. 인생의 목표는 손이 닿을 정도면 된다. ································ ① ② ③ ④

42. 무슨 일도 좀처럼 바로 시작하지 못한다. ··························· ① ② ③ ④

43. 초면인 사람과도 바로 친해질 수 있다. ································ ① ② ③ ④

44. 행동하고 나서 생각하는 편이다. ·· ① ② ③ ④

45. 쉬는 날은 집에 있는 경우가 많다. ······································ ① ② ③ ④

46. 완성되기 전에 포기하는 경우가 많다. ·································· ① ② ③ ④

47. 계획 없는 여행을 좋아한다. ··· ① ② ③ ④

48. 욕심이 없는 편이라고 생각한다. ··· ① ② ③ ④

49. 활동력이 별로 없다. ·· ① ② ③ ④

50. 많은 사람들과 어울릴 수 있는 모임에 가는 것을 좋아한다. ··········· ① ② ③ ④

51. 많은 친구랑 사귀는 편이다. ································· ① ② ③ ④

52. 목표 달성에 별로 구애받지 않는다. ····················· ① ② ③ ④

53. 평소에 걱정이 많은 편이다. ··························· ① ② ③ ④

54. 체험을 중요하게 여기는 편이다. ······················ ① ② ③ ④

55. 정이 두터운 사람을 좋아한다. ························ ① ② ③ ④

56. 도덕적인 사람을 좋아한다. ·························· ① ② ③ ④

57. 성격이 규칙적이고 꼼꼼한 편이다. ····················· ① ② ③ ④

58. 결과보다 과정이 중요하다. ·························· ① ② ③ ④

59. 쉬는 날은 집에서 보내고 싶다. ······················ ① ② ③ ④

60. 무리한 도전을 할 필요는 없다고 생각한다. ················ ① ② ③ ④

61. 공상적인 편이다. ······························· ① ② ③ ④

62. 계획을 정확하게 세워서 행동하는 것을 못한다. ·············· ① ② ③ ④

63. 감성이 풍부한 사람이 되고 싶다고 생각한다. ··············· ① ② ③ ④

64. 주변의 일을 여유 있게 해결한다. ····················· ① ② ③ ④

65. 물건은 계획적으로 산다. ··························· ① ② ③ ④

66. 돈이 없으면 걱정이 된다. ·························· ① ② ③ ④

67. 하루 종일 책상 앞에 앉아 있는 일은 잘 하지 못한다. ·········· ① ② ③ ④

68. 너무 진중해서 자주 기회를 놓치는 편이다. ················ ① ② ③ ④

69. 실용적인 것을 추구하는 경향이 있다. ··················· ① ② ③ ④

70. 거래처 접대에 자신 있다. ·························· ① ② ③ ④

71. 어려움에 처해 있는 사람을 보면 동정한다. ················ ① ② ③ ④

72. 같은 일을 계속해서 잘 하지 못한다. ··················· ① ② ③ ④

73. 돈이 없어도 어떻게든 되겠지 생각한다. ·················· ① ② ③ ④

74. 생각날 때 물건을 산다. ··························· ① ② ③ ④

75. 신문사설을 주의 깊게 읽는다. ························ ① ② ③ ④

76. 한 가지 일에 매달리는 편이다. ······················ ① ② ③ ④

77. 연구는 실용적인 결실을 만들어 내는데 의미가 있다. ··········· ① ② ③ ④

78. 남의 주목을 받고 싶어 하는 편이다. ································· ① ② ③ ④

79. 사람을 돕는 일이라면 규칙을 벗어나도 어쩔 수 없다. ········ ① ② ③ ④

80. 연극 같은 문화생활을 즐기는 것을 좋아한다. ················· ① ② ③ ④

81. 모험이야말로 인생이라고 생각한다. ····························· ① ② ③ ④

82. 일부러 위험에 접근하는 것은 어리석다고 생각한다. ·········· ① ② ③ ④

83. 남의 눈에 잘 띄지 않은 편이다. ································· ① ② ③ ④

84. 연구는 이론체계를 만들어 내는데 의의가 있다. ··············· ① ② ③ ④

85. 결과가 과정보다 중요하다. ······································· ① ② ③ ④

86. 이론만 내세우는 일을 싫어한다. ································· ① ② ③ ④

87. 타인의 감정을 존중한다. ··· ① ② ③ ④

88. 사람 사귀는 일에 자신 있다. ···································· ① ② ③ ④

89. 식사시간이 정해져 있지 않다. ···································· ① ② ③ ④

90. 좋아하는 문학 작가가 많다. ······································ ① ② ③ ④

91. 평소 자연과학에 관심 있다. ······································ ① ② ③ ④

92. 인라인 스케이트 타는 것을 좋아한다. ·························· ① ② ③ ④

93. 재미있는 것을 추구하는 경향이 있다. ·························· ① ② ③ ④

94. 잘 웃는 편이다. ·· ① ② ③ ④

95. 소외된 이웃들에 항상 관심을 갖고 있다. ····················· ① ② ③ ④

96. 자동차 구조에 흥미를 갖고 있다. ································ ① ② ③ ④

97. 좋아하는 스포츠팀을 응원하는 것을 즐긴다. ·················· ① ② ③ ④

98. 줄기배아세포 연구에 관심 있다. ································· ① ② ③ ④

99. 일을 처리함에 있어 계획표를 작성하는 것을 좋아한다. ······· ① ② ③ ④

100. 고장 난 라디오를 수리한 적이 있다. ·························· ① ② ③ ④

101. 유행에 둔감하다고 생각한다. ···································· ① ② ③ ④

102. 정해진 대로 움직이는 것은 시시하다. ························· ① ② ③ ④

103. 꿈을 계속 가지고 있고 싶다. ···································· ① ② ③ ④

104. 질서보다 자유를 중요시하는 편이다. ·························· ① ② ③ ④

PART

IV

면접

01 면접의 기본

1 면접준비

(1) 면접의 기본 원칙

① **면접의 의미** … 면접이란 다양한 면접기법을 활용하여 지원한 직무에 필요한 능력을 지원자가 보유하고 있는지를 확인하는 절차라고 할 수 있다. 즉, 지원자의 입장에서는 채용 직무수행에 필요한 요건들과 관련하여 자신의 환경, 경험, 관심사, 성취 등에 대해 기업에 직접 어필할 수 있는 기회를 제공받는 것이며, 기업의 입장에서는 서류전형만으로 알 수 없는 지원자에 대한 정보를 직접적으로 수집하고 평가하는 것이다.

② **면접의 특징** … 면접은 기업의 입장에서 서류전형이나 필기전형에서 드러나지 않는 지원자의 능력이나 성향을 볼 수 있는 기회로, 면대면으로 이루어지며 즉흥적인 질문들이 포함될 수 있기 때문에 지원자가 완벽하게 준비하기 어려운 부분이 있다. 하지만 지원자 입장에서도 서류전형이나 필기전형에서 모두 보여주지 못한 자신의 능력 등을 기업의 인사담당자에게 어필할 수 있는 추가적인 기회가 될 수도 있다.

[서류·필기전형과 차별화되는 면접의 특징]

> • 직무수행과 관련된 다양한 지원자 행동에 대한 관찰이 가능하다.
> • 면접관이 알고자 하는 정보를 심층적으로 파악할 수 있다.
> • 서류상의 미비한 사항과 의심스러운 부분을 확인할 수 있다.
> • 커뮤니케이션 능력, 대인관계 능력 등 행동·언어적 정보도 얻을 수 있다.

③ **면접의 유형**

　㉠ **구조화 면접** : 구조화 면접은 사전에 계획을 세워 질문의 내용과 방법, 지원자의 답변 유형에 따른 추가 질문과 그에 대한 평가 역량이 정해져 있는 면접 방식으로 표준화 면접이라고도 한다.

　　• 표준화된 질문이나 평가요소가 면접 전 확정되며, 지원자는 편성된 조나 면접관에 영향을 받지 않고 동일한 질문과 시간을 부여받을 수 있다.

- 조직 또는 직무별로 주요하게 도출된 역량을 기반으로 평가요소가 구성되어, 조직 또는 직무에서 필요한 역량을 가진 지원자를 선발할 수 있다.
- 표준화된 형식을 사용하는 특성 때문에 비구조화 면접에 비해 신뢰성과 타당성, 객관성이 높다.

ⓒ 비구조화 면접 : 비구조화 면접은 면접 계획을 세울 때 면접 목적만을 명시하고 내용이나 방법은 면접관에게 전적으로 일임하는 방식으로 비표준화 면접이라고도 한다.
- 표준화된 질문이나 평가요소 없이 면접이 진행되며, 편성된 조나 면접관에 따라 지원자에게 주어지는 질문이나 시간이 다르다.
- 면접관의 주관적인 판단에 따라 평가가 이루어져 평가 오류가 빈번히 일어난다.
- 상황 대처나 언변이 뛰어난 지원자에게 유리한 면접이 될 수 있다.

④ 경쟁력 있는 면접 요령

㉠ 면접 전에 준비하고 유념할 사항
- 예상 질문과 답변을 미리 작성한다.
- 작성한 내용을 문장으로 외우지 않고 키워드로 기억한다.
- 지원한 회사의 최근 기사를 검색하여 기억한다.
- 지원한 회사가 속한 산업군의 최근 기사를 검색하여 기억한다.
- 면접 전 1주일간 이슈가 되는 뉴스를 기억하고 자신의 생각을 반영하여 정리한다.
- 찬반토론에 대비한 주제를 목록으로 정리하여 자신의 논리를 내세운 예상답변을 작성한다.

ⓒ 면접장에서 유념할 사항
- 질문의 의도 파악 : 답변을 할 때에는 질문 의도를 파악하고 그에 충실한 답변이 될 수 있도록 질문사항을 유념해야 한다. 많은 지원자가 하는 실수 중 하나로 답변을 하는 도중 자기 말에 심취되어 질문의 의도와 다른 답변을 하거나 자신이 알고 있는 지식만을 나열하는 경우가 있는데, 이럴 경우 의사소통능력이 부족한 사람으로 인식될 수 있으므로 주의하도록 한다.
- 답변은 두괄식 : 답변을 할 때에는 두괄식으로 결론을 먼저 말하고 그 이유를 설명하는 것이 좋다. 미괄식으로 답변을 할 경우 용두사미의 답변이 될 가능성이 높으며, 결론을 이끌어 내는 과정에서 논리성이 결여될 우려가 있다. 또한 면접관이 결론을 듣기 전에 말을 끊고 다른 질문을 추가하는 예상치 못한 상황이 발생될 수 있으므로 답변은 자신이 전달하고자 하는 바를 먼저 밝히고 그에 대한 설명을 하는 것이 좋다.

- 지원한 회사의 기업정신과 인재상을 기억 : 답변을 할 때에는 회사가 원하는 인재라는 인상을 심어주기 위해 지원한 회사의 기업정신과 인재상 등을 염두에 두고 답변을 하는 것이 좋다. 모든 회사에 해당되는 두루뭉술한 답변보다는 지원한 회사에 맞는 맞춤형 답변을 하는 것이 좋다.
- 나보다는 회사와 사회적 관점에서 답변 : 답변을 할 때에는 자기중심적인 관점을 피하고 좀 더 넓은 시각으로 회사와 국가, 사회적 입장까지 고려하는 인재임을 어필하는 것이 좋다. 자기중심적 시각을 바탕으로 자신의 출세만을 위해 회사에 입사하려는 인상을 심어줄 경우 면접에서 불이익을 받을 가능성이 높다.
- 난처한 질문은 정직한 답변 : 난처한 질문에 답변을 해야 할 때에는 피하기보다는 정면돌파로 정직하고 솔직하게 답변하는 것이 좋다. 난처한 부분을 감추고 드러내지 않으려 회피하려는 지원자의 모습은 인사담당자에게 입사 후에도 비슷한 상황에 처했을 때 회피할 수도 있다는 우려를 심어줄 수 있다. 따라서 직장생활에 있어 중요한 덕목 중 하나인 정직을 바탕으로 솔직하게 답변을 하도록 한다.

(2) 면접의 종류 및 준비 전략

① 인성면접

㉠ 면접 방식 및 판단기준
- 면접 방식 : 인성면접은 면접관이 가지고 있는 개인적 면접 노하우나 관심사에 의해 질문을 실시한다. 주로 입사지원서나 자기소개서의 내용을 토대로 지원동기, 과거의 경험, 미래 포부 등을 이야기하도록 하는 방식이다.
- 판단기준 : 면접관의 개인적 가치관과 경험, 해당 역량의 수준, 경험의 구체성·진실성 등

㉡ 특징 : 인성면접은 그 방식으로 인해 역량과 무관한 질문들이 많고 지원자에게 주어지는 면접질문, 시간 등이 다를 수 있다. 또한 입사지원서나 자기소개서의 내용을 토대로 하기 때문에 지원자별 질문이 달라질 수 있다.

ⓒ 예시 문항 및 준비전략

• 예시 문항

> • 3분 동안 자기소개를 해 보십시오.
> • 자신의 장점과 단점을 말해 보십시오.
> • 학점이 좋지 않은데 그 이유가 무엇입니까?
> • 최근에 인상 깊게 읽은 책은 무엇입니까?
> • 회사를 선택할 때 중요시하는 것은 무엇입니까?
> • 일과 개인생활 중 어느 쪽을 중시합니까?
> • 10년 후 자신은 어떤 모습일 것이라고 생각합니까?
> • 휴학 기간 동안에는 무엇을 했습니까?

• 준비전략 : 인성면접은 입사지원서나 자기소개서의 내용을 바탕으로 하는 경우가 많으므로 자신이 작성한 입사지원서와 자기소개서의 내용을 충분히 숙지하도록 한다. 또한 최근 사회적으로 이슈가 되고 있는 뉴스에 대한 견해를 묻거나 시사상식 등에 대한 질문을 받을 수 있으므로 이에 대한 대비도 필요하다. 자칫 부담스러워 보이지 않는 질문으로 가볍게 대답하지 않도록 주의하고 모든 질문에 입사 의지를 담아 성실하게 답변하는 것이 중요하다.

② 발표면접

㉠ 면접 방식 및 판단기준

• 면접 방식 : 지원자가 특정 주제와 관련된 자료를 검토하고 그에 대한 자신의 생각을 면접관 앞에서 주어진 시간 동안 발표하고 추가 질의를 받는 방식으로 진행된다.

• 판단기준 : 지원자의 사고력, 논리력, 문제해결력 등

㉡ 특징 : 발표면접은 지원자에게 과제를 부여한 후, 과제를 수행하는 과정과 결과를 관찰·평가한다. 따라서 과제수행 결과뿐 아니라 수행과정에서의 행동을 모두 평가할 수 있다.

ⓒ 예시 문항 및 준비전략

• 예시 문항

[신입사원 조기 이직 문제]

※ 지원자는 아래에 제시된 자료를 검토한 뒤, 신입사원 조기 이직의 원인을 크게 3가지로 정리하고 이에 대한 구체적인 개선안을 도출하여 발표해 주시기 바랍니다.

※ 본 과제에 정해진 정답은 없으나 논리적 근거를 들어 개선안을 작성해 주십시오.

• A기업은 동종업계 유사기업들과 비교해 볼 때, 비교적 높은 재무안정성을 유지하고 있으며 업무강도가 그리 높지 않은 것으로 외부에 알려져 있음.

• 최근 조사결과, 동종업계 유사기업들과 연봉을 비교해 보았을 때 연봉 수준도 그리 나쁘지 않은 편이라는 것이 확인되었음.

• 그러나 지난 3년간 1~2년차 직원들의 이직률이 계속해서 증가하고 있는 추세이며, 경영진 회의에서 최우선 해결과제 중 하나로 거론되었음.

• 이에 따라 인사팀에서 현재 1~2년차 사원들을 대상으로 개선되어야 하는 A기업의 조직문화에 대한 설문조사를 실시한 결과, '상명하복식의 의사소통'이 36.7%로 1위를 차지했음.

• 이러한 설문조사와 함께, 신입사원 조기 이직에 대한 원인을 분석한 결과 파랑새 증후군, 셀프홀릭 증후군, 피터팬 증후군 등 3가지로 분류할 수 있었음.

〈동종업계 유사기업들과의 연봉 비교〉 　〈우리 회사 조직문화 중 개선되었으면 하는 것〉

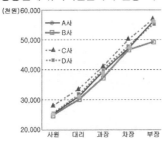

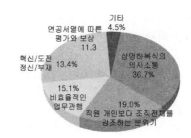

〈신입사원 조기 이직의 원인〉

• 파랑새 증후군

-현재의 직장보다 더 좋은 직장이 있을 것이라는 막연한 기대감으로 끊임없이 새로운 직장을 탐색함.

-학력 수준과 맞지 않는 '하향지원', 전공과 적성을 고려하지 않고 일단 취업하고 보자는 '묻지마 지원'이 파랑새 증후군을 초래함.

• 셀프홀릭 증후군

-본인의 역량에 비해 가치가 낮은 일을 주로 하면서 갈등을 느낌.

• 피터팬 증후군

-기성세대의 문화를 무조건 수용하기보다는 자유로움과 변화를 추구함.

-상명하복, 엄격한 규율 등 기성세대가 당연시하는 관행에 거부감을 가지며 직장에 답답함을 느낌.

- 준비전략 : 발표면접의 시작은 과제 안내문과 과제 상황, 과제 자료 등을 정확하게 이해하는 것에서 출발한다. 과제 안내문을 침착하게 읽고 제시된 주제 및 문제와 관련된 상황의 맥락을 파악한 후 과제를 검토한다. 제시된 기사나 그래프 등을 충분히 활용하여 주어진 문제를 해결할 수 있는 해결책이나 대안을 제시하며, 발표를 할 때에는 명확하고 자신 있는 태도로 전달할 수 있도록 한다.

③ 토론면접

ㄱ 면접 방식 및 판단기준

- 면접 방식 : 상호갈등적 요소를 가진 과제 또는 공통의 과제를 해결하는 내용의 토론 과제를 제시하고, 그 과정에서 개인 간의 상호작용 행동을 관찰하는 방식으로 면접이 진행된다.
- 판단기준 : 팀워크, 적극성, 갈등 조정, 의사소통능력, 문제해결능력 등

ㄴ 특징 : 토론을 통해 도출해 낸 최종안의 타당성도 중요하지만, 결론을 도출해 내는 과정에서의 의사소통능력이나 갈등상황에서 의견을 조정하는 능력 등이 중요하게 평가되는 특징이 있다.

ㄷ 예시 문항 및 준비전략

- 예시 문항

> - 군 가산점제 부활에 대한 찬반토론
> - 담뱃값 인상에 대한 찬반토론
> - 비정규직 철폐에 대한 찬반토론
> - 대학의 영어 강의 확대 찬반토론
> - 워크숍 장소 선정을 위한 토론

- 준비전략 : 토론면접은 무엇보다 팀워크와 적극성이 강조된다. 따라서 토론과정에 적극적으로 참여하며 자신의 의사를 분명하게 전달하며, 갈등상황에서 자신의 의견만 내세울 것이 아니라 다른 지원자의 의견을 경청하고 배려하는 모습도 중요하다. 갈등상황을 일목요연하게 정리하여 조정하는 등의 의사소통능력을 발휘하는 것도 좋은 전략이 될 수 있다.

④ 상황면접

ㄱ 면접 방식 및 판단기준

- 면접 방식 : 상황면접은 직무 수행 시 접할 수 있는 상황들을 제시하고, 그러한 상황에서 어떻게 행동할 것인지를 이야기하는 방식으로 진행된다.
- 판단기준 : 해당 상황에 적절한 역량의 구현과 구체적 행동지표

ⓛ 특징 : 실제 직무 수행 시 접할 수 있는 상황들을 제시하므로 입사 이후 지원자의 업무 수행능력을 평가하는 데 적절한 면접 방식이다. 또한 지원자의 가치관, 태도, 사고방식 등의 요소를 통합적으로 평가하는 데 용이하다.

ⓒ 예시 문항 및 준비전략

• 예시 문항

> 당신은 생산관리팀의 팀원으로, 생산팀이 기한에 맞춰 효율적으로 제품을 생산할 수 있도록 관리하는 역할을 맡고 있습니다. 3개월 뒤에 제품A를 정상적으로 출시하기 위해 생산팀의 생산 계획을 수립한 상황입니다. 그러나 원가가 곧 실적으로 이어지는 구매팀에서는 최대한 원가를 줄여 전반적 단가를 낮추려고 원가절감을 위한 제안을 하였으나, 연구개발팀에서는 구매팀이 제안한 방식으로 제품을 생산할 경우 대부분이 구매팀의 실적으로 산정될 것이므로 제대로 확인도 해보지 않은 채 적합하지 않은 방식이라고 판단하고 있습니다. 당신은 어떻게 하겠습니까?

• 준비전략 : 상황면접은 먼저 주어진 상황에서 핵심이 되는 문제가 무엇인지를 파악하는 것에서 시작한다. 주질문과 세부질문을 통하여 질문의 의도를 파악하였다면, 그에 대한 구체적인 행동이나 생각 등에 대해 응답할수록 높은 점수를 얻을 수 있다.

⑤ 역할면접

㉠ 면접 방식 및 판단기준

• 면접 방식 : 역할면접 또는 역할연기 면접은 기업 내 발생 가능한 상황에서 부딪히게 되는 문제와 역할을 가상적으로 설정하여 특정 역할을 맡은 사람과 상호작용하고 문제를 해결해 나가도록 하는 방식으로 진행된다. 역할연기 면접에서는 면접관이 직접 역할연기를 하면서 지원자를 관찰하기도 하지만, 역할연기 수행만 전문적으로 하는 사람을 투입할 수도 있다.

• 판단기준 : 대처능력, 대인관계능력, 의사소통능력 등

ⓛ 특징 : 역할면접은 실제 상황과 유사한 가상 상황에서의 행동을 관찰함으로서 지원자의 성격이나 대처 행동 등을 관찰할 수 있다.

ⓒ 예시 문항 및 준비전략

• 예시 문항

> [금융권 역할면접의 예]
> 당신은 ○○은행의 신입 텔러이다. 사람이 많은 월말 오전 한 할아버지(면접관 또는 역할담당자)께서 ○○은행을 사칭한 보이스피싱으로 500만 원을 피해 보았다며 소란을 일으키고 있다. 실제 업무상황이라고 생각하고 상황에 대처해 보시오.

- 준비전략 : 역할연기 면접에서 측정하는 역량은 주로 갈등의 원인이 되는 문제를 해결하고 제시된 해결방안을 상대방에게 설득하는 것이다. 따라서 갈등해결, 문제해결, 조정·통합, 설득력과 같은 역량이 중요시된다. 또한 갈등을 해결하기 위해서 상대방에 대한 이해도 필수적인 요소이므로 고객 지향을 염두에 두고 상황에 맞게 대처해야 한다. 역할면접에서는 변별력을 높이기 위해 면접관이 압박적인 분위기를 조성하는 경우가 많기 때문에 스트레스 상황에서 불안해하지 않고 유연하게 대처할 수 있도록 시간과 노력을 들여 충분히 연습하는 것이 좋다.

2 면접 이미지 메이킹

(1) 성공적인 이미지 메이킹 포인트

① 복장 및 스타일

㉠ 남성

- 양복 : 양복은 단색으로 하며 넥타이나 셔츠로 포인트를 주는 것이 효과적이다. 짙은 회색이나 감청색이 가장 단정하고 품위 있는 인상을 준다.
- 셔츠 : 흰색이 가장 선호되나 자신의 피부색에 맞추는 것이 좋다. 푸른색이나 베이지색은 산뜻한 느낌을 줄 수 있다. 양복과의 배색도 고려하도록 한다.
- 넥타이 : 의상에 포인트를 줄 수 있는 아이템이지만 너무 화려한 것은 피한다. 지원자의 피부색은 물론, 정장과 셔츠의 색을 고려하며, 체격에 따라 넥타이 폭을 조절하는 것이 좋다.
- 구두 & 양말 : 구두는 검정색이나 짙은 갈색이 어느 양복에나 무난하게 어울리며 깔끔하게 닦아 준비한다. 양말은 정장과 동일한 색상이나 검정색을 착용한다.
- 헤어스타일 : 머리스타일은 단정한 느낌을 주는 짧은 헤어스타일이 좋으며 앞머리가 있다면 이마나 눈썹을 가리지 않는 선에서 정리하는 것이 좋다.

ⓛ 여성

- 의상 : 단정한 스커트 투피스 정장이나 슬랙스 슈트가 무난하다. 블랙이나 그레이, 네이비, 브라운 등 차분해 보이는 색상을 선택하는 것이 좋다.
- 소품 : 구두, 핸드백 등은 같은 계열로 코디하는 것이 좋으며 구두는 너무 화려한 디자인이나 굽이 높은 것을 피한다. 스타킹은 의상과 구두에 맞춰 단정한 것으로 선택한다.
- 액세서리 : 액세서리는 너무 크거나 화려한 것은 좋지 않으며 과하게 많이 하는 것도 좋은 인상을 주지 못한다. 착용하지 않거나 작고 깔끔한 디자인으로 포인트를 주는 정도가 적당하다.
- 메이크업 : 화장은 자연스럽고 밝은 이미지를 표현하는 것이 좋으며 진한 색조는 인상이 강해 보일 수 있으므로 피한다.
- 헤어스타일 : 커트나 단발처럼 짧은 머리는 활동적이면서도 단정한 이미지를 줄 수 있도록 정리한다. 긴 머리의 경우 하나로 묶거나 단정한 머리망으로 정리하는 것이 좋으며, 짙은 염색이나 화려한 웨이브는 피한다.

② 인사

　ⓐ **인사의 의미** : 인사는 예의범절의 기본이며 상대방의 마음을 여는 기본적인 행동이라고 할 수 있다. 인사는 처음 만나는 면접관에게 호감을 살 수 있는 가장 쉬운 방법이 될 수 있기도 하지만 제대로 예의를 지키지 않으면 지원자의 인성 전반에 대한 평가로 이어질 수 있으므로 각별히 주의해야 한다.

　ⓑ **인사의 핵심 포인트**

- 인사말 : 인사말을 할 때에는 밝고 친근감 있는 목소리로 하며, 자신의 이름과 수험번호 등을 간략하게 소개한다.
- 시선 : 인사는 상대방의 눈을 보며 하는 것이 중요하며 너무 빤히 쳐다본다는 느낌이 들지 않도록 주의한다.
- 표정 : 인사는 마음에서 우러나오는 존경이나 반가움을 표현하고 예의를 차리는 것이므로 살짝 미소를 지으며 하는 것이 좋다.
- 자세 : 인사를 할 때에는 가볍게 목만 숙인다거나 흐트러진 상태에서 인사를 하지 않도록 주의하며 절도 있고 확실하게 하는 것이 좋다.

③ 시선처리와 표정, 목소리

　㉠ **시선처리와 표정** : 표정은 면접에서 지원자의 첫인상을 결정하는 중요한 요소이다. 얼굴 표정은 사람의 감정을 가장 잘 표현할 수 있는 의사소통 도구로 표정 하나로 상대방에게 호감을 주거나, 비호감을 사기도 한다. 호감이 가는 인상의 특징은 부드러운 눈썹, 자연스러운 미간, 적당히 볼록한 광대, 올라간 입 꼬리 등으로 가볍게 미소를 지을 때의 표정과 일치한다. 따라서 면접 중에는 밝은 표정으로 미소를 지어 호감을 형성할 수 있도록 한다. 시선은 면접관과 고르게 맞추되 생기 있는 눈빛을 띄도록 하며, 너무 빤히 쳐다본다는 인상을 주지 않도록 한다.

　㉡ **목소리** : 면접은 주로 면접관과 지원자의 대화로 이루어지므로 목소리가 미치는 영향이 상당하다. 답변을 할 때에는 부드러우면서도 활기차고 생동감 있는 목소리로 하는 것이 면접관에게 호감을 줄 수 있으며 적당한 제스처가 더해진다면 상승효과를 얻을 수 있다. 그러나 적절한 답변을 하였음에도 불구하고 콧소리나 날카로운 목소리, 자신감 없는 작은 목소리는 답변의 신뢰성을 떨어뜨릴 수 있으므로 주의하도록 한다.

④ 자세

　㉠ **걷는 자세**
　　• 면접장에 입실할 때에는 상체를 곧게 유지하고 발끝은 평행이 되게 하며 무릎을 스치듯 11자로 걷는다.
　　• 시선은 정면을 향하고 턱은 가볍게 당기며 어깨나 엉덩이가 흔들리지 않도록 주의한다.
　　• 발바닥 전체가 닿는 느낌으로 안정감 있게 걸으며 발소리가 나지 않도록 주의한다.
　　• 보폭은 어깨넓이만큼이 적당하지만, 스커트를 착용했을 경우 보폭을 줄인다.
　　• 걸을 때도 미소를 유지한다.

　㉡ **서있는 자세**
　　• 몸 전체를 곧게 펴고 가슴을 자연스럽게 내민 후 등과 어깨에 힘을 주지 않는다.
　　• 정면을 바라본 상태에서 턱을 약간 당기고 아랫배에 힘을 주어 당기며 바르게 선다.
　　• 양 무릎과 발뒤꿈치는 붙이고 발끝은 11자 또는 V형을 취한다.
　　• 남성의 경우 팔을 자연스럽게 내리고 양손을 가볍게 쥐어 바지 옆선에 붙이고, 여성의 경우 공수자세를 유지한다.

ⓒ 앉은 자세

• 남성

> • 의자 깊숙이 앉고 등받이와 등 사이에 주먹 1개 정도의 간격을 두며 기대듯 앉지 않도록 주의한다. (남녀 공통 사항)
> • 무릎 사이에 주먹 2개 정도의 간격을 유지하고 발끝은 11자를 취한다.
> • 시선은 정면을 바라보며 턱은 가볍게 당기고 미소를 짓는다. (남녀 공통 사항)
> • 양손은 가볍게 주먹을 쥐고 무릎 위에 올려놓는다.
> • 앉고 일어날 때에는 자세가 흐트러지지 않도록 주의한다. (남녀 공통 사항)

• 여성

> • 스커트를 입었을 경우 왼손으로 뒤쪽 스커트 자락을 누르고 오른손으로 앞쪽 자락을 누르며 의자에 앉는다.
> • 무릎은 붙이고 발끝을 가지런히 하며, 다리를 왼쪽으로 비스듬히 기울이면 여성스러워 보이는 효과가 있다.
> • 양손을 모아 무릎 위에 모아 놓으며 스커트를 입었을 경우 스커트 위를 가볍게 누르듯이 올려놓는다.

(2) 면접 예절

① 행동 관련 예절

　ⓐ **지각은 절대금물** : 시간을 지키는 것은 예절의 기본이다. 지각을 할 경우 면접에 응시할 수 없거나, 면접 기회가 주어지더라도 불이익을 받을 가능성이 높아진다. 따라서 면접 장소가 결정되면 교통편과 소요시간을 확인하고 가능하다면 사전에 미리 방문해 보는 것도 좋다. 면접 당일에는 서둘러 출발하여 면접 시간 20~30분 전에 도착하여 회사를 둘러보고 환경에 익숙해지는 것도 성공적인 면접을 위한 요령이 될 수 있다.

　ⓑ **면접 대기 시간** : 지원자들은 대부분 면접장에서의 행동과 답변 등으로만 평가를 받는다고 생각하지만 그렇지 않다. 면접관이 아닌 면접진행자 역시 대부분 인사실무자이며 면접관이 면접 후 지원자에 대한 평가에 있어 확신을 위해 면접진행자의 의견을 구한다면 면접진행자의 의견이 당락에 영향을 줄 수 있다. 따라서 면접 대기 시간에도 행동과 말을 조심해야 하며, 면접을 마치고 돌아가는 순간까지도 긴장을 늦춰서는 안 된다. 면접 중 압박적인 질문에 답변을 잘 했지만, 면접장을 나와 흐트러진 모습을 보이거나 욕설을 한다면 면접 탈락의 요인이 될 수 있으므로 주의해야 한다.

ⓒ 입실 후 태도 : 본인의 차례가 되어 호명되면 또렷하게 대답하고 들어간다. 만약 면접장 문이 닫혀 있다면 상대에게 소리가 들릴 수 있을 정도로 노크를 두세 번 한 후 대답을 듣고 나서 들어가야 한다. 문을 여닫을 때에는 소리가 나지 않게 조용히 하며 공손한 자세로 인사한 후 성명과 수험번호를 말하고 면접관의 지시에 따라 자리에 앉는다. 이 경우 착석하라는 말이 없는데 먼저 의자에 앉으면 무례한 사람으로 보일 수 있으므로 주의한다. 의자에 앉을 때에는 끝에 앉지 말고 무릎 위에 양손을 가지런히 얹는 것이 예절이라고 할 수 있다.

ⓓ 옷매무새를 자주 고치지 마라. : 일부 지원자의 경우 옷매무새 또는 헤어스타일을 자주 고치거나 확인하기도 하는데 이러한 모습은 과도하게 긴장한 것 같아 보이거나 면접에 집중하지 못하는 것으로 보일 수 있다. 남성 지원자의 경우 넥타이를 자꾸 고쳐 맨다거 나 정장 상의 끝을 너무 자주 만지작거리지 않는다. 여성 지원자는 머리를 계속 쓸어 올리지 않고, 특히 짧은 치마를 입고서 신경이 쓰여 치마를 끌어 내리는 행동은 좋지 않다.

ⓔ 다리를 떨거나 산만한 시선은 면접 탈락의 지름길 : 자신도 모르게 다리를 떨거나 손가락 을 만지는 등의 행동을 하는 지원자가 있는데, 이는 면접관의 주의를 끌 뿐만 아니라 불안하고 산만한 사람이라는 느낌을 주게 된다. 따라서 가능한 한 바른 자세로 앉아 있 는 것이 좋다. 또한 면접관과 시선을 맞추지 못하고 여기저기 둘러보는 듯한 산만한 시 선은 지원자가 거짓말을 하고 있다고 여겨지거나 신뢰할 수 없는 사람이라고 생각될 수 있다.

② 답변 관련 예절

㉠ 면접관이나 다른 지원자와 가치 논쟁을 하지 않는다. : 질문을 받고 답변하는 과정에서 면 접관 또는 다른 지원자의 의견과 다른 의견이 있을 수 있다. 특히 평소 지원자가 관심 이 많은 문제이거나 잘 알고 있는 문제인 경우 자신과 다른 의견에 대해 이의가 있을 수 있다. 하지만 주의할 것은 면접에서 면접관이나 다른 지원자와 가치 논쟁을 할 필요 는 없다는 것이며 오히려 불이익을 당할 수도 있다. 정답이 정해져 있지 않은 경우에는 가치관이나 성장배경에 따라 문제를 받아들이는 태도에서 답변까지 충분히 차이가 있을 수 있으므로 굳이 면접관이나 다른 지원자의 가치관을 지적하고 고치려 드는 것은 좋 지 않다.

ⓛ 답변은 항상 정직해야 한다. : 면접이라는 것이 아무리 지원자의 장점을 부각시키고 단점을 축소시키는 것이라고 해도 절대로 거짓말을 해서는 안 된다. 거짓말을 하게 되면 지원자는 불안하거나 꺼림칙한 마음이 들게 되어 면접에 집중을 하지 못하게 되고 수많은 지원자를 상대하는 면접관은 그것을 놓치지 않는다. 거짓말은 그 지원자에 대한 신뢰성을 떨어뜨리며 이로 인해 다른 스펙이 아무리 훌륭하다고 해도 채용에서 탈락하게 될 수 있음을 명심하도록 한다.

ⓒ 경력직을 경우 전 직장에 대해 험담하지 않는다. : 지원자가 전 직장에서 무슨 업무를 담당했고 어떤 성과를 올렸는지는 면접관이 관심을 둘 사항일 수 있지만, 이전 직장의 기업문화나 상사들이 어땠는지는 그다지 궁금해 하는 사항이 아니다. 전 직장에 대해 험담을 늘어놓는다든가, 동료와 상사에 대한 악담을 하게 된다면 오히려 지원자에 대한 부정적인 이미지만 심어줄 수 있다. 만약 전 직장에 대한 말을 해야 할 경우가 생긴다면 가능한 한 객관적으로 이야기하는 것이 좋다.

ⓔ 자기 자신이나 배경에 대해 자랑하지 않는다. : 자신의 성취나 부모 형제 등 집안사람들이 사회·경제적으로 어떠한 위치에 있는지에 대한 자랑은 면접관으로 하여금 지원자에 대해 오만한 사람이거나 배경에 의존하려는 나약한 사람이라는 이미지를 갖게 할 수 있다. 따라서 자기 자신이나 배경에 대해 자랑하지 않도록 하고, 자신이 한 일에 대해서 너무 자세하게 얘기하지 않도록 주의해야 한다.

3 면접 질문 및 답변 포인트

(1) 가족 및 대인관계에 관한 질문

① 당신의 가정은 어떤 가정입니까?

면접관들은 지원자의 가정환경과 성장과정을 통해 지원자의 성향을 알고 싶어 이와 같은 질문을 한다. 비록 가정 일과 사회의 일이 완전히 일치하는 것은 아니지만 '가화만사성'이라는 말이 있듯이 가정이 화목해야 사회에서도 화목하게 지낼 수 있기 때문이다. 그러므로 답변 시에는 가족사항을 정확하게 설명하고 집안의 분위기와 특징에 대해 이야기하는 것이 좋다.

② 아버지의 직업은 무엇입니까?

아주 기본적인 질문이지만 지원자는 아버지의 직업과 내가 무슨 관련성이 있을까 생각하기 쉬워 포괄적인 답변을 하는 경우가 많다. 그러나 이는 바람직하지 않은 것으로 단답형으로 답변하면 세부적인 직종 및 근무연한 등을 물을 수 있으므로 모든 걸 한 번에 대답하는 것이 좋다.

③ 친구 관계에 대해 말해 보십시오.

지원자의 인간성을 판단하는 질문으로 교우관계를 통해 답변자의 성격과 대인관계능력을 파악할 수 있다. 새로운 환경에 적응을 잘하여 새로운 친구들이 많은 것도 좋지만, 깊고 오래 지속되어온 인간관계를 말하는 것이 더욱 바람직하다.

(2) 성격 및 가치관에 관한 질문

① 당신의 PR포인트를 말해 주십시오.

PR포인트를 말할 때에는 지나치게 겸손한 태도는 좋지 않으며 적극적으로 자기를 주장하는 것이 좋다. 앞으로 입사 후 하게 될 업무와 관련된 자기의 특성을 구체적인 일화를 더하여 이야기하도록 한다.

② 당신의 장·단점을 말해 보십시오.

지원자의 구체적인 장·단점을 알고자 하기 보다는 지원자가 자기 자신에 대해 얼마나 알고 있으며 어느 정도의 객관적인 분석을 하고 있나, 그리고 개선의 노력 등을 시도하는지를 파악하고자 하는 것이다. 따라서 장점을 말할 때는 업무와 관련된 장점을 뒷받침할 수 있는 근거와 함께 제시하며, 단점을 이야기할 때에는 극복을 위한 노력을 반드시 포함해야 한다.

③ 가장 존경하는 사람은 누구입니까?

존경하는 사람을 말하기 위해서는 우선 그 인물에 대해 알아야 한다. 잘 모르는 인물에 대해 존경한다고 말하는 것은 면접관에게 바로 지적당할 수 있으므로, 추상적이라도 좋으니 평소에 존경스럽다고 생각했던 사람에 대해 그 사람의 어떤 점이 좋고 존경스러운지 대답하도록 한다. 또한 자신에게 어떤 영향을 미쳤는지도 언급하면 좋다.

(3) 학교생활에 관한 질문

① 지금까지의 학교생활 중 가장 기억에 남는 일은 무엇입니까?

가급적 직장생활에 도움이 되는 경험을 이야기하는 것이 좋다. 또한 경험만을 간단하게 말하지 말고 그 경험을 통해서 얻을 수 있었던 교훈 등을 예시와 함께 이야기하는 것이 좋으나 너무 상투적인 답변이 되지 않도록 주의해야 한다.

② 성적은 좋은 편이었습니까?

면접관은 이미 서류심사를 통해 지원자의 성적을 알고 있다. 그럼에도 불구하고 이 질문을 하는 것은 지원자가 성적에 대해서 어떻게 인식하느냐를 알고자 하는 것이다. 성적이 나빴던 이유에 대해서 변명하려 하지 말고 담백하게 받아드리고 그것에 대한 개선노력을 했음을 밝히는 것이 적절하다.

③ 학창시절에 시위나 집회 등에 참여한 경험이 있습니까?

기업에서는 노사분규를 기업의 사활이 걸린 중대한 문제로 인식하고 거시적인 차원에서 접근한다. 이러한 기업문화를 제대로 인식하지 못하여 학창시절의 시위나 집회 참여 경험을 자랑스럽게 답변할 경우 감점요인이 되거나 심지어는 탈락할 수 있다는 사실에 주의한다. 시위나 집회에 참가한 경험을 말할 때에는 타당성과 정도에 유의하여 답변해야 한다.

(4) 지원동기 및 직업의식에 관한 질문

① 왜 우리 회사를 지원했습니까?

이 질문은 어느 회사나 가장 먼저 물어보고 싶은 것으로 지원자들은 기업의 이념, 대표의 경영능력, 재무구조, 복리후생 등 외적인 부분을 설명하는 경우가 많다. 이러한 답변도 적절하지만 지원 회사의 주력 상품에 관한 소비자의 인지도, 경쟁사 제품과의 시장점유율을 비교하면서 입사동기를 설명한다면 상당히 주목 받을 수 있을 것이다.

② 만약 이번 채용에 불합격하면 어떻게 하겠습니까?

불합격할 것을 가정하고 회사에 응시하는 지원자는 거의 없을 것이다. 이는 지원자를 궁지로 몰아넣고 어떻게 대응하는지를 살펴보며 입사 의지를 알아보려고 하는 것이다. 이 질문은 너무 깊이 들어가지 말고 침착하게 답변하는 것이 좋다.

③ 당신이 생각하는 바람직한 사원상은 무엇입니까?

직장인으로서 또는 조직의 일원으로서의 자세를 묻는 질문으로 지원하는 회사에서 어떤 인재상을 요구하는 가를 알아두는 것이 좋으며, 평소에 자신의 생각을 미리 정리해 두어 당황하지 않도록 한다.

④ 직무상의 적성과 보수의 많음 중 어느 것을 택하겠습니까?

이런 질문에서 회사 측에서 원하는 답변은 당연히 직무상의 적성에 비중을 둔다는 것이다. 그러나 적성만을 너무 강조하다 보면 오히려 솔직하지 못하다는 인상을 줄 수 있으므로 어느 한 쪽을 너무 강조하거나 경시하는 태도는 바람직하지 못하다.

⑤ 상사와 의견이 다를 때 어떻게 하겠습니까?

과거와 다르게 최근에는 상사의 명령에 무조건 따르겠다는 수동적인 자세는 바람직하지 않다. 회사에서는 때에 따라 자신이 판단하고 행동할 수 있는 직원을 원하기 때문이다. 그러나 지나치게 자신의 의견만을 고집한다면 이는 팀원 간의 불화를 야기할 수 있으며 팀 체제에 악영향을 미칠 수 있으므로 선호하지 않는다는 것에 유념하여 답해야 한다.

⑥ 근무지가 지방인데 근무가 가능합니까?

근무지가 지방 중에서도 특정 지역은 되고 다른 지역은 안 된다는 답변은 바람직하지 않다. 직장에서는 순환 근무라는 것이 있으므로 처음에 지방에서 근무를 시작했다고 해서 계속 지방에만 있는 것은 아님을 유의하고 답변하도록 한다.

(5) 여가 활용에 관한 질문

① 취미가 무엇입니까?

기초적인 질문이지만 특별한 취미가 없는 지원자의 경우 대답이 애매할 수밖에 없다. 그래서 가장 많이 대답하게 되는 것이 독서, 영화감상, 혹은 음악감상 등과 같은 흔한 취미를 말하게 되는데 이런 취미는 면접관의 주의를 끌기 어려우며 설사 정말 위와 같은 취미를 가지고 있다하더라도 제대로 답변하기는 힘든 것이 사실이다. 가능하면 독특한 취미를 말하는 것이 좋으며 이제 막 시작한 것이라도 열의를 가지고 있음을 설명할 수 있으면 그것을 취미로 답변하는 것도 좋다.

② 술자리를 좋아합니까?

이 질문은 정말로 술자리를 좋아하는 정도를 묻는 것이 아니다. 우리나라에서는 대부분 술 자리가 친교의 자리로 인식되기 때문에 그것에 얼마나 적극적으로 참여할 수 있는 가를 우회적으로 묻는 것이다. 술자리를 싫어한다고 대답하게 되면 원만한 대인관계에 문제가 있을 수 있다고 평가될 수 있으므로 술을 잘 마시지 못하더라도 술자리의 분위기는 즐긴다고 답변하는 것이 좋으며 주량에 대해서는 정확하게 말하는 것이 좋다.

(6) 여성 지원자들을 겨냥한 질문

① 결혼은 언제 할 생각입니까?

지원자가 결혼예정자일 경우 기업은 채용을 꺼리게 되는 경향이 있다. 업무를 어느 정도 인식하고 수행할 정도가 되면 퇴사하는 일이 흔하기 때문이다. 가능하면 향후 몇 년간은 결혼 계획이 없다고 답변하는 것이 현실적인 대처 요령이며, 덧붙여 결혼 후에도 일하고자 하는 의지를 강하게 내보인다면 더욱 도움이 된다.

② 만약 결혼 후 남편이나 시댁에서 직장생활을 그만두라고 강요한다면 어떻게 하겠습니까?

결혼적령기의 여성 지원자들에게 빈번하게 묻는 질문으로 의견 대립이 생겼을 때 상대방을 설득하고 타협하는 능력을 알아보고자 하는 것이다. 따라서 남편이나 시댁과 충분한 대화를 통해 설득하고 계속 근무하겠다는 의지를 밝히는 것이 좋다.

③ 여성의 취업을 어떻게 생각합니까?

여성 지원자들의 일에 대한 열의와 포부를 알고자 하는 질문이다. 많은 기업들이 여성들의 섬세하고 꼼꼼한 업무능력과 감각을 높이 평가하고 있으며, 사회 전반적인 분위기 역시 맞벌이를 이해하고 있으므로 자신의 의지를 당당하고 자신감 있게 밝히는 것이 좋다.

④ 커피나 복사 같은 잔심부름이 주어진다면 어떻게 하겠습니까?

여성 지원자들에게 가장 난감하고 자존심상하는 질문일 수 있다. 이 질문은 여성 지원자에게 잔심부름을 시키겠다는 요구가 아니라 직장생활 중에서의 협동심이나 봉사정신, 직업관을 알아보고자 하는 것이다. 또한 이 과정에서 압박기법을 사용해 비꼬는 투로 말하는 수 있는데 이는 자존심이 상하거나 불쾌해질 때의 행동을 알아보려는 것이다. 이럴 경우 흥분하여 과격하게 답변하면 탈락하게 되며, 무조건 열심히 하겠다는 대답도 신뢰성이 없는 답변이다. 직장생활을 위해 필요한 일이면 할 수 있다는 정도의 긍정적인 답변을 하되, 한 사람의 사원으로서 당당함을 유지하는 것이 좋다.

(7) 지원자를 당황하게 하는 질문

① 성적이 좋지 않은데 이 정도의 성적으로 우리 회사에 입사할 수 있다고 생각합니까?

비록 자신의 성적이 좋지 않더라도 이미 서류심사에 통과하여 면접에 참여하였다면 기업에서는 지원자의 성적보다 성적 이외의 요소, 즉 성격 · 열정 등을 높이 평가했다는 것이라고 할 수 있다. 그러나 이런 질문을 받게 되면 지원자는 당황할 수 있으나 주눅 들지 말고 침착하게 대처하는 면모를 보인다면 더 좋은 인상을 남길 수 있다.

② 우리 회사 회장님 함자를 알고 있습니까?

회장이나 사장의 이름을 조사하는 것은 면접일을 통고받았을 때 이미 사전 조사되었어야 하는 사항이다. 단답형으로 이름만 말하기보다는 그 기업에 입사를 희망하는 지원자의 입장에서 답변하는 것이 좋다.

③ 당신은 이 회사에 적합하지 않은 것 같군요.

이 질문은 지원자의 입장에서 상당히 곤혹스러울 수밖에 없다. 질문을 듣는 순간 그렇다면 면접은 왜 참가시킨 것인가 하는 생각이 들 수도 있다. 하지만 당황하거나 흥분하지 말고 침착하게 자신의 어떤 면이 회사에 적당하지 않은지 겸손하게 물어보고 지적당한 부분에 대해서 고치겠다는 의지를 보인다면 오히려 자신의 능력을 어필할 수 있는 기회로 사용할 수도 있다.

④ 다시 공부할 계획이 있습니까?

이 질문은 지원자가 합격하여 직장을 다니다가 공부를 더 하기 위해 회사를 그만 두거나 학습에 더 관심을 두어 일에 대한 능률이 저하될 것을 우려하여 묻는 것이다. 이때에는 당연히 학습보다는 일을 강조해야 하며, 업무 수행에 필요한 학습이라면 업무에 지장이 없는 범위에서 야간학교를 다니거나 회사에서 제공하는 연수 프로그램 등을 활용하겠다고 답변하는 것이 적당하다.

⑤ 지원한 분야가 전공한 분야와 다른데 여기 일을 할 수 있겠습니까?

수험생의 입장에서 본다면 지원한 분야와 전공이 다르지만 서류전형과 필기전형에 합격하여 면접을 보게 된 경우라고 할 수 있다. 이는 결국 해당 회사의 채용 방침상 전공에 크게 영향을 받지 않는다는 것이므로 무엇보다 자신이 전공하지는 않았지만 어떤 업무도 적극적으로 임할 수 있다는 자신감과 능동적인 자세를 보여주도록 노력하는 것이 좋다.

02 면접기출

◎ 한전KDN 면접기출

• 한전KDN에 지원한 동기를 말하시오.

• 한국전력공사와 한전KDN의 차이는 무엇인가?

• OSI 7 Layer에 대해 아는 대로 설명하시오.

• UPS와 DPS의 차이에 대해 설명하시오.

• 급전 자동화시스템(EMS)에 대해 설명하시오.

• 급전분소 SCADA시스템(SCC)이란 무엇인가?

• 배전자동화 다기능 단말장치(지중6회로)의 주요 기능에는 어떤 것들이 있는가?

• 수용가 에너지관리시스템(H-EMS)의 특징은 무엇인가?

• 광섬유 복합 가공지선(OPGW)에 대해 설명하시오.

• 전사적 자원 관리시스템(ERP)의 구축단계에 대해 말해 보시오.

• 전력거래 지원시스템의 효과에 대해 설명하시오.

• 혹시 인턴한 경험이 있는가? 있다면 그 경험을 통해 무엇을 배웠는가?

• 만약 원하지 않은 지역으로 발령을 받았을 경우 근무를 할 수 있는가?

• 기능직과 기술직의 차이를 알고 지원하였는가?

• 최근 공기업 및 국가기관의 정보가 유출되는 사건이 빈번히 일어나고 있다. 이에 대해 어떤 대비책을 세우면 좋을지 본인 생각을 말하시오.

• 본인이 이곳에 입사한다면 어떤 업무를 맡을 것 같은가?

• 한전KDN에서 하고 있는 사업 분야에 대해 알고 있는 대로 말해 보시오.

- 한전KDN에 입사해서 가장 하고 싶은 일은 무엇인가?

- 본인의 장점 중 한전KDN에서 일하기에 가장 적합한 특성은 무엇인가?

- 공무원과 일을 처리하는데 있어서 예상되는 문제점은 무엇이며 이를 극복하기 위해 본인은 어떻게 하겠는가?

- 본인은 이곳에 지원하기 위해 어떤 준비를 하였는가?

- 대규모 정전사태가 일어나는 것에 대해 어떻게 생각하는가?

- 기업의 사회공헌 활동은 필수적이라고 생각하는가?

- 입사 후 자신이 배치 받은 직무가 마음에 들지 않을 경우 어떻게 할 것인가?

- 자신의 어떤 점이 본사에 도움이 된다고 생각하는가?

- 최근 정보보안 및 정보통신과 관련한 시사상식에 대해 알고 있는 것을 말해 보시오.

- 한전KDN의 사업에 대해 거시적 관점으로 평가해 보시오.

- 나주에 대한 첫인상이 어떠한가?

- 마이크로 그리드, 스마트 그리드, 분산전원에 대해 각각 설명해 보시오.

- 전력기술을 수출한다면 어느 나라를 대상으로 하면 좋을지 추천해 보시오.

- (1차 면접) 영어로 스마트그리드와 한전KDN을 연관시켜 설명해 보시오.

- (1차 면접) 싸드에 대해 어떻게 생각하는가?

- (1차 면접) 전력조류를 계산해서 송전망 프로젝트를 했다고 하는데 간략하게 설명해 줄 수 있는가?

- (1차 면접) 마지막으로 준비해왔는데 대답하지 못한 것이 있으면 말해 보시오.

- (2차 면접) 팀장님이 비리를 저지르면 어떻게 할 것인가?

- (2차 면접) 신세대들은 회식이나 야근, 특근을 싫어하는데 의무적으로 참여하게 해야 한다고 생각하는가? 아니면 다른 방법이 있는가?

- (2차 면접) 집안 제사가 있는데, 당일 출장이 잡혔다면 어떻게 할 것인가?

- (2차 면접) 일이 적성에 안 맞을 때 어떻게 하겠는가?

- (2차 면접) 인상 깊게 읽었던 책을 영어로 소개해 보시오.

- (2차 면접) 어디에서 근무하고 싶은가?

- (2차 면접) 100만원이 있다면 어떤 것을 할 것인가?

- (PT 면접) 신재생 에너지의 국내 활용방안

상식 용어사전 시리즈

합격GO!

💥 **금융상식 2주 만에 완성하기**

금융은행권, 단기간 공략으로 끝장낸다! 필기 걱정은 이제 NO! <금융상식 2주 만에 완성하기> 한 권으로 시간은 아끼고 학습효율은 높이자!

💥 **중요한 용어만 한눈에 보는 시사용어사전 1130**

매일 접하는 각종 기사와 정보 속에서 현대인이 놓치기 쉬운, 그러나 꼭 알아야 할 최신 시사상식을 쏙쏙 뽑아 이해하기 쉽도록 정리했다!

💥 **중요한 용어만 한눈에 보는 경제용어사전 961**

주요 경제용어는 거의 다 실었다! 경제가 쉬워지는 책, 경제용어사전!

💥 **중요한 용어만 한눈에 보는 부동산용어사전 1273**

부동산에 대한 이해를 높이고 부동산의 개발과 활용, 투자 및 부동산 용어 학습에도 적극적으로 이용할 수 있는 부동산용어사전!

자격증
기출문제
총집합!

자격증 별로 정리된
기출문제로 깔끔하게 합격하자!

기출문제로 자격증 시험 준비하자!

건강운동관리사, 스포츠지도사, 손해사정사, 손해평가사,
농산물품질관리사, 수산물품질관리사, 관광통역안내사, 국내여행안내사, 보세사, 사회조사분석사